众妙之门

对科学认识论的一个系统重构

马良华 ◎著

THE GATEWAY TO
ALL UNDERSTANDING

A Systematic Reconstruction of the Epistemology of Science

ZHEJIANG UNIVERSITY PRESS

浙江大学出版社

·杭州·

图书在版编目（CIP）数据

众妙之门：对科学认识论的一个系统重构 / 马良华
著. -- 杭州：浙江大学出版社, 2024. 7. -- ISBN 978-
7-308-25084-9

Ⅰ. B017

中国国家版本馆CIP数据核字第2024BN6901号

众妙之门：对科学认识论的一个系统重构

马良华　著

责任编辑	周烨楠
责任校对	李瑞雪
封面设计	春天书装
出版发行	浙江大学出版社
	（杭州市天目山路148号　　邮政编码　310007）
	（网址：http://www.zjupress.com）
排　　版	杭州林智广告有限公司
印　　刷	杭州高腾印务有限公司
开　　本	880mm×1230mm　1/32
印　　张	9.25
字　　数	242千
版 印 次	2024年7月第1版　2024年7月第1次印刷
书　　号	ISBN 978-7-308-25084-9
定　　价	78.00元

序言

一

我认为，科学本质上是因认识的需要而构建的一种以理性追求认知具有客观性反映的认识方式，这一目标或特征使其得以区别于其他的认识方式。因而，科学认识方式是使得认知具有客观性的路径和方法，科学认识活动是运用科学的方式去探寻、发现和揭示事物的存在真相的过程。

在某种程度上，如果你懂得科学或科学认识方式，即使你不曾专门学习过某一具体的研究领域，无论是物理、化学、生物学还是经济学和社会学，你也可以凭着逻辑和常规方法从事这个学科领域的某些研究工作，甚至能有一些研究发现。历史上这样的例子不少。[1] 当然，如果你既懂得科学和哲学，又了解一门学科的相关专业知识，那就更好了，你就有可能突破旧有认知的框架而有所创新创造。但如果你不了解科学或科学这种认识方式，即使你从事着某个专业领域的学习和研究，你所形成的认知的科学性或所取得的所谓科学创新成就也是值得质疑的，因为你并不知道科学所包含的内容和形式及彼此之间复杂的逻辑关系，也无法对认知及其形成方法的科学性进行识别判断。在这种情况下，不论是所谓的"创新"还是追随，你所从事的研究和所采取的方法是

---

1 参见比尔·布莱森：《万物简史》，严维明、陈邕译，接力出版社 2005 年版。

否科学有效，都将取决于最早的方法构建者和你所跟随的使用者的认知能力，只能碰运气。简言之，研究所形成的认知是否具有科学性，主要取决于你所采取的认识方式和认知的特征。

之所以要拉上哲学，是因为哲学是一切认识活动开展和认知形成的逻辑基础，包括科学问题、科学思维或科学方式的形成，诚如所罗门在《世界哲学简史》中所说："科学需要客观性，但是，科学和科学方法被用来定义客观性观念和概念时，这个假设值得用哲学来考察和审查。"[1] 从科学和哲学的关系来说，哲学远远早于科学，并且是科学的基础。没有哲学对于存在的理性思考和追问，就没有现代科学及其发展。

因此，哲学、科学和专业领域的必要知识就事实上构成了科学认识活动的基础。对于哲学和科学的融合，20 世纪中期新出现了一个名词或学科，即科学哲学，意为科学的哲学。

二

科学是实现使认知具有客观性或者使客观性得以为认识所反映这一目标所需的所有认识活动和全部成果。从科学哲学的角度来看，它包括科学认识论、方法论和方法，其中部分内容类似于库恩在《科学革命的结构》一书中提到的"共同信念"和"范式"所述及的问题。当然，科学哲学所包含的形式与内容在思想、层次和逻辑上要远比库恩所述及的丰富、复杂得多。

如果说存在是上帝或造物主的杰作，那么认识就像是对形成这一"杰作"的"程序""算法"在"解密"上的努力，科学认识方式则是人类所有的"解密"努力或者认识客观反映存在的思路

1　罗伯特·C.所罗门等：《世界哲学简史》，梅岚译，江西人民出版社 2019 年版，第 19 页。

和方法的集成。

科学是一门开放性的、不断更新的学问，因为认识的时空和维度是开放的，认识的方法、手段和工具是不断更新发展的，据以形成的认知也必然如此。历史上有不少曾经被认为是"绝对真理"的认知、定律和理论的被修正甚至被淘汰、更新就是最好的例证。[1] 但无论怎么变，科学的认识方式和科学的特性是不变的，因为科学认知的不同不过是时空条件、方法、手段和工具的不同或变化所致而已。如果科学的认识方式和科学的特征变了，也就不叫科学了。

因而，不了解科学的本质和科学认知的形成过程和要求，以为一切研究都是科学活动，一切研究所获得的结论都是科学认知的看法，是对科学的一种严重误解；以为科学认识活动就是做一些实验，就是模仿和借鉴别人的方法或通过构建模型对经验数据进行数理处理和分析并据以形成研究成果等，是片面的、狭隘的；以为科学事实是"绝对真理"，是不可变、不可错的，也是不正确的。当然，以为只要在一种活动或认知之前加上"科学"二字，这种活动和认知或看法因此就有了"真理性"，则更是一种自欺欺人和极其荒唐的想法。

由此，有关所有领域科学认识活动的开展和科学认知形成的共同基础就指向了科学哲学，特别是科学认识论和方法论——不以具体的领域作为研究对象，却为所有科学领域的研究活动提供了思路、方法、原则和依据——成为所有领域的科学研究的认识基础或理论的理论和方法的方法的研究领域。

---

1 参见比尔·布莱森：《万物简史》，严维明、陈邕译，接力出版社 2005 年版。

三

本书也可以称为"科学认知形成原理",是我对科学认识论的一个系统研究和重构。某种程度上,这也是一种世界观的重整和科学观的重建。

如果说认识论是有关存在、认识是什么和认识如何反映存在的学问,那么,科学认识论则是有关认识如何理性和客观地反映存在的学问,是科学活动得以有效开展和科学认知得以形成的认识基础。缺乏科学认识论的正确指引,科学方法论及其具体方法的构建和选择运用就会迷失方向,研究成果的科学性检验、评估就会缺失标准和依据,科学活动、科学发现和理论创新的效率就会低下。也就是说,科学的发展及其水平,是与科学认识论的研究和学习了解密切相关的。

何谓系统研究重构?就是这一研究既不局限或满足于其中的某一视角、某个层面或某个方面,也不是对已有科学认识论相关思想流派和观念的回顾概括和比较评述,或者修修补补,而是从存在与认识这一基础始源出发,从抽象到具体,对相关科学哲学的基本问题、认识反映存在的形式与内容和科学认知的本质特征及形成等核心问题进行层层拓展和深入研究,形成层次分明、逻辑一致的完整思想体系。也正因为如此,我在本书的撰写上很少引用和评述已有相关的研究成果或思想观点,而聚焦于用逻辑一致的思想来系统重构科学认识论,以及对科学认知的特征及其形成过程进行基础性和原理性的研究阐述。因此,也可以说,我虽然很少对已有的相关思想观念作出直接具体的评述,但用自成一体的思想、观念和逻辑给予了清晰的回应。

我之所以想要进行系统重构,主要是基于三个原因。(1)综观各种围绕"科学"的思想观念和人类行为活动,我认为,人们不仅普遍地对科学的本质和特征没有形成统一的认识，而且对科学认知形成的过程和条件的认识也仍然模棱两可，"科学"概念的滥用随处可见。（2）对科学认识论的相关研究虽然源远流长，著述汗牛充栋，流派众多，但却各自为政，逻辑起点不一；认识层面单一，多有混淆；内容零碎分散并多与形式脱节，既没有形成系统的思想体系，也缺乏逻辑一致性。（3）科学认识论的拓展和深化研究跟不上科学认知的增进，与科学事业的发展需要明显脱节。正如我在导论中所提到的，最近的半个多世纪中虽然出现了科学哲学这一新的研究领域，但科学认识论的基本思想和研究状况整体上却停滞不前，颠覆性的科学理论突破显著减少。

本书对科学认识论的系统重构，建立在我长期以来对自然、社会、经济、哲学、历史等诸领域的广泛阅读和思考，特别是近十年来对科学哲学著述的深入学习和研究思辨的基础上。古今贤哲、"自然"和"静"是我的三位老师。我的科学认识论思想的系统形成离不开这三位老师的指教，他们常常在我感到迷茫和陷入矛盾之时给我启示或灵感，为我指明方向，帮助我澄清思路和辨别是非。

有感于本书的研究撰写，特作以下一诗以记之。

冥冥之中有神灵，偶有圣哲知其存。敬畏之心须谨记，行适于道是根本。

大道无形贯万物，语言文字难言明。德在类间理以显，应循本我可追寻。

因果交叠常难辨，利弊相生待权衡。同异皆因分虚实，事物万般变化中。

大小周期时隐显，上下波动有据循。小年大年观不同，大知小知莫纷争。

诸相非相在时空，是亦非是才是真。变异数阈天注定，莫违天道恣意行。

此中逻辑易混淆，慧心静辨可理清。我心循道顺自然，自甘寂寞任孤行。

本书受到了"浙江大学经济学院优秀学术著作出版资助计划"的资助，在此表示由衷的感谢。我从事教学和研究四十年，深知基础研究特别是在科学哲学领域开展基础理论研究的艰辛和著述出版的不易！感谢我亲爱的家人、亲戚朋友和同事们一贯以来的鼓励和支持。

马良华

2023 年 4 月

目录

265

第四篇

我们的世界

285　　**参考文献**

导　论

认为思维的形式是最高的形式，认为思维的形式可以把握绝
对真理的本来面目，是一般哲学通有的信念。

——黑格尔《小逻辑》

一

科学哲学是有关科学的哲学，它的两大核心是科学认识论和
方法论。科学认识论研究的主要是科学认知的形成或者科学认识
活动的开展所需的必要知识和逻辑基础。科学方法论研究解决的
主要是如何在科学认识论的指引下实现科学目标的达成和科学认
知的检验所需的有效路径和方法的构建、选择和运用的问题。如
果说科学方法论及其指导下的研究方法是各个科学领域有效开展
具体研究的基础和依据，那么科学认识论就是各个领域方法论构
建的基础和依据，是有关认识如何客观反映存在的学问。作为基
本的认识问题，科学哲学就像是科学这座宏大"建筑"的基础，
不但将决定这座建筑所能构建的高度和存留的时间，而且还将决
定构建这座建筑的效率和效果。

道理十分浅显。如果你不明白、不清楚这座建筑的众多构件、
结构和功能，不知道什么是科学、科学目标和科学事实，不知道
科学认知得以形成的过程和条件，不知道作为认识对象的不同事
物有什么特性及其对认识路径和方法的不同要求，不知道你想探
寻的是什么以及如何才能发现它们，事实上你就难以真正有效地
独立开展科学认识活动，就像想捕鱼的人却不知道鱼为何物、生
长在何处，或者想探测金矿的人却不知金为何物、藏在何处。

然而，在科学成为认识主流的今天，对于科学活动的开展和科学认知的形成赖以支撑的科学哲学的研究思辨和学习却明显地式微了。许多人不仅对科学哲学一无所知，对科学也认识模糊。这种状况之所以形成，是因为一些人认为科学哲学是可有可无的东西，另一些人则认为有关这方面的著述已经很多而无需继续研究了。当然，前一种观点不值一驳，原因我在前面已经说到，除非你只想在科学领域一直做一些简单的技术或体力工作，或者通过模仿或追随，只做一些重复性的科研工作，结果是可想而知的——不仅难以独立地开展科学拓展和创新活动，而且也难以真正认识和评估研究成果的科学价值。后一种观点虽然看似有些道理，然而实际上却暴露出对科学发展历史、科学哲学的研究对象、已有的认识所存在的局限性和进行深化拓展研究的需要在认识上的严重不足。科学哲学的研究同样具有历史的局限性，受到科学发展水平和条件的限制。

哲学对于科学观的形成和科学事业的发展至关重要。人们不应这么快就忘记，在漫长的人类认识探索历史中，科学渐成主流只是 17 世纪之后的事情，而促成这种认识观发生根本转变的正是哲学研究思辨的不断增进。没有哲学研究思辨向客观、理性在"科学观"方面的转变，人类社会的认识可能依旧停留在此前的主观、"唯心"主导的状态。

总体来看，在最近半个多世纪中，科学认识论对于科学认识活动开展的基础作用和指导意义明显地被忽视甚至无视了。

二

科学哲学成为一个哲学分支并得到专门研究被认为起始于 20 世纪中期，主要研究的是科学的本质、科学研究活动、科学理论的结构、科学解释和检验、科学观察与理论的关系、科学理论的选择。当然，我认为这种界定是狭隘的，显然不能反映科学哲学甚至科学认识论的全部研究对象，也远远不能解决和提供科学认知和科学事实形成所涉及的基本问题和所需要的必备知识体系。

从科学哲学涉及的内容而言，尽管历史上其称谓和研究偏重有所不同，但许多问题在很早的时候就已经出现，研究者众多。

综观已有的科学哲学相关著述，按科学观念的形成过程及其在当时所具有的地位影响来分，可以粗略地分为以下三个阶段：（1）17世纪之前，主要以柏拉图、亚里士多德、托勒密、欧几里得、阿基米德、德谟克利特、留基伯、格罗斯泰斯特、培根、司各脱、奥卡姆、哥白尼、开普勒、伽利略、笛卡尔、洛克等为代表，出现了一些零星的科学思想萌芽，科学观尚未成形，亦非主流，对认识论和方法论两个方面的研究思辨也没有明确的界限，相互混合，主要以自然秩序和人为秩序为认识对象，以非科学观一般层面的先验和知性认识为主，涉及宗教和神学，形而上学盛行；（2）17世纪到20世纪初，主要以牛顿、莱布尼茨、休谟、赫歇尔、康德、休厄尔、坎贝尔、赫西、哈瑞、黑格尔、密尔、贝克莱、马赫、彭加勒等为代表，是科学观念逐步形成和渐成主流的阶段，以自然科学的方法论构建、方法的选择和运用的研究探索为主，偏重于一般哲学意义的认识论层面上的逻辑思辨；（3）20世纪初以后，主要以维特根斯坦、海德格尔、波普尔、亨普尔、内格尔、古德曼、图尔敏、库恩、拉卡托斯、劳丹、萨尔蒙等为代表，科学观上升为主流，科学哲学多以自然科学和具体方法层面的研究为主，特别如科学形式和数理方法，兼有方法论构建和认识论方面的研究，出现了逻辑经验主义、历史主义、证伪主义和科学实在论等不同流派。

总体上，各个阶段涉及相关研究的论述虽然很多，但受到科学观念的历史地位、形成过程和科学认知水平的不同的影响与限制，不同历史阶段中的论述重点不仅在内容和层面上不同，而且在认识维度和理解程度上也不同，对于科学认识论的研究思辨多数比较零碎散乱，层次性和系统性弱，把认识论、方法论和不同科学领域的具体研究联系在一起的系统研究很少，把科学认识论从自然科学拓展到社会科学的研究就更少了。[1]

三

科学认识论的主要任务是解决如何使认知具有"客观性"的问题，它需要从存在与认识及其相关的若干基本哲学问题入手，从抽象到具体，对认识反映存在的形式和内容、路径和方式进行层层深入研究。为此，它必须对一切存在的认识始源、本质和存在方式等进行系统透彻的观察、思考、推理、概括和阐述。它是基于一切具体存在者又超越一切具体存在者的认识思辨，是人类科学认识形成之最基础的部分。

我认为，科学认识论无关乎世界本原、存在本原的探究，而把认识思辨聚焦于"有"与"无"之间，即以"有"作为起点，"无"为终点，而不去探究终极意义上的"如何'有'"和"'无'为何"的问题。科学认识论也不是要告诉人们存在事实是什么，而是想要告诉人们如何从"有"这一元始出发，从一般到具体层层推进，去探寻发现科学事实以及贯穿存在与认识之间的反映一致性的方法论构建基础及其所涉及的逻辑要件和依据。

人类认识反映存在，所追问的主要是"有"是什么、由何而成或生、因何而聚而散、因何变化、如何变化、由何而变、因何

---

1 我所作的这种评述，不仅是我自己对于一些代表性论著阅读后的个人感受，也与约翰·洛西在其《科学哲学的历史导论》（第四版）一书导言里所描述的情况一致。

而同或异等问题。而若想使这些主观的认识目标具有客观性特征，或者使"存在"能够被认识客观地反映出来，就涉及具体的科学认识目标或者科学认知得以形成的不同事物的概念或范畴、类、属性、关系、状态和特征，或者现象与本质、规则性与规定性之间的关系及其机理、机制和原理，在同与异、具体与抽象、时间与空间等方面的认识问题，涉及科学与非科学之间的本质区分问题，包括科学知识、理论和方法。与此对应的是本书所构建的科学认识论的三个维度或者不同层面，是科学认知形成或者科学认识活动开展和科学事实形成所需的必要知识及需要研究认识的基本问题。

根据我对科学认识论问题在不同层次及其相互关系上的研究认识，按照系统性、层次性和逻辑一致性的要求，我把它分为以下三个层面：（1）有关科学哲学的基本问题，包括存在与认识、物质与意识、具体与抽象、主观与客观、同与异、名与实、时间与空间、语言与逻辑等及其相互关系；（2）有关科学认识反映存在的形式和内容，也是事物的形成和变化发展的基本认识问题，如事物的特性、概念、分类、属性、关系、状态和特征，现象与本质，要素、结构和功能，机理或机制及其在不同事物或学科之间所存在着的质的不同，以及对各学科领域方法论构建所提出的不同要求；（3）有关科学、科学事实和科学认知的性质与特征及其形成过程、要素条件及路径与方法，以及科学成果的检验、价值评估等基本问题。

以上三个层面分别对应形成本书前三篇的内容。第一篇论及的基本认识问题是科学认知及逻辑得以形成的哲学基础，也是我阐述第二篇、第三篇内容的认识基础。第二篇论及的是科学认识反映存在的形式和内容，包括事物和事实。事物既是认识反映存在的方式和科学认识的对象，又是科学认知形成的内容，而事实则是认识反映客观存在或者使得认知具有客观性即认知之所以成为科学认知的依据。第三篇则是对科学认知的性质、特征和检验相关问题的一个阐述，是区别于非科学的认知及活动的依据。

我认为，在科学认识论意义上，科学作为一种理性的认识方式，其反映存在或事物存在真相的揭示，就是由上述这几个不同层次的研究实现的。存在、事物、事实，这几个方面的认识问题环环相扣，是从事科学认识活动所需认识体系中不可缺少的。

科学认识论的形成是逻辑思辨和具体研究发现融汇一体的产物，同样也会随着时空条件的变化而变化，是具体—抽象—具体—抽象……这样的往复和认知积累过程，所以需要不断拓展深化、修正和补充完善。

四

作为一部在科学认识论方面的专著，本书对科学认识论在三个层面的基本问题进行了深入研究，对科学认知和科学事实形成所涉及的认识问题进行了阐述，提出了科学认识活动的方向、原则和基本依据。与国内外相同主题的已有研究相比，本书的理论创新探索如下。

1. 与诸多以介绍、描述和评述各种科学哲学历史观点和流派的著述不同，本书从存在与认识问题的始源出发，结合科学发展和科学认识活动的状况来研究思辨科学认知得以形成和增进的过程、关键环节和逻辑要素；根据科学认识活动开展的需要，对科学和哲学进行开创性的有机整合与系统融合，试图解决以往相关研究分散、零碎和缺乏逻辑一致性的缺陷，为科学认识活动的开展和管理提供方向、原则、依据和框架。

2. 通过对科学研究所需的一般哲学问题的研究探索，本书辨析、论述了科学认识论中有关存在与认识之物质与意识、具体与抽象在名与实、时间与空间以及同与异等最基本的认识问题及其相互之间的逻辑对应关系，以期澄清认识上存在着的许多误区和逻辑错误，丰富、深化和完善科学认识论的一般体系及内容。

3. 本书对作为科学认识对象的事物在一般和分类意义上的诸多基本问题进行了研究阐述，如事物的界定、分类和特性，属性、关系、状态和特征，要素、结构和功能关系，现象与本质及其在不同事物或学科之间存在着的质的不同，并对各学科领域方法论构建所提出的不同要求等问题进行了研究论述，以期进一步丰富和深化科学认识论的内容，为科学方法论的回归本我和科学性增强提供认识论依据。

4. 本书对有关科学、科学事实或科学认知的特征，形成过程、要素条件和路径与方法，以及科学成果的检验、价值评估等基本问题进行了一般研究和分类研究，以期丰富和增强科学认识论在科学认识活动这一具体方面研究的系统性，使得科学认知和研究的特征在一般与具体的认识意义上实现统一，厘清彼此之间的逻辑关系。

我认为，科学方法论是科学研究得以开展的基础和前提，而科学认识论则是科学方法论得以构建和方法得以科学运用的认识基础与依据。没有科学认识论作为支撑，就不会产生科学的方法论，也就不会产生科学的方法。科学研究效率低下，科学创新不足，反科学现象频繁出现，以及"科学形式主义"泛滥，这些都是与科学认识论上的研究探索的严重不足和认识缺乏密切相关的。

本书的研究论述，不仅是对科学哲学特别是科学认识论研究的深化，而且也是对科学认识论的系统化研究探索，旨在为科学认识活动在一般层面、学科层面和具体研究的开展及方法论构建提供认识论基础和依据，为科学成果的价值评估和检验提供思路。

科学认识论问题在不同的层面和不同的语境条件下常有不同的表述，反映出同一性和差异性，由此也会带来阅读理解上的不少困难。为了更好地帮助读者把握本书的系统思想观念，我特意在每一篇的最后作了一个简要的总结。

第一篇

科学认知形成的哲学基础

物无非彼，物无非是。自彼则不见，自知则知之。

故曰：彼出于是，是亦因彼。

——庄子《齐物论》

众妙之门

对科学认识论的一个系统重构

　　物质与意识的具体与抽象、同与异、名与实、时间与空间等，跟存在与认识相关的这些问题是科学认识活动得以合理有效开展所需的最基本的科学哲学基础。科学认识活动的有效开展、科学认识对于存在的不断增进以及科学研究的创新拓展，都离不开这几个层面及其相互关系在认识上的支持。

　　存在与认识、物质与意识、具体与抽象、主观与客观、同与异、名与实、时间与空间、语言与逻辑等问题，自古以来一直是哲学思辨的主要内容，形成的思想和著述颇丰。我在这一篇中之所以要重新讨论这些问题，一是出自本书的研究主题即在科学认识论研究上对科学这种认识方式进行系统阐述的需要，是基于"科学认知"形成的需要；二是为了增强逻辑的系统一致性的需要。其中的核心就是"科学"二字，并以此区别于此前其他许多同类话题的出发点。

　　在我看来，这些问题是科学认识活动和科学认知得以不断深入、拓展的基石。如果不增进对这些基本问题的认识，在源头上搞清楚"存在"这一"认识"得以科学形成的基础，或者"认识"得以反映"存在"的本质，我们就不能通过科学的路径、手段和方法的构建、选择及运用，使得认识活动反映事物的存在真相或者事实，也无法扎实地构建起科学这一认识殿堂。

　　至于已有的许多思辨研究和所形成的思想，其中的一些仍然在产生着积极的影响，而另外的一些随着科学认识活动的深入推进则明显地暴露出局限性和片面性。这些都要求我们与时俱进，对这些基本认识问题重新展开思辨研究。

科学认识，总是存在事实的反映。不搞清楚"存在"问题，就难以清楚"认识"的本质和对象事物的特性，就难以实现从主观到客观的跨越，通过主观来反映客观。实际上，在科学活动现状中所反映出来的许多问题——认识误区和错误，包括对于科学、科学认知、科学方法的形成、确定、选择和检验等的理解及其所出现的许多争论与分歧，也源自对这些基本问题在认识上的模糊不清。现代科学在其哲学始基领域中的研究仍然十分零碎散乱和不深不透，人们对于这些方面的了解、认知也显现出普遍的肤浅、不足和片面。

一、存在与认识

本章对于存在问题的讨论，是与认识问题相对应和需要的一种思辨。在我看来，这是人类认识可能得以拓展、深入的认识论基本问题。无论是科学认识活动，还是可能存在的除科学认识之外新的认识路径、方式的形成，这种研究思辨都是必不可少的基础前提。在很大的程度上，认识是否恰如其分地反映存在，以满足我们认识世界和服务人类的需要，取决于我们认识这个世界和思考问题的方式。人类发展的历史已经为此提供了有力的证据。

（一）存在是什么

1. 存在就是在世界中的一切，是"有"的一种状态或指称，包括过去的、现在的和将来的，"有"、出现或产生过和有着，被认识到的和未被认识到的，继续"有"、新出现的"有"和消失的"有"。

"有"既指存在的一种空间状态，也指存在这种状态在时间上的对应。认识意义上的"有"与空间和时间的对应关系反映出多种不同的属性与形式。

在空间意义上，包括：可观察或测度之有，不可观察或测度之有；有形之有，无形之有；已经发现或确认之有，尚未发现或确认之有；自然之有，人工之有；个体之有，类之有，整体之有；……

在时间意义上，包括：有，有过，有着；发生，发生过，发生着；出现，存续，灭失；偶有，常有，恒有；……

这个"有"，有些是实在在人脑意识中的反映，有些是认识活动所产生的。

在语言文字的表述上，"有"还可以用"实在""拟在""虚有""虚假""虚无"等词对应其不同的状态，用以表达不同的存在状况。

"有"之所以成为"有"，是因为"无"。因为"无"，使存在之"有"得以显现。

在有与无之间，有和无各自是对方之否定。无法确定有，也就无法确定无；无法确定有与无，也就无法确定有与无在整体中的占比。

存在之有，是一切事物的存在真相得以认识反映的前提。只有在有的情况下，事物存在的具体内容及其丰富性、多样性才能进一步地展露出来，可能被发现、被揭示、被描述。

2. 认识意义上的"有"，不仅指物质，而且指意识；不仅包括物质和意识，而且还包括以物质和意识为依托而衍生出来的东西，以及与原来的"有"相比的新的"有"；不仅包括可以观察、感知和测定到的，而且包括尚未得到观察、感知或测定的；不仅包括有形之有，而且包括无形之有，包括存在于个体、类和整体等不同层面上的有。

在始源上，整体、类之有，须以个体的存在作为基础和依托。

没有这种具体个体的存在，就不会产生类和整体这种抽象的有。就像意识及其衍生的存在之有须以物质为依托一样。但这绝不能说，个体与类、整体，或者物质与意识及其衍生的存在也是同样的东西。作这样的界定区分，本身就说明了它们在层次上和类型上的不同。

即，"有"是按照物质—意识衍生的"存在"这种关系产生的，但这并不等同于它们产生的次序。尽管这样的表述顺序的确容易造成这三者的产生有先后次序的错觉，其实它们之间只存在产生的依附关系而并没有时间上的次序。

物质之有、意识之有和衍生之有，从抽象到具体，从同到异，随着事物的不断细分，存在之间的差异不断地增加了，认识也得到了深化。这个过程也对认识事物的方法提出了差异化要求。

3. 存在之有及经由意识反映的事物之有，皆须经过界定才能显露出其内容。在此之前，一切存在或有，都只是模糊不清或"晦暗"的东西。

不进行事先界定，有之形式和内容及其界限就无法显露出来，也无法据以判断和分辨。人们经常在不经事先界定或界定不清的情况下对某一事物的争论，殊不知这种争论永远不会有结果。如果我们对争论所指的事物不清楚或者认识不一致，界定不清，怎么可能会形成统一的结论呢？不仅如此，对存在在事物意义上的明确界定同样是科学认识活动探寻"真相"不可缺少的前提条件。缺少明确的界定，就不会有明确的目标和方向，也就无法提出与认识目标匹配一致的"答案"。

除了应该有明确界定之外，"有"或"无"通常还需要经过认识活动才能确定和判断，即需要经过对存在之"有"及其具体事物的界定（包括空间和时间），以及对这种界定之"有"存在与否的认识活动（包括探测或测度条件、能力和逻辑判断）。

简言之，事物存在之"有"与"无"的具体显现，既取决于其自身的性状，又与认识的界定直接相关，包括对事物存在状况的认识判断。

在很大程度上，人类的认识活动就是探寻和发现"有"、识别"有"和探究"有"。

4. 同样是"有"，物质上的"有"也与意识上的"有"以及它们所衍生的"有"有着诸多不同特性。

物质之有存在可测度之潜在条件，意识之有则须依托或借助于行为或语言文字才得以显现，否则只是猜测或揣度。认识所追究之有，须依从其载体之特性才有显现之可能。由于物质之有、意识之有及其依托物质或意识衍生的"有"各自形成或产生的基础和性质不同，因此，若要想它们能够恰当地被认识所反映出来并探究它们的存在"真相"，须首先了解这些不同之"有"的缘由和性质。例如，物质产生的"有"的表现，对应的是物质自身的特性和规定性；意识产生的"有"的表现，对应的是逻辑思维活动；它们所衍生的"有"则是由认识主体构建并由客体表现所证明的一种"存在"。所以，以"存在"作为认识和思辨对象，就是要对"存在"的不同情形和特性加以区分，进行层次化抽象，并赋以实义，使得形式与内容相统一和具有认识意义的"存在"浮现出来，成为进一步"认识"的对象、依据和"认识"得以形成、增进的元始基石及逻辑起点。

5. 存在的形式与内容构成一个具体的事物存在，所有事物的存在都是形式与内容的统一。形式依附于内容而存在，内容通过形式得以表现。缺少其中的一方面，这种事物的存在是难以想象的。

存在的形式，是存在所反映给我们或者认识使存在反映出来的方式，也是内容的抽象表现，例如物质的或意识的，具体的或抽象的，有形的或无形的，规律性的或非规律性的，等等。

存在的内容，是存在之有所包含的具体的东西，是实体或事物本身，是与形式相对应的各种具体的有或存在的反映。存在者及其"存持"空间所表现的一切，是人类认识探索活动的主要对象。

在这里，存在者和"存持"空间构成一种"实体"，例如生命的或非生命的物体及其组成的物质和"存持"的场所，使得第一性的"有"显露出来，具有认识意义上的实义，并由这个实体产生意识中的第二性的"有"或存在所对应的事物，赋予认识以对象。[1]

6. "有"与"无"的确定和区分，始源意义上主要取决于由感觉器官、心识和仪器设备等形成的感知、觉知和测知。

感知是通过人的感觉器官（眼、耳、鼻、舌、身、意等）获得和形成的认知，这是粗浅的或不精确的和直接的、易错的认知。

觉知是通过人的大脑这一特殊的"信息处理中心"的复杂智能活动所获得和形成的认知或判断，它的基础是已有的认知、想象和逻辑思维能力。

测知即借助仪器设备等工具所获得和形成的认知或判断，它受限于主体对工具的认知、使用和判断能力以及工具本身的适用性和灵敏性。

对于存在状态的确认、事物的有无与否的认知或判断，主要受感知、觉知和测知这三个方面的能力和条件所限。但我们仍然不能断言，经由界定并测度的认知就是确实无疑的了。因为测度能力是动态的或者变化的，所以人类所获得的对于"存在"的认

---

1 第一性的"有"和第二性的"有"，是一种承载和被承载的关系，而并不具有认识意义上作为对象的先后顺序之区分。在认识的意义上，物质与意识是同时出现的两个对立统一的概念，在人作为一种特殊的动物产生时就有了意识这个东西。

知也具有变化的属性。

例如，人类对于地球以及星体的认识，如其形状、在宇宙中的位置、动静状态等等，在 17 世纪之后随着人类探测工具（如天文望远镜或航空器）和认知能力的提高才得到长足增进。在此之前，人们经常为地球的是扁是方是圆、是不是宇宙的中心、是动是静等问题争论不休。

当然，对"有"——事物的存在——展开进一步具体深化的认识探索而形成认知，需要通过多个途径获得多个方面的条件和能力的支持。

7. 对存在之有的认识发现或确证，是与认识的方式方法密切相关的。即，一切"有"的发现和确认，都取决于认识的方式方法。科学的发展，本质上也是一种新的认识方式替代旧的认识方式后的结果。一旦方式方法错了，"有"就不能被发现，或者被发现的"有"是错的。

我们尚不知道超物质意识的"灵魂"之真相以及它是否存在、何以存在，人们却经常出现"有"这种东西的"感觉"。是我们尚未找到对这种东西存在的认识方式或尚不具备相应的测评能力，还是这种东西超出了我们的认识能力，又或者它的确并不存在？我们现在不得而知。

我们迄今为止所认识的世界就像一个封闭的回环系统，它的起止范围是有与无，并因"心"或认识方式而有了分别，逻辑也只在这一范围内有效。在终极的意义上，便不再有"有与无""心与物""同与异"或者"有界与无界"。超出了这一边界，对"实在""宇宙"和"世界"由何而成及其始源的无穷追问，就永远不会有答案，也无意义。我们现在只知道，"有"，或者"自然""物质"和"意识"才是我们认识的始源。

8. 在认识的意义上，"存在"还意指对"存在"的确定或者

"存在"被发现、被认识到所涉及的认识的路径、方式和方法，以及起决定性作用的人类对于存在事物特性的认识把握。换句话说，是否存在某种东西，不仅与是否存在有关，还取决于人类对于存在这种东西的界定、特性的了解和方式方法的构建及运用。在这里，"有"所对应的存在，有了认识意义上的进一步延伸，它不再是指一种状态，而产生了在认识探求上更多的内涵或衍生的存在，具有了"构拟"的属性，成为认识想要探寻的对象。

这种"构拟"，使得认识这一原本主观意义上对于存在的客观状况的探究有了反映的"通道"，赋予存在在认识反映上的形式和内容。严格意义上，这种"构拟"及其指向的并不是什么实在，而是认识想要探究及其为此架构的认识方式，包括现今的人们早已习以为常和有待于进一步构建的认识方式。

一切对于存在的认识形成，都是这种认识方式"构拟"的产物。科学，在本质上就是一种认识方式的创新拓展，这种方式在主观与客观之间建立起了通道，使得认识有了更多的客观性。

存在之"有"，或有之"存在"，从抽象到具体，在事物及其不断的分类中产生同与异，并因时空条件的变化而呈现出多样性、丰富性。

在这里，存在在人类意识中以事物的不同面目出现或者产生了，成为认识在意向性上的对象。由一般的概念抽象产生出它在初始意义上的具体性，即"有"之存在在意识中的"不同"，提出了进一步探究或搞清楚"有"的存在状况的要求，还提出了进一步认识这些不同事物在方式方法上的不同要求。在科学的意义上，此时的"科学方法"便产生了具体意义上各种不同的表现，要求针对不同的事物特性来构建、选择不同的认识方式和方法。在认识上，这种"不同"通常是在分类的意义上得到反映的，虽然在个别具体的意义上也有同样的要求。这就是对抽象与具体之间的关系的一种认识表现。

对抽象与具体之间关系的这种认识，似乎并不深奥难懂，但事实上却经常被人所混淆或无视。这并不是孤例。认识上类似的澄明在人类的认识发展历史上并不是容易之事。

（二）存在者及其衍生的存在

第一实在：存在者及其载体

如果说"上帝是一切实在的总和"，那么人就是"万物的尺度"。这可以算是对存在与认识在始源上的一般理解。

上帝创造和规定了"有"的实在，而人的认识则是对于实在的一种测度和反映。一切实在或"有"的存在，不过是人的认识构建和"测度"的反映，受人的认知和测度能力的限制。当然，人的这种测度和反映本质上也是认识对于存在的构建反映，作为识别和判断"是与否""同与异"的依据。

一切"有"的产生和反映，都以第一实在为基础、为依托，并取决于第一实在。

这多少有点还原论的味道，但我在这里想要说明的只是这几种"存在"之间的依存关系。

在狭义上，存在者就是具体的存在主体，是与"无"相对应的"有"的实体，也被称为"第一实在"。有些可以被感知、被测知，有些尚未被人类感知、测知，包括可分割的和不可分割的，存在过的和仍然存在着的。

特定意义上的整体的存在者，是生命体和带有特定属性及功能用途的物体，即不可分割的存在者。这些存在者，一旦被分割，或丧失了其本质特性，便成了其他东西，而不再是原来意义上的存在者。对存在者类似这种的区分，如可分割性或不可分割性，这个东西或那个东西等等，也是认识所构建形成的概念，即标记、定义或"名"，只是存在者的"标签"而已。

可分割的物质和物体，是另外意义上的存在者，通常是作为整体意义上的构成或者组成的存在，或者回溯还原。这些不同的存在者，有着不同的属性，例如物理的、化学的和生物学的属性。同样，所谓物理、化学和生物，或者社会、政治、经济，等等，所对应的属性及其决定的关系和分类、名称等，也是人类赋予存在而外加于存在物的东西。在最原始的意义上，存在不过就是存在者或"有"而已。

第一实在，宏观上溯至宇宙，微观上还原至粒子或是构成万物的基本元素。多数的"实体"处于两端之间，不论是以能量或物质的方式存在，还是以彼此之间转化的形式存在。虽然人类提出了一些有关宇宙初始结构的假设和各种微观"粒子"论，但人类或许永远也难以搞清楚宇宙的初始结构究竟如何和最小的微观粒子究竟是什么，尽管我们可以定义量子是物理量的最小单位，可以假设一切都是由从"奇点"开始的"宇宙大爆炸"所致，或者干脆将一切归因于"上帝创造"。有待澄清的还有空间载体，即一切物质及其组成的物体、生命体所构成的场，或持存、承载之所。太大或太小、太远或太近的存在，似乎都超出了人类认识的界限。

这些有形与无形、已知与未知的存在者是一切存在得以具体产生和反映的载体。存在以此载体为依托而得以多样化地显现为丰富多彩的现象世界，并随着这些存在者的产生而产生、变化而变化、消失而消失。存在的事实也同样如此，会因存在者的生灭、变化而不同。

存在是存在者的反映，并由存在者所决定。但存在的丰富多样性与事实的丰富多样性在形成的意义上有所不同，前者基于存在者，后者更多基于人类这种特殊的存在者的心灵或者认识的意向性而产生，是对存在的一种有目的的"抽取"。认识的"抽取"指向及其约束条件和方法不同，事实也不同。它们同根而异源、异义。

第二存在：衍生的存在

衍生的存在，意指以第一实在为"母体"或依托而产生、出现的"有"，包括意识的存在或者第一实在所表现出来的存在，是作为认识的对象之事物反映在存在上的"有"。所有衍生的存在或"有"的反映，在认识的意义上，都取决于它们的载体的存在性状。

人作为认识主体，衍生出了与物质事物相对应的意识事物（本书特指有目的的意识事物），并与物质事物一起构成了人类认识世界中的两大认识对象领域。即，人类的认识对象，既包括物质领域，也包括意识领域。物质与意识，既相互联系，又相互独立。人这种存在者所衍生的意识，既与人的物质性密切相关，以物质性为依托，却又明显地区别于物质，与物质一起构成了人这种特殊的存在者及其认识世界。

意识的存在是人类物质性存在的反映，不仅取决于意识，而且还取决于这种存在的载体——人的物质性，当然也包括作为我们认识对象的意识存在的载体的其他生命体。这也是意识衍生的存在与物质衍生的存在之间很大的区别。

在认识始源的意义上区分第一实在与衍生的存在、物质的存在与意识的存在的属性和关系至关重要，因为这直接关系到对于这两种不同事物存在状况的认识活动的展开、深入和检验。

衍生的存在，不是仅指意识本身，而且还包括由意识思维构拟或构建的以物质和意识本身为依托的事物的存在。在认识的意义上，这种存在形成物质、意识及其衍生的事物存在指向，成为认识对象。

因认识需要而产生的衍生的存在，是人类用以反映存在的存在。如果不是因为人类认识的需要而赋予或构建，这些存在就不会产生。这些衍生的东西，或源自存在者本身，或源自存在者的类的意义，或源自所有的存在者整体的视角。它们之存在所依托的基础或者始基单元就是具体的存在者或实在，反映在它们的形成与变化之中，例如属性、关系、状态、特征等各个方面，或是要素、结构和功能，或是机制、机理或原理，是因认识的需要而对于存在在本质意义上的一种构建和"抽取"。

本质，就是使得现象发生、变化、联系的规定性，也是决定一事物区别于其他事物之根源所在。本质通过规定性的作用过程或机制、机理反映现象，是人类认识主要探寻的内容。认识的需要本身就是由认识的目的所决定的。衍生的存在虽然是人的意向性的反映，但它仍然取决于具体的存在者，并以具体的存在者作为依托，包括存在的物质及其构成的物体和生命体，以及思维自身。脱离这种具体的存在者，认识就无法想象，就会落入主观。

在认识的意义上，人类赋予物质和意识的衍生的存在——这些现在习以为常的概念或者认识目标——并非古已有之或一成不变的，而是许多贤哲长期观察、思辨和研究逐渐累积形成的产物。所以，也可以说，这些衍生的存在不是"实在"，而是人所赋予的东西。但与没有根据的纯粹想象不同，这些衍生的存在多是经过人类认识检验的东西，或是可以通过认识检验的东西。

不同的存在对应在人类意识中的不同反映就成为认识对象。这些不同事物的共同基础或认识始基都源自一种被称为物质的东西，这种物质的基础经由人这一认识主体又成为存在者衍生的存在，这种衍生的存在又因人类意识而进一步分为物质所衍生的存在和意识所衍生的存在。在人类的认识世界里，一切存在皆源自存在者，又皆因人类意识或心的生灭而生灭。

　　一切存在之具体表现，皆因存在者的不同而不同，皆因衍生的存在之载体的不同而不同，都只不过是存在者所决定的或者由存在者所呈现、展现出来的东西而已。但在认识的意义上，存在之表现的同与异，则取决于：（1）认识对于事物存在的抽象性；（2）认识主体看待存在的时空角度和层面。存在之认识反映，在这个时候就会因为抽象的角度、层面或约束条件的不同，出现不同意义上的同或异。也即是说，从认识把存在划分成不同的事物起，事物存在之间的差异就出现了。不同的是，个体之间的差异生于具体，类之间的差异生于抽象。

　　不同事物之间的差异，特别是物质事物和意识事物之间的差异，就发生在它们的载体的差异上，即物质和意识各自所具有的特性、特征上。因为它们所对应的本质是根本不同的，所以它们各自的规定性和规则性也是根本不同的。物质有物质的规定性和规则性，意识有意识的规定性和规则性。不能区分和理解这种本质的不同，就很难使认识对于这两种事物的存在事实的发现、揭示继续深入下去，也很难构建、确立用以洞明这两种不同事物存在的事实或真相的方法论。这种认识基础，不仅适用于物质事物和意识事物，也同样适用于这两大类事物内部的不同事物，即这两种不同事物在分类意义上的不断深化而出现的差异，是事实得以不断具体化揭示的依据。可以说，现在科学研究中所出现的许多错误，特别是经济学研究中对于数学方法的滥用，其认识根源就在于对于物质事物和意识事物这两种事物在形成、变化上所具有的不同规定性及其逻辑影响的混淆。不了解清楚事物之间所存在的本质区别，我们就难以构建正确的方法论，难以用正确的方法去发现和揭示事实。

　　所以，对于认识而言，存在两种不同的情况：（1）物质及其衍生的存在需要认识主体去发现和揭示；（2）意识及其衍生的存在就是思维发生本身或者认识需要所进行逻辑构建的产物。存在，本质上是人类所构建的认识方式的认知反映。它们是以不同事物的面目出现而成为认识的对象的。

（三）什么是认识

认识，就是对存在的反映，即人对于一切事物及其存在的认知和看法或观念，包括主观的和客观的；是人经实践或环境影响所形成的自己的理解、见识和经验，或者经各种社会媒介的传播影响所形成的认知，或者经过自己的学习探索所形成的各种判断，包括已经形成的认知和想要厘清的认知——正确的和错误的，肤浅的和深刻的，片面的和全面的。但是认识，从其意识思维的产生、问题的形成、对存在的反映到客观性检验这一过程而言，本质上是人对事物及其存在进行反映的一种构建或理解。科学认识是其中的源于事物本身即客观状况并经过存在检验的一种认知或认识活动。

在动的意义上，认识就是想要搞清楚、去探寻、发现、揭示、识别和处理人类所面对的存在及其产生的影响和原因：有什么、是什么、如何或怎样、为什么等等，即认识活动。

在静的意义上，认识就是人的思维、感知和认识活动所形成的认知及观点，或者观念，即对事物存在的实际情况或真相及其衍生的问题进行感知、学习、思考和探究等认识思维活动及在此过程中形成的认知，是认识主体对于存在客体的一种意识反映或者认知。认知的正确与否，与认知形成的路径、手段和方法密切相关。对同一事物的认知不同，还与认识的视角、层面的不同有关。

就存在与认识的关系而言，存在在客观的那一边，就如它本身存在那般在那里，不会因认知的改变而改变；认识在主观的这一边，是认识活动和思维所形成的产物，想要反映存在，但未必真实反映存在。从这个角度来说，人类的认识活动是一种主观对于客观的探究，即发现和揭示存在于存在者身上的一些东西。在这里，所谓客观，是我们对于实际存在或者事实的一种指称或贴的标签。

作为人类认识的对象，认识的客体不仅包括存在及其衍生的存在和影响，而且包括应对、解决或者实现主体目标的路径、手段和方法；不仅包括人之外的一切事物，而且包括人自身的一切问题；不仅包括物质事物，而且包括意识事物；不仅包括事物在形成和变化过程中的现象，而且包括造成事物形成和变化现象的本质问题。

认识反映存在，或主观反映客观，是一种逻辑和方式方法构建的过程。逻辑之所以使得认识可能反映存在，是因为事物存在的规则性表现与其内在的规定性以及二者与逻辑的对应。方式方法的构建，则使得逻辑能够恰如其分地反映事物存在的规定性与规则性表现之间的关系。所以，逻辑和方式方法的构建对于认识是否具有客观性至关重要。

也就是说，存在之所以可能得到认识的反映，是因为存在本身具有规则性和规定性，与此对应的是逻辑。如果认识的方式方法恰当，这些规则性和规定性及其对应关系就可能通过逻辑有序地反映出来，并在抽象的层面上与存在的具体性形成对应。认识在本质上是对存在之有及表现在"同与异"及其形成意义上的一种构建，包括反映在人脑中的镜像和经由感官感觉、实践经验和观察、信息传播、交流和学习等所形成的观念、认知和判断及其在语言文字上的表达。

若要使得认识具有客观性，就需要跨越横亘在主观意向性与客观性之间的巨大鸿沟。

认识的目的和认知的形成

1. 认识活动的目的和目标

存在包括存在者及其衍生的存在。然而，如果认识对于存在的探究仅仅到此为止，它的答案也就只是"有"与"无"、"是"与"否"等。虽然不能说没有意义，但是会偏于空洞和模糊不清，缺乏价值。而如果想要认识"存在之有"中所包含的一切，这同样既无可能也无意义，因为存在无时无刻不在发生着变化。

认识是对客观的存在表现所进行的一种有目的的"抽取"。对应的是存在之有是什么、如何或怎样、为什么等问题，目的是通过对存在之有的探寻、辨认、探究和检验形成具有客观性的系统化认知体系。我们需要认识的不仅是"有"或"无"的问题，更重要的是要对存在进行区分并探究事物万变之中的"不变"，即现象发生之本质，或贯穿事物之中具有各种不同意义的一致性和普遍性的"事实"或"真理"。唯有如此，人类才能够根据对事物的概念界定、分类及其可依循性来解释、预测事物的形成与变化，指导人类的活动，服务于人类。这就是认识的目的和科学认识活动的目标。于此，思辨存在和认识及其关系的意义也就产生了。存在因事实及其科学发现而得以具体化和赋予认识价值，事物的特性、特征、本质和机理、机制也因此得以显现。但绝不能由此就否定了对"存在"的思辨的意义，因为认识活动对于"事实"的探寻和发现是与事物所对应的"存在"属性密不可分的，不清楚和无视事物之间"存在"属性的区别，就不可能使其对应的"事实"客观地呈现出来。

事实与"真理"既是认识需要而构建的产物，又是存在的反映。前者是说事实与"真理"是我们在主观上想要搞清楚、想要知道，而想在存在中客观地抽取或使其呈现出来的东西；后者是说这种主观的认识是否客观又取决于存在。我们把获得了存在的客观检验的认知称为科学事实。

因此，我们一要搞清楚形成事实的存在基础或依据，即事物的承载者对事实的决定性；二要搞清楚"证实"或"证伪"这种"检验"的本质。否则，我们的认识逻辑就会不可避免地出现混乱。

客观事实所对应的存在，是存在者及其衍生的存在如是般的存在，是自然天成的。但这种"事实"千变万化、丰富多彩，所以我们只能通过事物的问题指向和约束条件界定认识的目标、范围和具体程度，对存在之实在时间与空间上加以框定。因为与事实如是般的存在相比，认识活动应答的"事实"只是一种观照或映射，只是认识对于存在的一种抽取和反映，只是存在的有限部分。

问题指向和时空约束条件不同，或者视角和指向的层次不同，对"事实"的认识指向就会不同。有什么样的时空约束和"事实"反映，就会有什么样的应用价值。从认识的需要出发，并非所有存在事实都具有认识的价值和意义，我们所想要认识的主要是事物存在反映的同与异及其形成的因由。因此，我们既无法反映全部事实，也无必要认识全部事实。这样，事实的认识价值和意义就取决于问题及约束条件，认识所反映的是否与事实相一致，或者是否具备"真实性""真理性"，就取决于检验的方式和方法。

我们想要探究、搞清楚的事实主要反映在以下几点：（1）是否存在过、发生过、继续存在或继续发生，即"有"或"无"及其证据；（2）如何存在、如何发生、因何存在、因何发生、怎样存在、怎样发生；（3）生与灭、同与异、名与实，对应的是时间与空间、具体与抽象，这涉及事物的规定性和规则性——或者说属性、状态、关系和特征，以及形成和变化的机制、机理和原理等；（4）如何使存在事实得到客观的描述和反映，使得认知与存在相一致，这涉及认识方式、研究方法、描述和反映的方法，以及它们的依据及其合理性基础。

对于上述前两种情形，关键在于证据的发现和提供。第三种情形是有关共相与殊相的探究，这是使我们对于一切存在的认识得以分门别类和有序化的重点，也是我们得以认识、把握万变之中不变道理的核心内容，涉及哲学和科学的不同领域。这不仅是科学探究的重点内容，也是科学哲学需要解决的问题。没有哲学的支撑，科学的目标就很难实现。第四种情形，与第三种情形中的哲学基本问题共同形成人类认识、反映存在事实最基础的部分，也是认识论和方法论研究的主要内容。在这方面，许多人以为我们已经形成了完备的认知，但其实不然，我们的认识研究仍然十分有限和肤浅，也正因为此，许多荒唐幼稚的做法在科学研究特别是社会科学研究中普遍存在甚至盛行。

2. 认知的形成

在原始的意义上，人通过感觉器官和大脑接受、处理存在及其产生的信息，这里的存在包括具体的存在者和场（或系统环境）、信息，涉及现代科学中的物理、化学、生物学、社会学、经济学……人的认识所构建的这些不同事质领域所传递的东西和产生的影响，对人的感觉器官形成的有区别的各种刺激，经大脑意识处理分辨后获得有序化分类和经验总结，形成个别的、直接的、表面的和结果性的初步认知，也就是对自我、自身的存在及其衍生的事物进行思考、判断后形成的认知。这种认知或觉知，因认识主体感觉器官的敏感程度和对于客体的区分、界定的理解，以及客体的信息强度，而呈现出差异，即认识因主体感觉器官敏感性阈值大小的不同、界定的不同和客体的信息强度的不同而不同，如色、声、香、味、触、法及其细分意义上的界定赋名，常因敏感程度的差异、理解和描述上的不一致而出现认知差异，具有易谬性。人的感觉器官对于多数事物的现象表现的感知是粗糙的、表面的，人之所以异于其他动物，是因为他的头脑或心智及其所表现出来的自我理智控制能力。

人类通过感官获得和形成的认知，取决于存在者所传递的信号强度、形式和人作为接受这些信号的受体对于信号识别的敏感性阈值。假如人的感觉器官不够灵敏，或者存在者传递出来的信息不够强，存在者就不能被感觉、感知到。如果存在的事物本身就是纯粹意识活动的反映，那么认识主体就只能通过逻辑或者意识活动主体相应的行为去认识。如果人对于信息的辨别发生错误，或者对于概念的领会不一致，那么认知也会与公认的标准界定不一致。这决定了人类感觉器官对存在者在认知形成上的有限性、不一致性和易谬性。

衍生的存在之所以可能被认识，是因为存在者在类和整体上存在着一些规定性和规则性，这些规定性和规则性是每一独特的存在者之所以区别于其他存在者并可以被人类识别的前提，并且，这些衍生的存在相对于存在者而言总是存在着抽象意义上的层次性。随着抽象程度的提高，差异性不断减弱而同一性不断增强，以至于在终极的意义上达到了"一"或者归"一"的状态。事物的形成和变化都是如此。

当以衍生的存在或意识为认识对象或客体时，这些客体因其无形性或不可捉摸性，认识主体经常通过感觉、感受、想象和归纳、推理、推测甚至猜测等来加以认识，这是人脑处理经由感官传递的信息的结果。对于以物质为依托的衍生的存在，现代科学则以实验、试验和思维活动来探索物质事物，用数学和逻辑反映物质事物之间的关系。对于意识引起和形成的存在的认识，例如社会经济现象，虽然现代科学引入了物质事物的认识方法，但至今尚未形成合理的方法，是认知科学所需面临和解决的课题。

对于主观意识事物的认知和判断，还会因为人的权利和立场的不同而不同。通过制度划分和确定个人行为的边界不仅是保护其他行为主体权利的需要，也是保障自身权利的需要。

人类对于存在的认识，经常因思维上的逻辑困境而形成认知上的各种困惑，这种逻辑困境是由逻辑的效力边界造成的，例如存在的起源、鸡与蛋、生与死、宇宙边界的有与无等等。似乎，人的逻辑是专门用来认识反映基于物质而产生的各种事物的，并以此作为认识边界。超出了这一边界，逻辑的效用就会丧失。人的认识无法超过这一边界，这一边界永远是人的观念的产物。

认识是人对于存在的反映，与存在的具体性和抽象性形成对应。认识因存在的变化而变化，因认识路径、手段和方法的不同而不同，因对存在的指向目标和范围的不同而不同。与其说存在有具体性和抽象性的反映，其实不如说这是认识的具体性和抽象性。存在因认识而形成不同程度的具体性或者抽象性表现。

存在不以认识的对错而发生改变，当然也不会以人的意愿而发生改变，也不会因为是某人的言论而成为事实。认识是否与存在相符，或者是否正确地反映了存在，取决于认识与存在是否一致及其检验方法是否恰当。本质上，科学就是一种有关主观如何反映客观的认识方式。

认识是否正确，或者是否与存在相一致，不仅取决于认识所提出和指向的事的明确界定，而且还取决于与这种"事"及其相对应的"实"的特性。就此而言，显然，物质事物的存在及其衍生的存在和意识事物的存在及其衍生的存在，在"事"的特性和"实"的特性上都是明显不同的，存在着本质上的区别。这种事物的特性及其差异，对认识的方式方法提出了不同的要求。无视这种差异所提出的要求，认识活动的目标就难以有效地实现。

而且，认知形成的始源或者路径、手段和方法是源自事物存在本身还是之外，也决定了认知的不同性质。在 17 世纪之前，人类对于存在的认知的形成，许多源于事物存在之外的诸如宗教、圣说、先验、感觉、猜测、传说、神说、权威等，直至 17 世纪之后，人类认知的始源才逐渐回归到事物存在的本身上来，成为现代科学认知的源泉。

认知来源于存在，又需要回到存在中去接受检验。在客观与理性的现代科学面前，所有宣称为科学或"真理"的认知，倘若得不到实验或实践的可重复一致性检验或应用的验证，得不到逻辑的可重复一致性检验，都不能归属到科学认知的范畴中去。学习所形成的知识，其中的一些也需要经过鉴定和检验才具有科学性，也会随着时空条件的变化而变化，而并非一成不变。不经过自己的独立思考，不搞清楚所得出的结论和事实成立的前提条件，某种程度上与道听途说也没有什么区别。所以，学习过程中的批判精神也成为现代科学之理性的重要因素。

（四）认识如何反映存在

认识反映的存在是什么

认识反映存在，是通过事物和事实的形式与内容、路径和方式、过程和原则的认识构建来实现的。

事物是对存在的一种抽象的、"形而上"的映射，是存在在认识意义上的意向性反映，或人类想要"作为"的对象，具有多样性和层次性。存在与其对应的主要是"衍生的存在"，是存在与认识共同形成的产物。

意向性认识的事物所对应的存在之"有"，通过概念界定和分类，得到进一步展开和衍生，从抽象到具体，到"证实"，形成"事实"。在分类的意义上，它赋予事物以"同"（或"同一性"）

与"异"（或"异质性"）的抽象，作为从存在意义上的认识区分
和可依循性评判事物认识价值的依据。到此，存在经由事物在认
识上有了更加具体或实义上的呈现，使得存在不再是晦暗、不可
捉摸和含糊其词的东西，具有了认识价值。否则，人类最多只意
识到了"有"与"无"或"是"与"否"等这些感觉中十分抽象
或粗糙的判断，却不知道事物具体究竟是什么、是怎么样的，更
不知道为什么会这样，它是如何或者怎样发生、形成、变化和联
系的。

通常，我们所说的事物具有两种不同的指向：认识的对象和
存在的反映，即认识意义上的事物和存在意义上的事物。二者对
应的是抽象与具体、名与实。

然而，虽然我们几乎每天都在谈论事实或者与事实相关的话
题，想用事实来证明或者反驳他人的某些见解，但要说我们对事
实的客观状况或者事物如是般的存在的了解，其实不多。我们并
无可能确切、完全地得知这种存在事实，因为它变动不居、丰富
多彩。我们可能认识到的事实，只是用我们的认识方法和理解能
力并通过问题指向从事物的存在表现中"抠取"或者"抽离"出
来并予以"固化"的那个存在，即人类意识所形成的问题指向或
者由心而生的事物所对应的存在的反映——"有"与"无"及其
"衍生的存在"状况，并通过"检验"得到判断。从这一意义上来
说，我们所说的科学事实，也不过是我们的认识主观赋义的产物。
我将这一过程称为"认识构建"。从"事"到"实"，都是如此。
科学事实是一种为了满足认识的需要并由感官、测评的仪器设备
和一种被称为"科学检验"的方法"确证"的"断言"。

人类意识之事，特别是人类意识所想要弄清的事，不仅包括
具体的存在实体和衍生其上的意识本身，而且包括在它们自身中
和相互之间的形成和变化，或者贯穿于一切这样的存在之中的许

多被称为诸如"共相""殊相"或"机理""机制"的东西，以及我们借以认识和检验的路径、方式和方法等。对于前者，我们说的客观状态，指的就是存在者如是般的存在，在这里，事物只是其对应的存在的指称。而后者，却是人类意向所赋予、构建的存在，是人类这种存在因认识的需要而衍生的存在，是依附于存在者这种实在的存在。这样，人类所想认识反映的存在就是存在实体和意识的共同产物，没有存在者这一具体的存在和人类意识或认识的构建，存在就不能得到反映。所以，存在所对应的反映可能是一种具象或现象，也可能是一种不同意义上的认识抽象或观念；是一种个体、类和整体或者作为一种整体及其构成要素的状态，也可能是贯穿其中的属性、状态、关系和特征；是一种个别、孤立的现象或者事件，也可能是一种具有规则性或普遍性的现象。即，"存在"指向的有两种情形：实在和人类赋予实在的衍生的抽象存在。实在，理论上是一种可感知、可测知的有；衍生的存在，则因人心而生却承载于物，是"事"的始源，是由认识构建的。这里的物，包括作为认识对象的物和"心"之动念的认识主体。

认识就是对于存在的抽象，或是以存在为对象的反映。抽象的始源是"存在"的具象，它指向具体的物质或意识的存在。抽象不过是对这种具体存在者及其衍生的存在的有目的的映射。抽象的正确与否，或者其与存在的相符程度，主观与客观的一致性程度，不仅取决于认识的路径、方式和方法，也取决于事物的特性。例如，物质事物所反映给认识的具有可依循的规则性表现是与其类的内在规定性一致的，这是物质事物的特性。意识事物所反映给认识的规则性不仅十分笼统粗略，而且易变，其对应的类规定性则是主观的类逻辑思维。两类事物的规定性特性不同，不仅决定了各自所反映出来的规则性或可依循性不同，而且对认识的方式方法提出了不同要求。事物各自的内部细分也同样如此。

即，从科学的角度，认识方式或研究方法需要与事物的特性相一致。而"异"既是认识的对象，也是不同事物特性的反映。科学认知的不断增进也是具体细分上对"异"的区分。

所谓一致程度，就是抽象在何种程度上与其所对应的具体存在者及其决定的存在表现相同。事实或者真相，就是用于表述认识的这种抽象与实际存在的状况的相符或者一致程度。客观认识的抽象永远只来源于存在并取决于存在者，只有当这种相符或者一致性可以被证明或者被检验时，这种抽象的"真性""客观性"或者"实在性"才会得到反映。只有当这种一致性被"证实"的时候，"事实"或者"真相"才可能被呈现出来。之所以说是"可能"而不是确定，是因为这种认识抽象与存在的一致性经常是严格的时空约束条件下的产物，如果这种严格的时空约束条件不能再现、再生，那么这种抽象所对应的事实便不再发生或者延续，它就是一种在时间和空间意义上孤立的或者片段的存在。

本质上，存在是一种人类的意识反映，又独立于意识。相对于意识，无论存在是否被意识到，它都在那里。对于"事实"，"事"的产生或形成，"实"或者"真理"的发现和判定，都是人类认识"制造"的产物，包括我们想要认识的事实和被"证实"的事实。存在与认识各居一边，方法对了，认识反映事实；方法错了，认识所反映的就不是事实。

存在的"真相"何以得到认识反映

存在的"真相"，就是认知具有客观性，意味着认知不仅是思维的结果，同时又是事物本身存在的反映。所谓客观性不是别的，即是认知得到了存在表现或应用结果的证明。

那么，认识如何才有可能反映存在和揭示事实？

历史地看，人类需要跨越几大鸿沟：一是构建起认识与存在之间的桥梁，使得认识能够通达存在；二是把存在具体地显现出来，即界定事实的范围和抽象程度；三是按照一定的方式把事实揭示和反映出来，即席勒所说的"制造真理"；四是对认知的"真性"或"真理性"进行检验。而这些都取决于人类认识事物的方式和方法，包括认识论及其基础上的方法论构建这两大至今尚未得到深入拓展和系统研究的科学哲学问题。

1. 存在首先反映为不同的事物，成为认识的对象

世界是事实而不是事物的总和，但事实须以事物为依托才得以通达，并得以呈现。

事物就是人类所要面对处理的和试图想要搞清楚或者获得答案的一切的总称，它以物质及其构成的存在物作为载体而生于心，或者是出现于人脑中的有关存在和意识的所有东西，包括客观存在的或者主观想象的，是与存在相对应的认识的概念世界。事物也是人类在长期生存发展过程中对于存在进行思考并积累所形成的历史产物，是介于认识和存在之间的一种映像或者中介。随着人类认识活动的不断推进，以及社会的发展进步，新的事物不断涌现，需要我们去探寻。只有通过事物，我们才得以在认识和存在事实之间建立起桥梁和纽带，使认识和存在得以标记指代、分门别类，使认识得以通向存在。但到此为止，事物仅仅充当了认识与存在之间的纽带或桥梁，使得认识通达了存在这个层面，使得存在以事物的面目陆续呈现在认识面前，从而实现了认识的第一步。

若要使主观认识反映客观存在，使得认知具有客观性，就首先要搞明白作为认识对象的事物所对应的存在是什么，对存在进行具体的揭示，通过认识构建来反映决定事物的形成与变化的各个方面，例如属性、关系、状态和特征，或者要素—结构—功能关系，或者机理、机制、原理，等等，根据认识的需要对于存在在本质意义上进行构建和"抽取"。对事物所对应的各种具体存在

表现进行研究，通过定义和分类把具体的存在表现抽象反映为事物的组织性、有序性，并研究概括事物在类意义上可以为人所依循的认知和探寻、反映事实的方式。这一深化过程是复杂的，是"形而下"的存在表现和"形而上"的认知相互转化的过程。事物的抽象特性、特征因认识对于存在的具体开展而不断得到深化和明确，具体的存在因认识对于事物特性、特征的不断增进而获得更加有效的揭示。对事物认知的增进也因此推进了人类对具体存在在认识上的可依循性。

2. 认识通过事物的问题指向及时空约束条件通达存在事实

若要把存在具体地呈现和展示出来，找到认识的答案，就需要根据事物的特性、特征确定认识的目标，对事实的范围、层次和具体化程度进行界定，通过"实化"，赋予存在以具体的内容。对此，我们通过赋予事物以具体的问题指向和时空约束条件，即确立命题和认识目标，以确定认识所想通达的事实。这个时候，存在才因问题指向和"事实"得以清晰起来和具体化显现出来。

事物的问题指向和时空约束条件都带有认识的目的性，不仅使遮掩在存在身上的面纱得以掀开并使存在具体地显现出来，而且还决定了这种"事实"在认识意义上的价值和意义。问题指向和时空约束条件不同，认识所指向的存在事实也不同。问题指向决定了事实的范围和边界，时空约束条件则决定了认识指向的事实的具体化或者抽象程度。有什么样的问题指向和时空约束条件就会有什么样的存在事实，包括问题所指向的事实的性质、可认识的程度、认识的意义及价值、应答域及其可检验性。这个时候，认识才以事物为依托通达到了事实，使得存在呈现出来，成为人类认识的客体。

在很多场合中出现的争论和分歧，源于所谓的不同视角，其中的一个原因就是问题指向或时空约束条件的不一致。

3. 存在事实或者真相的发现、揭示和反映

问题指向和时空约束条件使得认识通达到了存在，但事实并不因此就会自动显现出来成为认知，也不会因为认识主体自己声称发现或者揭示了事实就成为事实。

但在讨论这一问题之前，我们首先需要对诸如"事实""真理"和"本质"等这样的一些概念进行论述。

事实，就是我们的认识目标或问题指向和时空约束条件相对应的实然或客观存在。但这个"实然"或者"客观存在"只有通过认识才能反映出来，即用主观世界去反映客观世界。所以，在本质上，认识所反映的"事实"只是认知的一种特殊形式或认识构建的产物，包括科学事实。与其他认知所声称的"事实"不同的是，科学认知在与问题指向和时空约束条件相符的情况下具有可重复一致性检验的特征，即可检验性，包括观察、实验、试验意义上的重复一致性和逻辑的重复一致性，它们分别对应于物质事物和意识事物这两种不同的事质领域，能够获得存在的验证。

与问题指向和时空约束条件相对应的是应答域，这个应答域可以被看作完成认识活动目标所得到的认知结论，当然也是对"事实"的一种认知反映。如果应答域与认识活动目标不一致，则表明这种认识活动没有取得成功；如果认知结论无法用重复一致性来检验，这或是意味着命题的确立或选择本身存在着问题，或是意味着认知结论存在错误。可重复一致性检验常见的一种简要模式，就是"只要A，就会B"。只要问题指向和时空约束条件一致，事物的存在所指向的结果也会重复出现。然而，这种表述之中的内涵十分丰富，并且会因为事物的特性不同而表现不同。当然，用这种方式和方法来检验认知结论是否与事实相符或是否具有"真理"或"真理性"同样存在着局限性，因为检验的能力和可靠性存在着可变性。但对于当下，即认识活动所处的历史条件

而言，则无疑具有现实性。

如何才能找到这种与事实相符或一致的认知或者使得这种认知具有客观性？这涉及认识论和方法论研究的内容，包括认识形成的源泉或者路径、方式、手段和方法，具体地说：（1）从本体论意义上认识和把握事物的本我特性，深入事物的形成、变化和现象与本质等各个方面，区分不同事物的本质区别；（2）从认识活动的目标或者命题要求上，全面深入地研究思辨不同事物的研究特性和本质区别；（3）研究思辨认识对于存在或者主观对于客观的反映，即"事实"或"真理性"的形成所需要的逻辑程序和方式的正当性、规范性，包括具体与抽象、名与实、时间与空间、同一性和差异性等及其相互之间的逻辑对应关系，以及由不同的事物例如自然、政治、社会、经济、法律、技术等或其他意义上的范畴决定的关系在逻辑上的转换；（4）研究构建与不同事物特性相符的方法论。

需要强调的是，认知形成的路径、方式、方法和手段不同，是源自事物存在本身还是之外——先验的或者经验的、理性的或者感性的、归纳的或者演绎的、经过检验的和未经检验的，其认知的性质是不同的。

人类认识的对象，包括存在物及其构成，贯穿于一切存在、存在物及其衍生的存在、意识的存在及其衍生的存在，或者人类想要知道，所需面对、处理和解决的事物。但显然，这些不同的存在各自产生的始源和形成的基础是不同的，它们所具有的规定性和规则性也是不同的。有些存在直接来自存在者本体，有些则始于人类的认识需要和意识，并且具有不同的特性，它们之间既相互联系又彼此区别。如果不能辨别事物之间的本质区别，就很难找到恰当的路径、手段和方法去发现、揭示事实以及检验认知。在很多情况下，方向和思路错了，方法的选择就会发生错误，接下去无论如何努力，也很难达到认识活动所想实现的目标。

虽然，物质的存在是一切其他存在的基始和元存在，即无论是存在者衍生的存在还是意识的存在及其衍生的存在，都无一例外地是以物质这种存在为始源并由这种存在决定。但在认识世界中，物质的存在和意识的存在彼此间形成对应，意识成为存在的映射并把自己作为认识的对象，对存在形成透视。在本质上，意识取决于物质，又决定存在者衍生的存在。物质和意识这两种事物在一开始就是不同的，这种不同不仅反映在个体或个别的存在者身上，而且反映在不同的类事物之间。这意味着不同的规定性、规则性在类事物及其所属事物之间存在差异。对事物之间的同一性与差异性或者同质性与异质性，及其对认识所形成的影响的思辨和研究，是科学哲学研究不可缺少的内容。迄今为止，我们对这一方面的认识仍然十分肤浅。

存在为什么可能得到认识的反映？是因为存在的物质性和认识的逻辑性。这种物质性和逻辑性使得事物所对应的存在呈现出不同的规定性和规则性，使得认识活动可能通过感官、仪器设备等工具进行探测和识别，并可以通过逻辑对这些具有规定性、规则性的东西加以有序的描述反映。

（五）认识反映存在事实的路径和方法

认识反映存在事实，就是认知具有客观性。

认识获得关于存在的认知的路径和方式有不少，如归纳、想象、推测、猜测，听说、阅读，感官与实验，思辨与实证，先验与经验，等等。但并不是所有的路径和方式，都能够使得认知具有客观性。

那么，认识何以反映存在事实，使得认知具有客观性或者把纯属主观的东西排除在外？

这里涉及以下问题：（1）认知从何处获得，即认知形成的始源和路径在哪里？事物之内还是之外，或者部分始自之内和部分始自之外？（2）通过什么路径和方法来把遮掩在存在事实身上的面纱揭开，使得"事实"或者"真理性"客观地显现出来？其基础和依据是什么？（3）通过什么路径和方法来证实或证伪认知的"客观性"或"真理性"，依据是什么？这构建了科学哲学在本体论意义上的认识论和方法论的研究内容。

现代科学哲学把问题的答案指向了"事物存在本身"，并通过可重复一致性来检验认知是否与"事实"相符。认知来源于事物存在本身，又回到事物的存在中去接受检验。只有当认识活动所形成的认知可以获得检验，并在检验后与存在表现相符一致，或让认知得到它的应用结果的验证时，以问题指向和时空约束条件通达的存在事实才得到了认识，也就是说，不仅应答域与认识活动的目标对应一致，而且应答域所提供的认知正如存在的那样。

但我认为，除了认知形成回到"事物存在本身"之外，还需要从事物形成的始源出发，根据事物的特性来构建和运用认识的方式方法。这是科学认知形成的两个基本原则，对应的是科学认识论和方法论的研究内容。

方法论的研究内容不仅包含了路径、手段、程序或步骤和办法等为实现目标所需的一切方法，而且还包含了这些方法的层次适用性，具体如下。

感觉器官，即眼、耳、鼻、舌、身、意，适用于第一次认识——表象、表面认识。

逻辑思辨，就是运用人类特有的逻辑对存在和认识及其相互关系进行思辨，包括具体与抽象、名与实、时间与空间、同一性与差异性、主观与客观等，以及不同事物在形成和变化上的原始特性特征，即认识论研究。

构建方法论，就是寻找、确定和选择与事物特性相符一致的方法去研究洞明事实。

此外，还需要特别强调的是，事实的性质和表现是与事物的特性密切相关的，对应的就是事物的存在载体的特性及其各自具有的规定性——不仅决定了事物所对应存在的规则性表现，而且对探寻、发现和揭示事实的方式方法提出了不同的要求。

一切认知的科学性与研究所构建、选择和运用的具体技术方法和手段密切相关，具体技术方法和手段的选择和运用的恰当性、有效性取决于其对应事质领域的方法论的构建和确立，科学认识论则是不同事质领域方法论构建和确立的基础和依据。

至此，对于存在、认识及其相互关系在元始意义上进行思辨的价值，就渐渐浮现出来了。

二、物质与意识

（一）物质与意识是认识所依存的两个方面

我认为，物质或意识，谁是世界之本源，谁是第一性的，完全取决于人们对于存在的定义、理解及需要。如果认为这个世界的一切存在包括人的意识都是物质的，或者如还原论物理主义者所言，人的心智属性在其本源上也是随附于物理属性的，那么，唯物主义或者物理主义的决定论似乎就会成立。反之，如果一切存在不过是人类意识意义上的存在反映，那么，唯心主义就会占据上风。表面上，物质和意识的关系，或者世界的存在是一元还是二元的，是涉及验证或者论证的事情；实际上，物质与意识的关系，取决于定义和分界，任何一方的存在总是以另一方的存在为条件。

在我看来，人类所面对的一切存在，本质上同时源自物质与意识两个方面。如果说在客观世界里，物质的存在可以独立于人类意识，那么，在人类的认识世界里，物质与意识则是不可分离的，是认识不可缺少的两个方面。离开物质谈意识或者离开意识谈物质，都是没有意义的。对于人类而言，物质与意识的存在是同等重要的。因为无论是在个体意义上还是在人类整体意义上，物质与意识都是同时出现的，是人类认识的两个方面。没有意识的存在，人类无以感觉到物质的存在；没有物质的存在，意识就失去了依托和对象。这两者之间的关系是一种依存关系，而不是出现的先后关系，"先后"其实是一种错觉。例如，笛卡尔之"我思故我在"，说明"思"和"在"须同时存在，"思"本身意味着"在"，同时"在"才能"思"觉到我在的真实性，"在"是"思"的意义上的在。所以，物质与意识实际上都是人类认识得以存在的分界，是以相对应的形式存在的一种区分，是人类定义的产物。其真相是，我们把人脑对于一切存在的反映称为意识，而把意识之外或者意识反映的一切对象统称为物质的存在。实际上，意识或心智属性的物质性，本质上是另一个层面的问题[1]，但十分不幸的是，这种存在的概念分界前提竟在不知不觉中被混淆了。

物质与意识，就似有与无、空与色或者阴与阳等诸多相对应的事物一样，一种存在总是以另一种对应的存在得以显现。也就是说，它们是以彼此的存在为条件而得以存在的，是相互依存的。失去了其中一个方面，也就失去另外一个方面。在终极的意义上，它们便不分彼此，归而为"一"了。"有"的无限分割或者变化终

---

[1] 的确，万物都存在同一性，其终极指向一致。但它们的存在的形式、内容和过程都是丰富多彩的，它们在变化中的表现是多样的，它们在形成的结构层次上也反映不一。我个人认为，从物质性来说，意识状态无疑与主体的自然禀赋特别是头脑的物理状态密切相关，但意识又具有独立性，不完全取决于其物质性。同时，意识也会影响其得以依存的物质性。这种关系，可以通过内省而自明。

极就是"无"，成为一种既非物质也非意识或精神的东西。然而，事物存在的意义，就在于其两极变化转换的过程之内，一旦到达极端，便也就失去了其原来的意义。因此，人之作为的为，不能解释作"也包括无为"，无为是与不作为相对应的，否则就会发生混淆。概念界定的意义就在于此。

物质与意识都是能量的表现形式，是同一种东西的不同表现或者存在方式。但在认识世界，它们是同一事物的两个不同方面，有着不同的性质。在终极意义上，世界上存在的一切都是同一的，而现实中存在的意义却在于具体化和多样化，总是以具体性和多样性得到反映。在认识上，这涉及不同的层面。

我之所以认为物质与意识不可分离，存在和意识本来就是认识的两个方面或者是同时出现的，另外几个理由是：（1）从生命个体的存在而言，意识是与生俱来的，物质意义上生命的存在总是伴随着个体意识的生灭而存亡。对于一个植物人而言，这个世界是与他（她）不相关的，因为他（她）既无法意识到自己的存在，也无法意识到这个世界的存在。失去了意识，人就失去了其自身的生命意义。（2）从人类整体的存在而言，撇开人类意识的物质存在究竟意味着什么呢？在人类出现之前的世界或一切存在，只在人类出现之后才有了意义。而一旦人类消失，这一世界的存在也就与人类不再相干了。正是有了意识，存在才对人类产生了意义。对于其他有意识的生物也同样如此。（3）生命的存在依托于物质结构，但纯粹的物质结构并不能带来生命意识，我们从来没有看到过缺乏自然支持的人造的生命意识，也难以想象这样的"生命体"究竟与自然的生命物体在本质上有何共同之处。

生命是物质与灵魂的结合体，意识也由此产生。我们不知灵魂为何物，它与物质之间的关系是什么，但它们应该是本质不同的两种存在。生命因灵魂而生动有趣。

从认识角度来看，人类的意识对于物质或客观存在的反映总是有限的，人无法彻底认识世界。对此，我认为休谟和康德是对的，世界只在有限的程度上是可知的，永远如此。

（二）物质与意识是两种本质不同的存在

物质是一切存在的基础。意识以生命体这一特殊物体作为载体或依托而出现。但正如我在前面所提到的，这绝不意味着这两种东西都是物质的。我们从来没有见到过可以由纯物质要素制造出生命意识的例子。人工智能、机器人可以替代人类从事或处理许多事务，甚至在某些方面胜过人类，但并不能因此就说机器人具有了生命意识，因为它没有灵魂，没有精神的丰富性。我们虽然不知道灵魂由何而来，但我们知道人的灵魂是自然所赋予的。

从认识的角度来看，物质与意识之间存在着依存关系，然而却是两种本质上根本不同的存在，所对应的是完全不同的事物。这种不同或"异"突出地反映在以下几个方面。

（1）自然物质始于天赋，包括一切物质现象及其规定性，或者其他诸如属性、关系、状态和特征表现，以及规则性与规定性之间的对应关系，等等。对此，人们可以猜测或假设物质源自能量，但却无法知道和确证能量由何而成。人类无法知道这些东西从何而来，只能通过认识的构建或科学的认识方式由外到内地从事物的存在中去探寻、发现和揭示它们。而有目的的意识事物本身就是人类自身的思维活动及其行为反映，是禀赋条件、偏好和外部环境共同作用的逻辑表现，这也是意识事物的规则性反映的规定性。人类可以通过由内到外的路径和逻辑思维方式开展认识活动。事实上，意识事物如经济事物和社会事物的属性、关系、状态和特征表现，一开始就是由逻辑构建而成的。所谓的发现，本质上也只不过是一种新的逻辑构建而已。

（2）自然物质具有理论上的可测性、可区分性和可量化性。无论是已经被检测到的、获得区分的和量化的自然物质，还是尚未被检测到的、获得区分的和量化的自然物质，甚至如要素和结构，都是如此。尚未被发现或获得检测证明的物质存在形式，只不过是因为我们还没有发现正确的认识路径，或还没有发明认识的方法或者恰当的仪器设备而已。只要路径、方法和"工具"得当，就可能获得新发现。而意识事物则不同，许多要素很难量化和准确区分，如在经济学研究中的投资与投机，人才、技术要素，成果的量与质等等。许多市场主体在经济、政策上的真实意愿和反映，也只能通过主体的行为表现结合禀赋条件、偏好和外部环境等因素进行逻辑推断和分析来识别。

（3）自然物质事物的属性、关系、状态和特征的形成及其量化数据，在分类意义上存在着一些相对稳定或机械的反映，或时变性较小，一致性较强。而意识事物在分类意义上这些方面的反映，例如经济、社会事物，其中还包括行为或社会心理问题，此时彼时，此地彼地，稳定性弱，时变性大，一致性较弱。即使形成有相关的数据，其量化形成的经验事实在有效性、客观性等方面也明显不足。

（4）认识在物质事物上的抽象与具体的需求之间显示出高度的一致性，特别是在物理学领域中的一些事物，因此天然地与数学相匹配；而意识事物上的认识抽象与具体的需求之间经常显示出不一致性，如经济学、社会学。这意味着与这些学科相对应的事物，其在类的意义上所形成的认知抽象性阈值"带宽"是不同的。

抽象性阈值"带宽"的大小，意味着抽象之同的形成所覆盖或舍弃掉的事物在空间与时间上的差异性。在用数学方式来反映事物在各个方面的认识特征时，具有较小抽象性阈值"带宽"的类事物，如物理、化学、生物学等这些物质事物所舍弃的具体时空差异较少，而具有较大抽象性阈值"带宽"的类事物，特别是经济学、社会学这些意识事物，则以舍弃具体意义上的多种时空差异为代价。

当然，抽象性阈值"带宽"的认识价值还与应用的需求有关，例如，生物学所形成的认知抽象性阈值"带宽"比物理、化学领域大，但从应用角度来看，多数的认知抽象在种类意义上就具有操作的依循性。而就经济学而言，其应用多数涉及具体的时空条件，那种建立在大样本基础上的数理分析结论虽然具有认识和判断上的意义，但对于时空条件各异的具体行为主体而言的可依循意义并不大，因为时空条件对于具体的行为主体来说本身就是一个选择的重大约束。

当然，抽象程度还与认知所对应的时间和空间有关。这里说的是在学科的意义上，同样的抽象性程度反映出不同的应用价值。

三、具体与抽象

（一）存在的具体与抽象

具体与抽象是与认识反映存在密切相关的两种重要属性，衡量的是认识对于存在反映的程度。所谓"反映"，就是认识所期望达到的对存在状况即"事实"的一种揭示。具体或抽象，既是对存在状况如可接触性、可体验性和可量化性等的一种表述，又是对认识反映的具体程度的一种表述。抽象是认识的本质，具体则既可以衡量认识反映存在的程度，又可以指称实在。

具体性和抽象性是存在映现在人类认识上的程度和本质体现，

经常与笼统和详细、模糊和清晰等词相对应，当然也包括事物之间"同"与"异"出现的不同边界。通常，个别及其细分、"异"在具体一端，整体及类、"同"在抽象一端。"同"是"抽象"或"名"的一种表现，"异"则表现在"个别"或"类"之间。认识就像一台照相机或摄像机，图像或视频的清晰程度，主要由镜头和焦距来决定。

存在的具体性就是存在者及其所呈现出来的东西，例如物质、物体、生命体所呈出来的可为人类所观察、感知、测量、感应、剖析的各种存在反映和表现——物理的、化学的和生物的以及各种衍生的存在反映。这是一切存在者——存在的物和体，也就是实在——所呈现出来可供感知或探知的东西，反映在微观和宏观的不同层面。

存在的抽象性，一是指认识之描述本身对存在具体性的有效反映，是抽象指代的和描述的，如这种或那个东西、这个或那个人、这样或者那样，是对复杂问题的简化；二是指因认识的需要而形成的存在或者贯穿于存在者身上的衍生的存在，特别是一些无形的、无法具体感知到的东西，一些人类想要研究探寻的东西，例如属性、关系、特征和功能等，或者规定性、机制或机理；三是人的意识的存在及其形成的事物，包括意向、思维、思想、观念、信仰、意志、心智、偏好、情感等等，是存在者衍生的存在中因意识而产生的特殊存在，是抽象形式的概念化存在。

第一种抽象是存在者实在的指称或指代，是标签意义上的"有"及其区分上"识"的抽象；第二种抽象是基于认识的需要而以存在者为依托的有目的的抽象；第三种抽象则是以意识这种存在为依托的抽象。这三种抽象的不同，源自它们各自形成基础和决定依据的不同。第一种来自物质性、可测性、可量化性、可识别性；第二种由物质与意识或客观与主观共同决定，因认识的需要所构建，又由存在来检验；第三种则是意识活动的产物，无形、易变，难以测量和测度，难以识别，本身就抽象。

对应反映在不同的科学领域的抽象与具体的意义，以物质事物为认识对象的物理、化学和生物学，抽象所损失的具体信息依次增加。在物理学的许多细分领域，抽象与具体是一致的，即抽象就是具体，具体就是抽象。在化学和生物学领域，抽象意味着具体信息有所损失。在经济学和社会学领域，抽象意味着更多具体信息的损失。而具体信息决定了认知在应用意义上的可依循性。

不同的事物具有不同的特性。如果不清楚这些问题，就很难形成抽象与存在的相符性的认识逻辑，导致逻辑关系混乱或者颠倒，当然也会导致方法论上的错误。

存在的具体性是变化的，从内到外、每时每刻，是复杂多变的，无法全部得到描述和反映，"事实"也同样如此，所以只能进行有目的、有条件、有意向性的抽取反映。对存在的认识抽象，就是对存在作本质性、特征性和一致性意义上的选择性抽取，当然也是对非本质性、非特征性和偶然性等的一种舍弃。

抽象的存在，只是对于认识对象的一种认识反映。必须注意的是，抽象是人作为认识主体而对存在所形成的一种认识反映，但抽象是否与人所要认识的存在状况相符一致，是否反映了事实或者本质，不仅取决于对于"事实"和"真理"性质的认识把握，而且取决于认识的方法、检验的方法和结果。

具体性和抽象性在认识上是相对的，这种相对性主要体现在对存在进行抽象的程度，即抽象的具体性。抽象的具体性取决于我们的认识层次和我们所选择的工具、方法。就像选择使用相机、摄像机、X光、CT机来检查人的身体一样，抽象的具体性取决于目的、方法和"工具"的功能。认识层次不同，抽象的具体性也不同；工具或"设备"不同，其所能呈现出的具体性也不同。

存在的具体性呈现，取决于抽象的角度、范围和层次。角度不同、范围不同，或者层次不同，存在所反映的事实也会不同。所以，抽象实际上是人类认识活动的一种方式。抽象是否真实地反映了存在，是否能够达到认识的目的，或者存在是否得到了客观全面的本质抽象，涉及认识论和方法论意义上的许多问题。

万物在具体的存在上无一相同，此物彼物，此时彼时都存在差异。所谓的"同"都发生在不同的抽象层面或名与类的层面上。事物的存在，随着抽象程度的渐次提高，个别性或差异性会相应地渐次减弱，类或整体的同一性会相应地渐次显现。在终极的意义上便出现了万物诸如生与灭、有与无、同与异等的"绝对真理"。

不要忘记，作为第一实在的存在者是其他所有衍生的存在的根本和依据。否则，衍生的存在就是无本之木。

不同的抽象对应着认识对于存在的不同的具体性反映，认识的目标也与这种抽象性相一致；不同的抽象性对应着不同的工具和方法，数学是最抽象的工具，集合是另一种意义的抽象。认识越是抽象，其反映的同一性就越强，但丧失的具体性和差异性也越多。

作为认识对象的不同事质领域，实在或具体的存在者——物质及其构成的物与体——所反映的物理学性质、化学性质，在具体与抽象上的显著区别多在于微观与宏观之间关系的表达。要素、物理量的计算及相互关系，与数学的抽象性浑然一体。就衍生的存在而言，其属性、结构、关系、功能等显然是分类意义上的抽象；意识则更适合用另一种抽象方式来描述。这方面的差异，对于研究方法提出了不同的要求。方法的有效性永远不能偏离具体应用对象的特性。

上述表述，不是否定数学方法在类的关系意义上的抽象作用，而是说数学关系所反映的抽象意义，对于不同事物的研究需要而言，是完全不同的：有些与研究的目的和需要一致，有些则显得过于空洞和缺乏应用价值了。

事物存在的规则性表现总是与其内在的规定性相对应，这种关系在认识上就反映为逻辑性。

存在因认识而得以反映，认识又决定于存在。抽象反映具体，又决定于具体。抽象的程度，在认识的层面上，也决定了事物之同与异的区别。

（二）认识的具体与抽象

其实，存在与认识在具体与抽象上的关系，在哲学思辨的意义上只是科学这种认识方式指向的两个方面。因为我们根本就不知道客观存在到底是什么，我们所知道的只是因我们的认识需要所构建反映出来的那个存在。

认识对于存在的抽象，可以分为三个层次：一般抽象、类抽象和个别抽象。

一般抽象，就是对于事物的存在在整体层面上的认识，所有的物或所有的事在形成和变化上所表现出来的共同属性、特征和本质，是在"有"的基础上的形而上的概括反映，也是超乎一切类的抽象。

类抽象，亦即分类抽象，是认识对象中值域最宽广、内涵最深、内容最丰富的抽象，是分类意义上其对应事物在形成、变化上所表现出来的共同属性、特征和本质的反映，并随着类的细分呈现出差异性。这种事物的分类差异在认识上的反映，就是人类对于存在的认识增进的过程和反映，是科学认识的主要对象。

个别抽象，是指对作为具体存在者的物与事所表现出的特征的抽象反映。

　　我们不能忘记的是：第一，"存在"是存在者的表现反映，存在表现取决于存在者；第二，整体、类的抽象须以具体个别的存在（者）作为依托，也就是说，如果没有具体个别的存在（者）为依托，就不会有类、整体的抽象；第三，认识的不同抽象有着不同的意义，但在使用上应该与认识所对应的层面保持一致，彼此间不能混淆。认识越抽象，或所包含的事物种类越多，适用的范围就越大，但所损失的具体信息也就越多；认识越具体，认知对事物种类的包容性就越小，得以"正确"表述所受到的约束条件就越多，易变性就越强。用抽象应对具体，就会丧失针对性和实际意义；用具体应对抽象，则不具有认知适用的覆盖性。

　　存在以"异"彰显其价值，认识以"同"反映其意义。这里的"异"，指的是具体的存在者；"同"，则是指抽象的认识。

　　存在的价值，都体现在存在者具体的存在表现而非抽象的集合概念上，反映在实处。抽象的意义，只有源于具体并反映于具体才得以形成。也就是说，整体、类的抽象所反映的意义，必须通过具体的、个别的存在（者）才能真正体现出来。这也是检验所有自称对某种事物的认知具有"真理性"或行动具有"重要意义"是否确实名实相符的依据。

　　从一般抽象到分类抽象、个别抽象，认识对于存在的反映得到不断具体化的反映，事物之间的差异性和多样性也随之增强、显现，同一性随之减弱；反之，则差异性不断减弱，同一性随之增强。例如，万物—人—男人或女人—张三或李四，就是一般、类及至个别存在在不同层次上的抽象，是与具体相对应的不同指称。男人与女人都是人，但男人与女人有区别；张三和李四都是男人，但张三和李四有区别，他们彼此是具体的、有差异的人。具体个体的存在总是抽象的同与异的统一体。

　　科学认知所涉及的事物的一切，例如事物特性、事实、一致性及其形成，在选择路径和方法，或者区分对于同与异的认识时，都在抽象与具体的对应中反映出了这种层次性，并提出了相应的认识要求，否则就会造成逻辑混淆，导致认识误区。把整体意义上的"同"误以为是分类意义上的"同"，把大类意义上的"同"误以为是"小类"意义上的"同"，就无视了抽象上的"同"或"同一性"在具体上的"差异性"或"多样化"表现，抹杀了类之间和个别存在之间的差异性。认为适用于自然科学的方法同样适用于其他科学领域，例如社会科学领域，其中的一个原因就是对"同"与"异"在抽象与具体关系中的认识混淆。

抽象与具体之间的关系，也是"同"与"异"的反映。其意是说，具体事物之间经抽象而显现的"同"，一旦落实到具体层面就表现出"异"。例如，人是对这一特殊存在者的类抽象，具有"同"的属性和表现，但男人与女人、小孩与老人、这人与那人在个体意义上，彼此之间的表现却不尽相同，存在诸多的差异性。"科学方法""一致性""事实"等亦然。这些抽象的概念所涵盖的是具体的多种不同表现，存在在不同的事物中的表现显现出"异"，需要用不同的方式方法去认识、解决和处理其中的问题；否则，往往无法实现认识正确反映存在的目标。

认识的抽象与具体、同与异，还与认识的时空视角相关。不同的时空视角，意味着对事物在时间和空间意义上的包含性或覆盖性，即时间跨度和空间种类。所包含或覆盖的时间跨度越大、空间种类越多，认识意义上的"同"或"同一性"就会显露得越多，就越抽象。

万物在抽象的意义上反映出"同"，在具体的意义上表现为"异"。这就是万物既是相同的又是不同的寓意所在。

在方法论上，抽象意义上的许多"同"或"同一性"，如科学性特征、科学方法，当落实到不同的具体事物或研究领域，如自然科学和社会科学及其各自的细分领域时，就提出了如何根据不同事物的特性来构建或选择差异化的处理方法的问题。

要强调的是，对同一概念的认识需要区分其在不同抽象层次上的使用。例如，同样是事物的"特性"，但整体事物的"特性"和类事物、个别事物的"特性"，或者抽象的"特性"和具体的"特性"，不仅实义不同，而且对其认识的路径也会不同。如果不能结合具体语境来加以区分，就会产生误解，甚至认为其"自相矛盾"。此外，具体与抽象在层次上的区分也是合理的逻辑关系得以构建或成立的基本前提。

四、主观与客观

主观，就是认识主体对于事物之存在的看法、观念或认知；客观，就是源自被认识的客体之事物的存在本身而形成的看法或结论。

主观性，就是指对于事物的存在状况的认知或观念纯粹源于认识主体自身而非基于客体，或者认知没有得到存在的反映，或者认识活动纯粹出于主观。客观性，即对事物的认知得到了客观存在的反映或检验。事物的存在和认知所具有的客观性，不为认识主体的主观意愿或者意志所改变。主观性和客观性，指的是认知或观念所形成的不同属性，所具有的不同性质。

所谓主观与客观，本质上也是方法意义上构建的产物。在认知的源头上，仅仅凭据认识主体来认识判断即主观，而基于客体并得到客体验证反映即客观。

所以，我们说的客观认知，既不是指如是般的存在本身，也不是指我们纯粹主观的想法，而是运用科学这种认识方式所形成的认知。所谓认知具有客观性，就是认知获得了存在表现的证明。

科学认识方式是如何通过主观的方式赋予认知以客观性的呢？一是回到事物本身来探究事实，而不是凭空想象、猜测和盲目听信一切没有事实依据的言论或断言；二是根据事物的特性来构建、选择认识的路径和方法用以探寻、揭示和反映存在事实；三是用"相符"或"一致性"把主观与客观联结在一起，使认知得到存在事实的"检验"。

通过科学这种认识方式的构建所形成的"认知"来源于存在，又回到存在中接受一致性检验，从而具备了"客观性"。

换句话说，人类的认识是否客观地反映了存在，就取决于认识形成的源泉和方式方法，以及对于"事"与"实"的界定。有什么样的认识立场和方式方法就会有什么样的认知。缺乏客观性的支持，所谓事实也就不过是主观的认知而已。

客观性需要主观把它反映出来并提供证明，这就构成一个悖论或悖谬。我们不知道作为认识对象或者客体的如是般的存在究竟是怎样的，所以只能通过主观来构建一种路径和方式，使客观性能够表现出来，从而来检验和证明主观认识与客观存在之间的相符性。

如果不能得到客观反映和检验，认知就取决于认识主体所采取的认识方式和方法。所以，"客观"二字在本质上也是主观的一种认识方式的反映，它的标准是认知获得可重复的一致性检验，这是科学认知得以区别于其他主观认知的界限。

科学事实就是与存在相符一致的一种认知，它的核心是"可重复的一致性"。正是这种可重复的一致性，使科学认知得以把主观与客观二者统一起来。缺少这种可重复的一致性，主观的认知就无法反映客观的存在。

所以，一切存在或客观事实，都是因人类认识的需要而构建反映的。无论是属性、关系、状态和特征，还是性质、本质，要素、结构、功能，机理、机制、原理，概念界定、分类等这般的认识对象及其存在反映，都是如此。认识是否具有客观性，或者主观是否反映了客观，都取决于认识的方式、方法的性质和认知所具有的特征。如果你不清楚其中的道理，你就不能区分主观与客观，就不能理解科学认知具有客观性的真正意义。

五、同与异和名与实

（一）同与异

同与异，是人的意识或观念的产物，是认识的需要和比较的产物。标准或参照不同，抽象层次不同，认识角度不同，结论都会不同。客观具体的存在都是相"异"的。

在观念上，同与异，或者同一性与差异性，都发生在阈值或定性的认识意义上，取决于人对事物的定义、分类标准等。在绝对意义上，物质事物的存在数阈在时空表现上都是不同的，包括禀赋的排列组合及其外部表现。世界上并不存在完全相同的东西。所谓同，是在"名""类""表现"及其"符号""标识"等上受到区分能力限制的结果和人类出于对存在的认识需要而在观念上的反映。前者意味着现有认识能力和条件的局限导致的无法区分的情况，后者意味着基于认识需要在区分上的不必要性。例如，在对微观粒子进一步细分或者对宏观展开认知的过程中，我们现在只能指称前者为基本粒子，后者为宇宙。

从认识角度而言，同与异所对应的是不同事物的存在表现在"理、数、象"及其具体与抽象上的不同层面。

"共相"与"殊相"，是同与异在事物的存在状态、变化过程和外部形态等方面的不同表现，也与审视的标准、角度和抽象程度等密切相关，是认识活动对于同与异的表述。但"相"之"共""殊"的形成原因和"理"却存在差异，因事物内在规定性的不同而相异。

与"同"与"异"相对应的概念或观念是"变"与"不变"。"变"与"异"对应，"不变"与"同"对应。在绝对意义上，和"同"一样，世界上没有不变的事物，只有变化的快慢程度对于人的感受反映或影响的不同。日月星空，春夏秋冬，地理地貌，世上万物无一不处在变化之中，然而对于人的短暂一生、人的感受、认识抽象等来说，许多事物似乎是处于"不变"或"同"的状态。随着时空的无限缩小和无限放大，变与异也在放大和缩小。在认识的意义上，不变或同总是暂时的、相对的和抽象的，科学事实、定律甚至规律等皆如此，取决于时空条件限制的同与异和宽与紧。至于像所谓"经验"这样的一些在特定时空条件下获得的东西，特别是意识事物方面的经验，更是容易时过境迁。

在不同的层面上，所有的事物既有相同之处，又有不同之处；既是相同的，又是相异的。同或异，取决于认识的角度和抽象层次，取决于时空条件。随着抽象程度的提升或减少，或者时空覆盖性的增强或减弱，事物间的同或异就会显现，即使同一事物也是如此。认识上的对与错也会随时空变化而发生变化。"诸相非相"，是亦非是。

同与异在不同方面的各种表现及其因由，既是认识的主要内容，也是认识反映存在的形式。

关于同与异的哲学思辨在科学认识活动中对逻辑的正确运用具有重要意义。认识中用于标记事物的一切集合名词，在全称和分类意义上的"同"或"同一性"，都会随着事物的具体化或时空条件的不同而表现出"差异性"或"异质性"，并赋予认识上的不同价值。如果把根据不同的标准、在不同的抽象层面、从不同的认识角度得到的时空认知结果混淆在一起，把抽象意义上的"同"与具体意义上的"异"混淆在一起加以对待处理，最终就会导致结论和实践的错误。这种混淆不仅普遍地反映在日常的表述中，而且出现在众多的专业文献之中，也导致了许多决策形成的谬误。

（二）名与实

名，一般具有以下意思：（1）名称、概念，对事物的指代、指称和定义；（2）名声、名誉、名义，包括一个人产生的或留给他人或社会的印象和特定的组织或机构赋予某个具体实体的东西，如称号、荣誉、头衔、评价等等；（3）延伸的意义上，还指自我宣称或标榜，即个人或组织、团体等对自己的行为、认知或产品和服务等在功能、属性上的自我宣传。

实，名之实体、实际、实质，事物界定和对应的那个存在反映。

名实相符或相称，即指代、指称与被指代、被指称一致；名与其指向事物的存在或予以的称誉在实质、实际上一致，或者事物存在的实际情况与名所界定的概念或归类动态一致，"名"与其对应的"实"在阈值或者定性意义上一致。这个一致性取决于名称与其所界定的概念内涵和外延或其所确定的标准，包括名与其对应的特定具体个体一致，或"名"与其所定义的功能、属性、关系、类型、状态、特征等方面的一致，包括在具体或抽象上的层次对应性。

名不符实，则指"名"与其指代、指称的实体或事物功能、属性、状态、关系、特征和类型等与实际或标准不一致，或者实之所指超出了原来所指类事物的阈值边界或定性标准而变成了其他东西，这个名与其对应事物的存在不符，或名同实异。

名实关系由名与实的类型和性质决定，包括名的发生或形成来源、依据，以及实的唯一性、可变性、可检测性、可实证性、可区分性。但实不会因为名而改变其性质。

名与实处于分离的状态，名在这一边，实在那一边。名是主观界定、构建和赋予特定事物的标示，而实会发生变化。名实关系的确定对于认识活动很重要，关系到逻辑推理结果的性质或结论的正确性。

名所指代的实体，如张三或李四，这个东西或那个东西，这个事或那个事，多有特定指向。这时，名只是特定事物的代号和标记，跟随着它指代的那个实体，而没有其他意思。一旦名指向的实有了其他具体的功能、属性等方面的含义，实的表现反映就可能发生变化，张三就可能不再是原来意义上的张三，这物或这事也可能不再是原来意义上的物或事。是否发生变异的依据就在于事或物的变化是否超过了类的阈值或定性标准。

外加于人或事物的东西，如称誉、名义或评价，好的、坏的或差的，优秀的或普通的，伟大的或平凡的等等，取决于这种称誉所形成的标准、依据及路径方法。因为名多是主观评价的产物，或者仅仅依据表面，所以名实不符的情形很多。

名与实是否相符一致，还与主观上的定义和归类有关，界定不清或归类错误，都会把原本不同的事物误视为相同或把原本相同的事物误视为相异来处理，"张冠李戴"而导致认识上的错误。

物质事物名与实的相符一致性，多数可以通过感官、仪器设备等加以分析检验。意识事物名与实的相符一致性，则难以通过感官、仪器设备等加以分析检验，而主要根据认识主体对于概念或事物的理解和分类来判断，所以具有明显的易谬性。而且，物质事物的规则性表现通常与其内在规定性一致，意识事物的表现通常由行为主体的逻辑思维决定。这些不同，带来了通过统计、计量方法研究问题（样本、数据）所获得的结论在性质和价值上的明显不同。这也是我一再强调不同学科方法论的构建需要依据各自对象事物特性的主要原因之一。

名与实的逻辑关系，既与二者之间的相符性相关，又与名所赋予的目的相关。前者依据的主要是人的测评能力；后者，例如张三、李四，就只是纯粹意义上的"标识"，以便对个体加以区分，"变"也是在个体意义上发生的，与某一静态之"实"并不存在对应关系，即这个张三不论如何变，所对应的都是这个人。

通常，抽象意义上的同或名，一旦涉及具体的事物就"不同"了。语言文字的表达也同样如此。

（三）同与异、名与实的认识意义

同与异、同一性（或同质性）与差异性（异质性）、共相与殊相，都是事物存在的认识反映形式，是人类探寻反映存在事实并使得认识条理化、有序化、系统化的基础；名与实的相符性，则是认识判断得以逻辑化形成的基础——它们都与抽象层次相关。当然，事物在这方面的存在表现及其缘由，也是科学认识活动探寻的主要目标。因此，"求同法"和"求异法"都是认识的重要方法。

在某种程度上，认识就是对事物的存在之"同"与"异"的探究，是"同"中找"异"和"异"中找"同"的层层深化的过程。同，通常意味着存在某种共同的规定性或关系；异，通常意味着有"新"的发现。在抽象之同的不断细分中寻找差异性，又在具体之异之中寻找共同的规律性特征，在这种不断的剥茧抽丝式的过程中，认知得以进步。

认识就是一种抽象，这种抽象有些与数值的阈域对应，如物质事物，有些则与类集合的定性相对应，如意识事物。同与异是相对的观念，这种观念因抽象而显现出来，彼此之间事物的差异性随着抽象程度的降低而增强，事物的共同性则随着抽象程度的提升而显露。事物越具体，差异性就越多；越抽象，共同性就越显露。终极的抽象就是万物的同一性，其另一端则是实在所反映的千差万别。

即使在同名之下，随着具体化程度的加深或类的细化，彼此之间"实"的差异也会不断显现出来，并显示出不同的属性和功能。同样被称为星球的天体显露出不同的特征，同样被叫作猴子的动物显露出多样性特征，同样被称为蛋白质的有机物包含数千甚或上万不同的类型，同样是微观粒子，其类型也不同。在科学认识的意义上，这种对事物在同与异方面由粗到细的深化研究和发现，是科学进步和认识增进的重要标志。

从认识角度看，事物的抽象性也意味着对认识需要的不同满足。抽象总是具有对于事物在具体认识上的覆盖性，但认识总是对具体性有着不同的需求。一旦抽象所提供的认识不能满足认识活动的需求，抽象就偏离了认识的目标，成为空洞和笼统的东西。

就抽象性而言，数学处于顶端极处，可以用来表征万物的同一性。但这种同一性除了与物质事物的部分领域（特别是物理）的特性或者认识需要相符，它对于认识需求的满足会因事质领域阈值带宽的增加而渐次下降。原因就在于，对有些事质领域如社会科学和人文科学的对象事物的认识活动的需求具有更加具体的要求，确切地说，这些科学领域事物的特性与自然科学的对象事物在本质上是不同的。

抽象程度上的阈值带宽，如果用一个圆来表达，数学就处于中心的圆点，围绕这个圆点外移，离圆点越远，阈值带宽越大。物理现象与圆点对应，然后化学、生物学渐次外移，再是经济学、社会学、文学艺术、伦理学等等。自然科学、社会科学、人文科学，它们对应的阈值带宽渐次增大，事物的客观性也渐次下降，主观意识性渐次增强。文学艺术主要是主观的。

认识物理现象，数学抽象是一种很好的工具，因为物理现象是一种量值的抽象；化学现象其次，因为化学现象是一种类值的抽象；生物现象再次，因为生物现象是一种理化意义上综合的抽象。这些不同程度的抽象认识，在总体上已经能够满足人类对这些自然事物的认识要求。但经济学则不同，这门学科面对的主要是意识事物，虽然我们同样可以运用数学工具获得经济行为的一致性抽象，例如理性、经济人和均衡，但这样的抽象不仅可以通过常识形成，而且根本无法满足经济研究解决具有不同禀赋条件的具体行为主体（如个人、家庭、企业、地区、国家）实现经济目标的需要。建立在"中值"、概念、随机意义上的统计、计量方法所形成的结论，能够比较好地满足许多自然科学的类研究应用，但无法满足个体或者个别意义上具有不同禀赋条件的特定主体的应用需要。当然，由于经济意识事物多不具有固定不变的关系，数学的抽象常常也无法反映经济事物的一致性。

六、时间与空间

（一）时间、空间及其在认识上的作用

时间，是事物空间变化的尺度，是物质运动或能量转换的一种呈现，当然也可以表述为对事物存在状况或现象在前后连续性表现上的"变异"的一种度量。这种度量所反映的快慢，与其所对应的空间状态和性质相关。不同的事物，其自身的空间状态、特性在时间意义上有着不同的反映特征。

空间，是一切存在得以呈现的内容，包括狭义的物质的或意识的事物和广义的事或物所持存的场所或环境及其空间关系，即

事物自身及其存续的场所，物之实体和事之所指及其所处的空间关系或环境。空间与时间一起构成人类在认识或意识世界中的一切，与宇宙和世界相对应，成为一切事物之同与异、变与不变、抽象与具体的参照。

实际上，一切存在在时间与空间的意义上涉及作为具体认识客体的事物、客体所处的场所对应的空间和时间这三个要素。事物持存空间场所的状态不同，例如它中间的质量和能量的分布不同，或者运动或力的作用不同，事物在空间意义上所反映的时间表现就会不同。也可以说，时空扭曲也是事物在这一意义上的相对表现。

时间是用来反映或度量空间存在状态变化的"线形"观念，一旦脱离空间就失去意义。同样，空间的存在表现也只有通过和依靠时间才能反映出来。我们认识的客体是由时间与空间一起构成的。

时间和空间既是先验的又是经验的，是主观认识和客观存在的综合表现，是认识事物的存在状况的前提和依据。所谓先验的，就是说某些事物的存在表现或认知给人以可以重复的感觉。存在传递给直觉的东西，似乎与生俱来；所谓经验的，就是这种东西重复表现，能让人有感知感觉。

时间和空间是抽象的，不是独立的存在，只有通过事物存在的具体表现才能得到反映。但没有时间和空间作为参照和界限，认识就无以反映存在，科学认识活动就无以有效开展，所形成的认知就会一片混乱，主观随意现象就会泛滥。

一切存在都是时空意义的"有"或发生，包括第一实在的物或体、第二存在的意识，以及它们的衍生存在或认识构建的认识对象的存在之反映。

一切认识对象的存在状况及其认知的形成，都是时间与空间上的存在反映，并以空间及时间表现上的不同特性显示彼此间的区别。如果没有时间和空间作为参照和依据，科学认识的目标就无以确定，科学认知就无以客观形成，科学事实就无以获得发现和揭示。

一切科学认知和事实也是其对应的时间和空间意义上事物的存在反映，一旦时间和空间条件发生变化或者指向不同，原有的科学认知和被确证的科学事实也就发生变化甚至不复存在。即，科学事实的存在也有"有效期"，包括时间意义上的时效性和空间意义上的类一致性。例如，一种新药可能产生的副作用或后遗症也许一开始并不显现，需要经过足够大的样本和足够长的时间检验才能确定。

一切事物的变化即事物自身的空间禀赋状况，是事物在内在规定性的作用下，与环境因素接触时的表现反映或现象。本质，就是事物内在规定性在其形成和变化过程中决定其自身特性的东西。

同样一个科学问题，或者同样一个类事物，在不同的时空条件下所对应的事实应答或"一致性"也会发生变化，所以也存在着重复研究的必要性。之前形成的经验或得到的答案并不是一劳永逸的。但这种必要性，取决于时空条件的性质或是否发生了质的变化。人类社会所面临的许多问题或矛盾在抽象的意义上都相同，但在不同的具体时空条件下的应对处理方式却存在很大差异。所谓"墨守成规"，贬义上指的就是不顾时空条件所发生的质的变化，固守过去的所谓"经验"，包括过去的一些认知和方法。

时空的视角还决定了认识层次和境界以及认知形成在抽象性或具体性以及实用性、系统性等方面的性质，也即认识反映存在的性质，当然也包括对事物之间"同"与"异"的认知形成。

科学认识方式和科学方法同样与时空条件密切相关，随着科学认知的不断增进、技术手段的增多和提升，而提出不断修正和完善甚至革新的要求。

时间和空间是我们科学认识事物之存在真相不可缺少的要素，我们可以把一切事物的存在状况理解为其自身的禀赋（要素和结构特性）或条件与其所处的环境条件（因素及空间关系）在自然规定性的主导下的表现，那么，事物在时间意义上的存在状况、特征、现象、结果就不过是事物本身的禀赋特性与其所处的环境因素或条件接触反应而成的产物，它的静态表现就是时刻点上的状况，动态表现就是连续性状况，导致内外两个方面接触后的反应特征的是由事物的规定性决定的机理机制，在认识上就是要素、结构、功能之间的关系。

另外，经验及经验事实所包含的信息的有效性，取决于这种事物的存在表现是否具有一致性以及这种一致性在时间、空间上的意义。具有固定不变关系的事物，在类一致的时空条件下具有可重复的价值。即，只要事物的类和时空条件一致不变或具有同质性，它的一致性特征就可重复。其中，类的一致反映的是名与实的一致，而非名的相同。在这一方面，物质事物与意识事物存在着本质的区别。

不用去争论时间是否存在的问题，因为无论用其他什么来表征时间的概念或空间的概念，例如"物质的运动"，在本质上都是认识所构建的用以反映存在的一种方式。我们需要通过许多概念界定去反映存在的各种表现。

总之，时间和空间是一切科学活动的开展、科学认知和科学事实的形成必不可少的约束条件和前提，是认识反映存在的必要维度和基本视角。无论是科学认识活动的开展还是科学认知、科学事实的形成，都离不开科学时空观的认识支撑。

（二）一切事物的存在都是时间和空间上的反映

我们所面对的世界，就是时空对应的事实及具体映像。无论是整体意义上还是类或个体意义上的事实，都是如此。时间发生变化，空间存在的事实状态也在发生变化，只是快慢程度表现得不同而已。所谓不变，也只是"名"或特定时空条件下"类"的某些抽象特征，或者对人的感觉或某些需求而言的一个相对的概念。

时间和空间的意义，除了表现在前述认识对存在之事物和事实的范围在不同层面的反映方面形成参照、界限和依据之外，还表现在这两者之间的关系对于事物和事实形成、变化的认识需要上。

这种关联，无论是表述为"时间对事物的存在空间的影响反映"还是表述为"事物存在的空间反映在时间意义上的表现"，或者是"事物在运动和能量转换过程中所表现出来的东西"，其实都是一样的，存在着认识层面的重要意义。

在认识的意义上，任何事物的存在都可以描述和理解为"特定事物存在本身的空间特性在特定的场所或空间关系（或环境）中在时间意义上的反映"，或"在时间意义上特定事物存在的空间反映在特定场所或环境下的表现"。这种"反映"或"表现"，取决于事物本身的禀赋（要素和结构）、所处的场所或环境、接触到的东西，以及决定这二者接触后具体反应的自然规定性。

事物就是我们的认识对象，包括物质事物和意识事物，对应整体、类和个体不同的层次。空间反映，包括事物自身存在的禀赋要素、结构的状况和属性，所处场所或环境的状况。空间"表现"，即状态、结果、现象、关系、性质和特征，也是"事实"的主要内容和认识的主要内容，涉及空间意义上事物本身与环境的众多不同的情况和类型，特别是其要素、结构、功能的特性、关系和系统层次性。事物自身的空间状况的形成和变化特征，场所或环境状况的形成和变化特征，一种事物的空间状况与其他事物空间状况，以及环境状况之间的关系和影响，在时空意义上存在的对应关系或一致性特征及形成机制、机理，是科学认识活动研究、探寻的重要目标。搞清楚这些问题，就可以借此进行科学解释、预测和操作应用，为人类服务。

由于时间和空间的关联在存在的实义或具体表现上涉及要素、结构在属性、关系上的主次性、关联性、多样性和层次性，因此科学认识活动面临着复杂性。例如，一种状态、现象、结果的形成或出现经常对应着"因"的不同排列组合，形成路径和方式存在多样性，或同一种事物在不同的时空条件下表现出多样性等。

时空条件的不同，指的是事物本身存在的空间状况及特性和环境的空间状况及属性的不同，也就是相对于某件事而言的条件的不同；时空条件的变化，指的是这种条件已经较过去发生了质的变异。这种不同和变化，会使在过去所形成的不同认识层面上的认识、认知、实践经验可能不再正确，不再有效。如果继续将之用于认识、理解事物和处理、应对、解决问题，就会发生错误，达不到目的。

一切事物的存在表现，都会因时空条件的不同而发生差异，不仅同一个物种在不同的生存空间场所中会有不同的表现，而且同样一种物理现象在不同的空间状态中也会有不同的时间反映。这就是空间和时间对于事物存在表现在认识上的重要意义。

我们所看到的一切仅仅是表象，可能是那样的，也可能不是那样的，其中的一个原因就在于时间和空间的对应关系。

另外，有关认识对存在反映所形成的"绝对真理"和"相对真理"，同样是空间与时间意义上的一种指向。超越一切空间与时间，即对存在万物所形成的认知可以表达为"绝对性"，对应的是由自然规定性决定的所有事物的规则性特征。而一切具有实际意义的认知都是特定空间与时间条件下的产物，都是相对的。

（三）物质与意识的时间和空间特征

1. 事物存在的时间特征，就是事物的存在在个别意义和类意义上反映出来的变化特征；事物存在的空间特征，就是事物的存在在个别意义上和类意义上反映出来的状态特征，包括事物存在的空间结构和空间关系。

尽管一切事物的存在事实都是时间和空间所指上的存在，然而物质事物的存在事实和意识事物的存在事实在时间和空间上的特征是完全不同的，这意味着二者在稳定性阈值或时变性上不同。

2. 就物质事物而言，物质总是可以通过空间的度量来客观反映自身及与其他物质之间的关系，并通过时间来反映自身的存在状态及与其他物质之间关系的变化。因为物质事物蕴涵着的某种或某些固定不变的关系天然地适合用数理的方式来量化描述，尽管这种度量有时候会非常困难，还取决于人类的技术能力。

意识事物是主观意识的产物，是逻辑思维的产物，无法用空间来度量自身的存在及空间关系，它必须借助其主体的特征或逻辑，包括自身及与其他主体或事物之间的关系状态，来描述、反映其空间特征和时间特征。即，意识事物是一种主观的存在，它衍生于主体的物质性，虽然无法脱离主体而独立存在，但却在主体的行为选择中起到了决定性作用。对意识事物的认识和理解必须建立在关于主体状况的时间和空间条件的基础之上。

3. 从意识事物存在的主体的行为事实来看，作为最基本的单元主体，即人这一个体，其行为选择所据基的意识状态的形成，取决于个体空间的物质（或者生物学）状态、外部因素在时间上的反映。其中，个体动态的空间物质状态是在时间的作用下，其先天禀赋条件与后天因素共同影响的结果。然而，这种影响结果多数是受到先天禀赋条件所限制的，并反映在个体的意识状态之中，特别是对于思维能力产生决定性作用的心智状态之中。在"此在"的意义上，意识状态通常反映出一种"稳定"的趋向性特征，从而也反映在行为选择的趋向性特征上。而在动态或时间意义上，一些原先处于阈值临界状态的个体因为受到后天因素（例如营养条件、经历、学习等）变化的影响，意识状态会发生显著变化，并反映在其行为选择趋向特征的改变上。

然而，就物质事物存在的事实的形成来看，物质事物存在对于外部因素的刺激反映，取决于其自然禀赋状态或物质特性，它们的自然反应有着固定的模式和稳定的特征。种和类意义上的个体特征的显著变化，有赖于外部因素长期的刺激影响和自身不断的适应进化。这与意识事物形成鲜明对照和区别。

4. 反映在聚类和群体意义上，意识事物特征的显著改变是与其主体物质性状态和生存环境特征的变化密切相关的。主体的物质性状态和生存环境特征是一个慢变量，所以只有在宏观趋势方向、各种力量一致的条件下，才能在时间的作用下发生显著的变化。

这涉及对于复杂的自然和社会变迁原理的深刻的认识问题。

七、语言与逻辑、归纳与演绎

（一）语言与逻辑

语言文字是人类描述和表达事物的工具或方式，也是认识反映存在或科学事实的方式。人类通过语言文字这一符号系统把握世界，传递历史和认知，相互交流沟通，并用逻辑的方式来诉求和反映认识对于存在的合理性。然而在这一过程中，若要把主观的认识转化为具有客观性的认知，使得符号真实地反映事物的存在真相并在这一道路上不断前进，就涉及诸多的必要环节和知识要素，涉及科学认识论和方法论研究的诸多哲学问题，包括认识方式上的更加开放和突破。当然，语言文字这一符号系统如何才能真实地反映动态变化的存在或者"名"与"实"之间的关系，也是科学哲学本身需要解决的重要问题。

语言文字主要由字、词、词组、短语、句子等组成，是通过概念、术语、数字、图表、影像等，根据语言规则和逻辑等来表述的方式。

科学认识活动涉及的基本语言，大致包括哲学（思想）语言、现象语言、物理语言和数学语言等，它们是不同意义上的表述方式。当然，分类取决于标准和目的，根据不同的标准和目的就会有不同的分类体系。例如，卡尔纳普把科学语言分为观察语言、理论语言、数学语言或逻辑语言。

哲学语言是一种思想、思维的语言及表述方式，是由语言规则决定的基础日常语言。

现象语言一般是指以个人主观的感觉经验为基础的语言，是感觉经验的逻辑构造。

物理语言是对物理事件的时空点描述，使用的是度量概念，如温度、速度、体积、比重、压力等物理量。

数学语言是数学思维及交流方式，有抽象数学语言和直观数学语言，由数学概念、术语、符号、算式、图形等组成，是数学理论的基本构成和抽象的人工符号系统，具有高度的抽象性、严密的逻辑性和广泛的应用性等特点。一般而言，数学语言与物理语言很大程度上具有等价性，物理现象可以用数学语言来描述反映。

观察语言是用以告诉和记录现象或实验过程及结果的语言。

理论语言是用以陈述科学原理和科学定律的语言，一般由概念、术语、符号和逻辑等组成。

除上述几种语言以外，还有其他多种不同的专业语言，例如法律语言、技术语言、社会学语言、经济学语言、心理学语言、艺术语言等等。在不同的专业语境下，事物之间的关系存在着逻辑上的差异性。

把语言的各要素关联在一起以准确表述事物的核心的是语言规则和逻辑，不同的语言表述经常意味着不同逻辑主导下的事物的状况以及事物之间的关系，反映出不同意义层面的逻辑抽象性和严谨性。

语言文字在反映存在时，由于抽象性层次的不同，经常需要在不同抽象层次之间进行逻辑关系的转换才能达到逻辑的一致性。不仅如此，不同专业语言在进行逻辑表述时同样经常存在着这种转换的需要，否则就可能造成逻辑的不一致甚或发生冲突。专业语言之间的逻辑转换，不仅意味着不同的专业语言存在不同的逻辑关系，而且要求这些不同的逻辑统一归集，并与系统的特定目标一致，即与指向系统特定目标的主逻辑相符一致。

没有逻辑，语言表达就会含糊不清，认识对存在的反映就会发生混乱和错误，就无法恰当地反映存在。

存在之所以可能得到认识的反映，是因为与存在本身或存在的基本秩序所具有的规则性和规定性相对应的是逻辑，即这些规则性和规定性可能通过逻辑而有序地反映出来，并在认识的抽象层面上与存在的具体性形成对应。

如果说数学是自然存在的语言，那么逻辑就是人类的认识用以反映存在的语言。

逻辑是认识、描述存在的规定性和规则性的语言和工具。逻辑的运用需要遵循同一律、排中律和矛盾律这三大基本定律。

事物存在,包括物质事物存在和意识事物存在具有不同的规定性和规则性,这意味着逻辑在反映这些不同的事物存在时也存在着区别或者面临着不同的要求。数学逻辑、语言逻辑、物理逻辑、化学逻辑、生物逻辑、社会逻辑、经济逻辑、政治逻辑等从各自领域的事物特性出发,不仅决定了不同事物各自的本质,还决定了事物之间关系的性质,而形式逻辑仅仅是语言的组织规则。在这方面,科学认识论的研究还远远不足。

在认识反映存在的意义上,逻辑关系建立和体现于不同事物各自的认识要素和结构关系在层次上的一致性;从语言形式上来说,逻辑关系则是概念界定、分类,以及属性、关系、状态和特征等的系统化、结构化、层次化,通过假设前提与推断,在语言规则上形成一致性。逻辑的严谨主要就体现于此。只有对此有系统、深入的理解,才能真正把握逻辑。

语言表达存在着时间和空间意义上的局限性,受语境条件的限制。许多时候,语言一经形成,错误或误解便也相伴而生了。因此,正确地理解语言,需要联系具体的语境条件和整体的思想逻辑。

(二)归纳与演绎

认识反映存在的最基本的方法是归纳和演绎,使通过归纳和演绎形成的认识得以很好地反映存在或事实的仍然是逻辑。

归纳是一种就已经发生、出现的事物存在的共同特征包括属性、关系、状态及其变化规律等"由一系列具体的事实概括出一般原理的推理方法"。所以有时候我们又把与此相对应的事物表现冠名为"经验"。"演绎是由一般原理推演出特殊情况下的结论",即由一般到特殊的推理方法。演绎的一般原理主要来源于对"经验事实"的归纳或逻辑的一致性。实际上，除与生俱来的人类本性外，认识层面并不存在纯粹意义的"先验"或"经验"。用于归纳和演绎的具体路径、方法、手段和工具有许多，归纳和演绎所形成的判断、结论的性质也取决于这些具体的方式。

归纳主要基于对样本的观察和经验分析，分完全归纳和不完全归纳。分析意味着人类的心智对经验材料所包含信息进行逻辑处理，结论指向"可重复""不可重复"和"可概率重复"。演绎包括运用一般原理的推理或基于假说的实证检验，后者的结论取决于前提的"真假"或"确定性"。归纳是演绎的基础，贯穿其中的是逻辑。

归纳与演绎是科学理论或一般原理形成、应用和检验的逻辑基础，也是科学方法构建和应用的重要依据，例如观察、实验、试验及基于其量化数据的实证分析。但是，在不同的类事物中，在具体与抽象、同与异及其在时间与空间表现的逻辑关系中，经常出现逻辑混淆和混乱的情况。区分不同层面和转译不同事物类型的逻辑关系，用一种核心逻辑统领归集若干种不同意义的逻辑，是科学哲学研究需要解决的问题。

归纳与演绎在抽象层次上的逻辑关系包括类的覆盖性、对称性和不相容性。

人—男人与女人—小孩与老人—张三或李四，是大类陈述与小类陈述与个别陈述之间的关系，大类陈述覆盖小类、个别陈述，但个别陈述不能代表小类陈述，更不能代表大类陈述，在小类之间、个别陈述所对应的个体之间逻辑不相容。于是我们称前面的关系为类的逻辑覆盖性，称后面的关系为逻辑不相容。

一个完全意义上得出的归纳结论或概括，在前提不变的条件下可以演绎出相同的过程和结果，这是充分条件与结果之间的必然关系。在归纳与演绎之间反映出一种对称性关系，它们之间的区别只是在于：对于归纳而言，结论的获得来自多个样本的事实；而对于演绎而言，个体结果的重复来自归纳的结论。

作为一种高度抽象的符号逻辑，数学所反映的关系，天生与物理变量和物理关系相对应、相一致。但对于化学来说，数学关系代表的是一种阈值意义上固定不变的逻辑抽象关系。数学关系在反映生物学的类及其静态和动态关系时，是一种阈值带宽更大的逻辑关系，与其对应的是贯穿在类抽象之中的固定不变关系。这些逻辑关系的共同之处是，这些事物都存在着某种"只要A，就会B"的固定不变关系，不同的是抽象程度，并与人类的认识需要相一致。在意识事物中，虽然也存在着在抽象意义上的固定不变关系，但这种关系一般是定性关系，从认识和应用需要的角度来看，这种关系是空洞的和宽泛的大道理。意识事物中的关系，建立于主体在特定的时空条件下为达到目的而作出路径、方式、方法选择的逻辑，是一种不固定的相机抉择所形成的相对逻辑关系，表现出因时间、空间变化而形成的"时过境迁"的特征。在意识事物的关系中，不仅意识要素变量的实义会发生变化，而且意识要素在系统结构中所反映的功能、贡献和重要性位序上也会发生变化。

数学方法在归纳与演绎中，是作为一种工具来使用的。数学方法反映的变量之间的关系，取决于模型的构建和数据的性质。数理统计计量反映的是"样本"在变量数据中"中值"或"均值"的结构状态、关系的特征，这种特征是否与事物存在的状况一致，取决于事物本身的特性和数据的可靠性和全面性。除了物质事物的物理现象之外，数学方法很难精确地反映现实世界中其他事物复杂多变的"非线性"关系，对于意识事物来说更是如此。

数学抽象是一种绝对抽象，其所反映的不同类事物的抽象阈值及其所包含的情形是不同的，与物理事物对应一致。但在反映化学、生物学、经济学、社会学等所对应的不同事物时，其所反映的类阈值逐渐变大，所包含的可能情形逐渐增多，差异性逐渐增强。类阈值的一致性的宽度，对应的是类抽象所包含的时空意义上不同情形的数量值。阈值带宽越大，其所包含的不同情形就越多，或者差异性就越大，"一致性"或"同"的含义就越空洞，对于个体的实际应用价值就越弱，类似于传统的气象预报。

数学演绎的有效性，取决于其所反映的事物特性和模型构建的合理性。一是要求前提条件不变，二是要求变量及其相互关系存在着固定不变的属性，即符号代表的变量一致、变量之间的结构关系不变，结果的有效性就取决于这两个条件。如果具有这两个特性，那么数学演绎就能够很好地反映事物的变化，否则，数学演绎就不能有效地反映事物之间的关系和变化。

运用数学（数理）方法在实证研究中分析要素变量之间的相关性和因果关系，有助于获得样本在整体意义上的结构、状态和关系特征，为增进认识事物和管理干预提供依据。但在进行个体的依循性管理时，它的有效性就取决于类事物的特性。如果这种事物具有操作需要上的固定不变的关系，具有操作上的可重复一致性，那么数理方法得到的结果就可以指导实践；如果这种事物不具有固定不变的关系，不具有操作上的可重复一致性，数理方法得到的结果就无法指导个体的实践，而只存在启示价值。

物质事物与意识事物的最大区别在于：第一，物理变量的可检测确定性，使物质事物样本的类一致性或同质性得到保证，而意识事物的要素概念、类甚至结构则是认识构建的产物，无法通过检验确定和保证样本的一致性；第二，物质事物具有固定不变的某些关系，即"只要A，就会B"，而意识事物只在极其抽象笼统或定性的意义上，即舍弃了样本对应用价值产生决定性影响的许多时空差异时，才具有"这种关系"，在具体意义上表现出一些相对的类"对应"关系；第三，物理变量具有公制单位，而意识事物的变量不存在这种公制单位，其要素概念有些可以量化，有些很难量化，并难以标准化。这些区别使得数学方法对物质事物的归纳与演绎所形成的结论更加有效，而对意识事物则明显缺乏具体意义上的有效性。用逻辑语言表达，物质事物的归纳和演绎是一种对称的可重复关系，而意识事物的归纳和演绎则是一种非对称的不可重复关系（如果A，或许B，或许C，或许D；而A很难重复），或者只能是统计意义上的"概率"或"大数"的重复。

我们应该清楚，事物的存在事实，总是与特定时空条件相对应的产物。所谓科学事实，同样受限于时空条件。对于一个理论而言，除非它充分包含了某类事物的完整周期，或者以舍弃具体性作为代价，否则即便在过去一直得到实验甚或实践的检验支撑，我们也无法断言它明天是否依然有效。对于一个定律来说，它的有效性同样取决于时空前提。

八、总结

1. 关于存在与认识，以及物质与意识、客观与主观、具体与抽象、时间与空间、同与异、名与实。

存在对应的物质、客观、具体、空间、异、实，成为各种事物存在的表现形式；认识对应的意识、主观、抽象、时间、同、名，成为各种事物存在表现的反映形式。彼与此，无此无彼，非此非彼，彼此对应，"二合为一"，共同决定认知的形成基础[1]。（1）

---

1 科学认知的形成不是"对立统一"的结果，而是"对应统一"的产物。

如果说"实在"是形而下的表现，那么认识本质上就是这些表现形而上的不同反映。（2）存在通过认识而得到反映，认识源自存在，并由存在所决定。一切存在的认识反映，形式与内容、方法和手段，都需要依据事物存在的特性来构建、选择和运用，需要以认识论为基础和支撑。（3）认识通过属性、关系、状态和特征对事物进行界定、分类，通过要素、结构和功能之间的关系来反映现象之本质，探究事物形成和变化的机理、机制，用认知与存在的"相符一致性"来反映其"客观性"，证实或证伪认知的科学性。（4）科学方式所构建的用于认识反映存在的各个方面都具有层次的丰富性和对应性，都具有相互依存性和相对性，不是单调的，不是孤立的和绝对的，也不可以混同。

存在丰富多样，变动不居，但又有据可循。认识只有一层一层地拓展和深入下去才能系统地、清晰地使得存在显现出来。

这就是科学认识方式的一般特征，也是科学认知得以最终形成的逻辑基础。

2. 我们的认识对象，主要有物质和意识两大类事物。这两类事物的存在，反映在时间与空间的意义上，又可以通过具体和抽象的形式进行进一步分类、比较，在认识上反映为事物在不同视角不同层次上的同与异，并在语言上形成逻辑关系，可以用不同的语言来表达。认知的客观性或科学性，取决于其形成方式和一致性特征。

3. 认识通过对事物的问题指向和时空约束条件通达存在，使得认识想要探究或搞清楚的存在事实得以框定，包括存在事实的范围边界和具体性程度。不仅如此，这个过程还决定了这一认识活动的科学意义。

4. 科学认识活动的目标是探寻、发现和揭示不同的抽象层次上具有科学意义和价值的事实信息——或称为科学事实，特别是同和异及其形成的原因和过程。在认识上，这种事实是和空间与时间相对应的。这意味着时空约束条件的不同，同一问题所指向的事实也会不同。验证一种认知是否科学或是否具有客观性的方法就是可重复一致性。

5. 认识通达存在事实是通过对不同事物的概念化、层次化、组织化、逻辑化和系统化分类和具体的问题指向（如是什么、如何或怎样、为什么）来实现的，并通过事物的属性、关系、状态、特征以及要素、结构和功能关系形成机理、机制等，进而反映事物的本质，形成对各种事物存在表现的认知。

分类界定对应的就是集合意义上的抽象层次或其所覆盖事物的空间与时间范围。从认识的角度来看，对应反映的就是事物存在的各个方面。

所谓"对应"，就是认识活动及其认知的形成，或者问题指向与应答，在抽象意义上总是与事物存在的空间与时间范围或者认识的目标相一致。

6. 认知是否具有科学性或客观性，取决于形成这种认知的方式。所以，科学在本质上是一种如何使认知具有客观性的认识方式。在科学哲学的意义上，这种方式包括为达到这个目的，就彼此间存在着紧密联系或逻辑关系的科学认识论、方法论和方法在不同层面、各个方面所展开的认识构建。我的观点是，认知具有客观性，就是这种认识方式构建的结果。

从科学认识论角度，一切有的发现或确定，实在之有或构拟之有，或者认识目标能否实现、认识目的能否达到，都取决于认识的方式和研究的方法，取决于这种方式方法是否与作为认识对象的事物特性相符一致，或者方式方法是否具有适当性或适配性。这也意味着，一些存在尚未获得认识，可能是认识的思路和方式方法上出现了问题。对这些事物存在的发现，有待于认识思路的转变和方式方法的突破。

7. 一切实在都是以"异"或"变化"的形式存在的,"同"或"不变"不过是出于认识的需要而产生的"存在",对应反映的是类事物的存在在"阈值"区分上的表现。

存在以"异"彰显价值,认识以"同"反映意义。前者指的是一切存在者的存在表现,后者指的是对一切存在表现的认识反映。

一切有关科学认知形成的事物和认识对象,都在抽象与具体的不同层次上和空间与时间的不同约束中反映出彼此之间的同与异,并对应形成不同的事实。抽象意义上的同或同种事物的存在,随着具体化程度的提升,存在的多样性随之增强,彼此之间的差异或个性化程度随之扩大。从逻辑的角度看,认识到这种同与异之间的关系十分重要。

科学认识也可以理解为对事物的存在在"同"与"异"方面的探究。同,通常意味着存在着某种共同的属性、关系、状态和特征;异,通常意味着有不同的特性或"新"的发现。认识在抽象之同的不断细分中寻找差异性,又在具体之异中寻找共同的规律性特征。在"同"中找"异"和"异"中找"同"的层层深化过程中,科学认知不仅得以系统化,而且得到了增进。

8. 一切科学认知的形成都需要或意味着认识与存在在主观与客观、抽象与具体、同与异、时间与空间、语言与逻辑上的统一,这些不同的方面也是认识反映存在的基本方式。其中,事物的存在在不同意义上的同与异的反映及其形成原因正是科学认识的目标,逻辑则使认识在这些不同方面得以贯穿统一,并内藏于这些不同的方面。

本篇是科学认识论所需要研究和阐述的基本问题,是科学这种认识方式得以构建的哲学基础,它适用于对科学认知的形成在任何一个层面的形式和内容的理解，对于科学认识活动的开展以及科学观的形成至关重要。对科学认识论的理解难点也正在于此。如果读者对本书后面的阐述有什么疑问或存在不能理解之处，只要重新阅读领会一下本篇的思想观念应该就能解决了。

第二篇

科学认识反映存在的内容和形式

若要使存在者能够不经歪曲地给出它的存在性质，就须如存在者本身所是的那样通达它。从被问及东西着眼来考虑，就会发现存在问题要求我们赢得并事先确保通达存在者的正确方式。

——海德格尔《存在与时间》

众 妙 之 门

对科学认识论的

一个系统重构

在本篇中，我将以第一篇为认识基础，着重阐述认识反映存在的内容和形式：事实和事物。

一、事实的性质、存在方式和认识价值

事实总是与时间和空间相对应的一种存在，受到时空条件的限制。时间和空间的界限不同，时空条件不同，其所对应的事实也是不同的。存在总是存在者的反映，所以一切存在表现取决于存在者或者其对应的事物的存在特性。

客观意义上存在的事实，总会随着时间的改变而不同；而抽象意义上的事物存在的变与不变，既取决于抽象的程度，又取决于事物本身的类特性或时变性表现。

人类认识经常犯的错误或者认识的似是而非，不仅源自名与实或抽象与具体之间的关系的逻辑混乱，而且也源自时间与空间所指的界限及二者关系的逻辑混乱。认识论所论述的表面上看起来是一些最简单和最基本的问题，实际上却是一些最复杂和最重要的认识基础。认识论就像灯塔，为一切科学认识活动指引方向。

本书所指的"事实"，主要是认识意义上的"科学事实"。

（一）事实的形成和性质

简单地说，"事"是认识主体由心而生而起的一种意识指向，"实"是这种意识指向的"实际"存在。从科学认识的角度看，前

者由主观而起，后者则是一种客观性反映，两者各处一边。"实"的显现，取决于"事"的界定和性质。"实"因"事"的性质和界定的不同而不同。"事"通常以问题指向和时空约束条件或者命题的方式，例如认识所面对的存在"是什么"，发生了"什么"，某事物在某种条件或情况下是"如何或怎样"形成或变化的，"为什么"某事物会出现某种变化或情形，等等，来确定认识所想搞清楚或探寻的存在之"实"的内容或问题的"应答域"。

探寻和揭示事实，就意味着主观认识的意向性需要获得事物存在的客观反映，即主观认知与客观存在相符一致。认识是否反映了事实，核心就在于能否经得起存在表现的可重复"检验"。

之所以说"实"的显现取决于"事"的性质及问题的指向和约束条件，是因为有些事具有可重复检验性，有些事不具有可重复检验性；有些问题指向可以用肯定或否定的方式来回答，有些问题指向需要用对结果的断言或对过程的描述的方式来回答，有些问题指向则需要构建或运用机理、机制来解答。

在科学认识活动中，事物在这种特性上的区别，决定了科学认识活动所提出的命题或问题的科学意义和价值。如果科学认识活动所提出或面对的命题或问题本身不具有可重复的检验性或者依循性，或者不具有对事物的清晰界定，又或者无法获得证据，就意味着最终形成的认知结论存在多样性或者不可验证性，或者理论在解释或预测应用方面不具有可重复一致性。除非有足够证据来证明这个"实"的成立，否则这种命题或问题通常不属于科学问题。除此之外，一个缺乏普遍有效表述的个别的、孤立的或者偶然的事件，也不是科学认识的主要对象。当然，"事"的具体性也决定了"实"的具体性。

时间指向存在的静止或运动的状态，空间指向一切存在者自身的存在及其与外界相互联系的性状，包括存在者自身的空间性

状及其存在的环境性状，以及存在者与存在者之间的联系或者
"空间关系"。当然，时间也可以理解为空间变化快慢的一种尺
度，因为空间的变化而呈现在我们面前。不论如何表达，时间总
是与"变化快慢""物质运动"或"能量转换"联系在一起的。

　　一切存在者都不仅以空间来反映自身存在的形式，还通过空
间关系来反映彼此之间的关系，而时间则是存在者自身的状况及
与其他存在者之间的关系在变化上的反映。所以，狭义的空间就
是一切存在者存在的场所，包括有形和无形的存在者存在和发生
关系的场所，即人类意识中的世界。

　　事实是与时间和空间相对应的意识概念范畴。缺少时间和空
间约束的"存在"或"事实"是空泛的和模糊的，它包罗万象却
不知所指；它可能并不是错的，但却经常是缺乏实际意义的空话
或废话。就像卡西尔指出的："空间和时间是一切实在与之相关联
的构架。我们只有在空间和时间的条件下才能设想任何真实的事
物。"[1] 不要纠结时间和空间是否"存在"，因为本质上，存在不过
是人所构建的认识方式的反映。时间和空间同样属于反映存在的
认识方式。

　　"存在"涵盖世间的一切，然而正因为如此，其实义就极为
空泛。能够指代一切的存在，其实就意味着一无所指。就像人人
共有的产权或其他权利，实际上人人皆不曾拥有一样，唯有落到
实处，才能得以彰显。存在的普遍性虽然超乎一切族类的普遍性，
然而其所指越广，其所说就越笼统。它似乎说了什么，却似乎又
什么都没有说。正因为如此，存在才需要得到更加具体的分类以
展开研究阐述，由此才可能获得光明照见，使事实有可能得到阐
明，进而被赋予实际意义。存在的这种具体化是通过存在者或者

1　恩斯特·卡西尔：《人论》，甘阳译，上海译文出版社 1986 年版，第 54 页。

事物的分类、定义和具体化而得到推进的，人类对于存在的认识也因此得以逐渐增进和明了。然而，虽则如此，存在的普遍性仍然是一切事物的类存在及具体存在的基础和最高原则，它超越了存在者的具体存在。这种超越一切存在者的存在本身就来自存在者的普遍性，只不过因为无所不包，所以也就失去了许许多多这样那样的信息；也因为如此，它得以超越一切存在者的实在，使得存在者的实在不至于因为变化而脱离存在的普遍性。同样，类的普遍性的意义也在于此。

客观事实总是丰富多样、变化万端。一种状态、结果、现象形成的原因总是存在多种可能。过去发生过的，以后可能还会发生，也可能不再发生。同样，现在正在发生的，可能以后仍会发生，也可能不再发生。事物对应的存在事实是否存在可重复一致性特征，取决于事物的类型和性质，取决于事物的属性或者内在规定性。事物的规定性是一切表象得以发生和变化的起因，也是其规则性表现的依据和人类获得关于事物的可靠解释、预测的基础所在。

同时，构成一种状态、结果、现象的原因，可能正是另外一些原因的结果。因果总是特定系统及条件下的一种联系。亦即，如果缺少对于系统及条件指向上的约束规定，事物之间的因果联系便存在多样性，它们或这样或那样，或主或次，或直接或间接，或偶然或必然，会纠缠在一起难以分辨。在日常生活中，对于同一问题之所以经常会出现诸多争论或众说纷纭，其中的一个主要原因就在于争论各方对于这一问题所持的系统层面及约束条件的指向是不同的，甚至是模糊不清的，或根本不属于同一个问题。事实上，这样的争论是没有什么意义的。但遗憾的是，许多人并不明白。

我想要指出以下几点。

1. 任何事物的存在事实，总是在对于事物进行定义或界定基础上对于存在的一种真实性指向，即事物的真实性取决于对事物所界定的性质——它所对应的时间、空间和外部环境的阈值界定或者具体化程度——并通过特定的问题指向来反映。换句话说，任何事实都是特定问题在特定约束条件下指向意义上的对应存在，是一系列的定语规定下的存在，有明确界定的条件或者隐含的条件。否则，事物的存在事实就是晦暗不明的或者模糊不一的。

就严格界定条件下的特定问题指向而言，对于已经形成或者出现的状态、结果、现象之事实的解释，只存在系统一致性的某种（组）解，虽然这种（组）解常常包含着丰富的内容和层次，是众多内容和层次的集合，当然也包括"无解"。但它不应该同时存在着多个解，除非这个问题本身就是含糊不清的。

2. 事物的存在事实，取决于事物的不同特性。据此，事实可以分为可验证的和难以验证的不同类型。可以验证的事实具有可重复一致性的特征，难以验证的事实则不具有可重复一致性的特征或者带有偶然性。是否具有可重复一致性特征，取决于事物存在的元本体事实是否具有固定不变的关系属性，即事物只要空间特性一致就不会因为时间的变化而失去其刺激反应表现上的一致性。基于物质的事物存在多具有这样的可重复一致性，基于意识的事物则至多只存在在类相同的特定时间、空间和环境属性条件下的某种趋向或者倾向上的一致性。这是两种在程度、意义和特征上明显不同的一致性。而偶然现象、事情、事件等的传播、记载的信息或者人为加工的信息产品的真实性，因为其不可还原性和主观偏向性，就会出现众说纷纭，经常是可疑的和不可靠的。

3. 科学认识需要区分两种事实：已经发生的事实和尚未发生的事实。对于已经发生的事实，相对于人所想要知道的特定问题和目标指向，在一定的时间和空间约束下，它就只存在一种（组）

解，是多种排列组合中的一种。在严格意义上，物质世界中的事实，是理、数、象在类（阈值）意义上的一致性存在。真实性是建立在"证据"而不是"可能"基础上的。

对于尚未发生的事实，它总是存在不同的排列组合可能。带来多种可能性的是事物的存在特性所形成的不确定和变数。这些不确定和变数，是由系统中的各种自变量引起的。复杂系统存在着多种不同特性的要素，存在着不确定或变数，进而导致在因与果之间存在着不同排列组合的多种可能。

4. 在认识的意义上，存在、事物和事实之间的关系也是具体与抽象之间的关系在不同的角度和层面上的一种反映，它们既是相互区别的又是彼此重叠的，具体的所指需要结合特定的语境。这些都是科学认识探索活动的主要内容和目标。

在科学探索的意义上，缺乏严格界定或者泛泛而谈的研究结论是没有什么实际价值的，因为这些概念尽管定义明确但实际上却包含了各种不同的实际情况。就像天气预报说"今天夜里到明天晴到多云，局部地区阴，有阵雨或雷雨"，虽然可能是事实，但等于什么都没有说。

开放系统的复杂性在于，状态变量的数目、性质及其相互之间的关系经常是不确定的或是变化的、互动的。在多层结构中，一个自变量可能是另一个自变量的因变量。系统中所存在的要素，既是独立的，又是联系的，但我们永远只能认识和了解有限的系统及层次。但是，只要我们认识和把握事物的某些规定性以及一定系统和层次中的状态变量之间的关系，我们就有可能对某些事物变化和发展的未来作出预测、判断，并利用其中的规律性特征来为人类服务。

在人类的认识世界里，事实总是以事物存在的形式出现，事物所指向的也只是全部事实的部分信息。而那些凭空想象即现实中不存在的事物，它们所对应的事实是难以证明的。

具有实际意义的事实总是以一定的时空约束条件为前提的存在，总是在特定的系统层面上，在特定的时间、空间和环境条件下的存在，并且是经常以问题的方式指向的存在。否则，事实所反映的可能是不同的真相或者有限的真相，或者就是掺杂着不同真相的混杂物，或者只是空泛的大道理。当然，大道理有大道理的意义和用处，只是当被用来回答一个具体问题的时候，因其包罗万象，会丧失其解决问题的针对性。

一种存在总是以另外一种存在为基础，就事物本身而言是过去或现在的延续，就事物联系的角度则涉及其他的事物变化。它们相互独立，各自处在不同的存在联系层次，在时间和空间意义上都是如此。

认识到事物事实的上述几种存在是科学研究中十分重要的基础。当然，就人的主观意向性而言，人及其集合体或组织的主观意向性是不同的，所以所存在或将要发生的事实对于行为主体的影响、价值、意义等也是不同的，是相对的。

（二）事实的存在方式

事物是事实得以恰当反映的前提，是事实所依附的对象。没有事物作为依附，没有事物作为问题指向，一切事实都是模糊的，是没有什么意义的。离开事物，事实就只是一种混沌的存在。这个世界是什么呢？

事物是人脑对于存在的一种意识及其衍生的反映，即客观存在的物及其因人而生而起的事，包括物事、物象、人事等等，也是人所面对的，想要认识、理解和判断的一切对象，是对于人的意识而言的一种存在。它可能是对于存在之物的意识反映，也可能纯粹是意识活动的产物。正因为如此，如果撇开人来论事物，一切存在就将失去意义。我们的确可以说，离开人，这个世界照样存在；然而离开人的存在，这个世界也就与人没有什么相干了！所谓的事实又有什么意义呢？

人类所面对的和所想要认识的总是以事物存在的面目出现的事实，它们或是有形、微形之物之事，或是无形之物之事，包括可感知的和不可感知的；它们或是作为个别的存在出现，或是作为类的存在出现，或是以聚合或系统的形式存在。它们是相互联系的，又是彼此独立的。但这个世界永远是通过个别的存在或者存在者而显现的，个别（或个体）的存在是一切其他存在的基础和具体化，是一切事物存在的元本体，其他存在则不过是人类对于个别存在在集合或整体意义上的抽象化，以个别存在为存在的根基和依据。一切存在的特性皆以其所对应的个别存在或存在者的元事实的性质为基础和依据，是所有个别存在者性质和特征的一般化，但存在的一般化绝非个别存在的简单叠加和简单抽取。个别的存在就是具体的存在，也是一切存在意义得以体现的根本。离开这种存在的具体性，其他一切存在形式的意义都是空洞的和难以成立的，是本末倒置的。人的存在同样如此。

个别存在（即存在者）和抽象存在之间的最大区别就是，个别存在反映抽象存在的特征和特性，但抽象存在不能反映个别存在的全部信息。这句话的意思是说，当个别存在作为认识对象时，抽象所反映的只是这一具体的存在在特定时空约束条件下的一些特性和特征；当个别存在作为类存在的认识对象时，个别存在无不带有其类抽象的共同性质和特征，类抽象则只反映了其所对应的全部个别存在的共同的属性和特征而舍弃了个别存在之间的差异性。这是认识的基础，也是科学研究得以开展的前提。

不能忘记的还有，无论是个体的还是类或群体的特性、特征，都是比较产生或形成的，个体须以其他个体作为参照，类或群体须以其他类或群体作为参照。没有比较参照，特性和特征这些东西就不会显露出来。

另外，我们说事实是依附于事物的存在，一是说事实的存在方式总是与事物密切相关的，在这里，事物只不过是人类意识对于存在的反映而已，事物的特性是由其对应的存在所决定的；二是说事实被发现和被揭示的方法总是与其所依附的事物的特性一致，即是由事物所对应的存在决定的。由此，客观的存在才能得到主观的认识反映。

虽然在整体意义上，事物是意识对于存在的反映，但是在具体的认识上，我们所想认识的事物就是对于存在的一种具体的指向性抽取或映射，而并非存在的全部。即，事物可能是对于具体存在者的指向，可能是对于个别存在者在类意义上的指向，也可能是超乎一切存在者的在普遍意义上的指向。事物所反映的存在程度和实在性，取决于人类的认识进阶和问题指向的约束条件。问题指向及约束条件不同，事物所对应的事实的性质也就不同。一般而言，问题指向及约束条件越宽松，事物所对应的事实的哲学意义就愈强，其方向性或原则性就越强，但其舍弃的实际内容或差异就会越多。而问题指向及约束条件越具体，事物所对应的事实就越具有实际意义和可操作性。不同层次的认知具有不同的功能和意义，而且存在着紧密的逻辑关联。抽象源于具体，又对具体形成指导。

事物的人类意识反映，或依附于物，或依附于人自身。这构成了一切事物之存在事实在性质上的不同分界。认识或者哲学上的许多似是而非大多出自对于事物之存在性质在分界上的混乱或者混淆，或者出自对于事物之对应事实的存在在层次、类型等多样性方面的简单化和混淆。

人类的认识世界中只有两种实在：物质的和意识的。这是一切事物形成的基础。类、属性、关系、状态、特征等的存在反映，都是认识赋予实在的衍生的存在，是依附于实在的存在。然而，这两种实在所存在的性质和方式是根本不同的。物质的存在具有理论上的可测度性，而意识的存在只有通过其他的方式例如行为或者意识与行为之间的逻辑关系才能表现或者推断出来，否则我们无法确定某种意识是否存在或者这种意识包含的内容究竟是什么。

事实的存在方式常常与事物存在的表现方式一致，与认识的目标一致，例如属性、关系、状态、特征等，或者机理、机制等。在这里，事物只是存在与认识之间的中介，而事实就成为事物在存在的确定性和具体性方面对于认识目标的一种回应，是事物存在的具体化。

就事实所对应的存在的具体性内容而言，过去、现在和将来，每时每刻都不曾相同。所谓"同"只发生在抽象意义上或者类的边界内。存在是变化的，其所对应的具体事实因此也会不同。春去秋来，花开花落，于此时彼时、此地彼地，其实不同。相同的只是存在的抽象或者名，即以名、符号所标记的或者信息所承载、指称的一切具体事物的存在所反映的共同的属性和特征，以及一切现象的发生之本质、本源的规定性，或者这些我们为之进行科学研究探索，被我们称为事物形成、变化发展的机理、机制的东西。实际上，时间赋予万物的是"物非人非"，"物是人非"只不过是一种错觉而已。从古到今，这个世界始终是四季轮回，日月更迭，但对应的却是不同的景致和不同的存在者。所以，一切实在都是与时间和空间相对应的存在，过去的不曾来，现在的不会去。

因为存在丰富多彩，并随着事实的被揭示和描述而得到不断显现，而事实又取决于不同的视角、立场或者时间与空间约束条件下的问题指向，所以，从不同的视角或者立场对事物的存在提出问题，所呈现的事实就不同，对事实的回答的抽象性程度也不同。只要问题指向和约束条件不同，对于同一事物的"存在"就会有千千万万个事实。

（三）科学想要认识的事实

人的认识是对于事物存在事实的一种探索。

物质是客观的存在，其所对应的也是客观的事物，因为这类事物所对应的事实是独立于人的意识和意志的，是与人类自身对于客观的定义相一致的，它们有着自己的本质规定性和变化发展的规律或法则。而我们所讨论的意识，即不同于人作为纯粹物质或自然意义上的意识反应，而是有目的的意识存在，其所对应的基本单元是主观事物，所对应的事实是由人的意识和意志所支配的，这同样与人类自身对于主观的定义相一致[1]。当然，作为认识对象的主观事物，意识事物在群体意义或者历史意义上，其发生和变化所构成的事实，对于认识主体而言也具有客观的性质和规律性。也正因为如此，意识事物才具有科学探索的意义。

人类想要认识的事实是多种多样的，然而科学探索的不是瞬息万变的表象，而主要是事物在形成、变化上的规定性和规则性及其相互关系和联系方式，或现象之本质，并具有普遍意义和可检验性。人类想要认识事实的反映方式，以清楚事物之形成、事物变化之其然及其所以然。而一切这样的存在之事实，都是与时间和空间相对应的产物，都是有约束条件的。

因为科学认识总是有目的的探索活动，并且经常怀有应用上的意图。这样，科学探索就不能仅仅停留在事物的表象或者停留

---

1 需要指出的是，这里所说的存在和意识，与前面所说的存在和意识实际上已经具有不同的意义。

在猜想的层面，当然也不应是模糊不清或者模棱两可的，它要求获得具有可依循性的结果，唯有检验才能达到这一目标。这是科学的探索活动和非科学的活动之间最明显的界限。文学和艺术以及人类的其他活动，在其所对应的事物中虽然也存在某些规定性的东西，例如对语言、声音、形态和图像、色彩等的处理、表现所形成的情感共鸣和感觉刺激反应，但由此所形成的不同回应是与个人自身的素养、情趣、偏好、感觉的敏感性和社会（特别是舆论或宣传）等因素密切相关的，除了规则体系、社会道德伦理等上的约束，并不存在其他的一致性要求和标准。

（四）并非所有事实都有认识价值

事物是人的意识的衍生物。凡是人所面对的、所意识到的、所想要做的，个体的和群体的，物质的和意识的，实在的和抽象的，存在的和虚拟的等等，都是我们所说的事物。但有些事物纯粹是人类主观想象或臆想的产物，是客观世界里不存在的，是没有任何根据的，它们既无法被认识也无法得到检验证明。

科学探索活动的主要目标是认识具有普遍意义和规律性特征的事物，而不是获得对于事物存在的简单描述。客观世界无所不在，变动不居，所以科学认识既无法反映全部事实，也没有这个必要。我们没有必要一一弄清那些没有规定性的琐碎事情的存在，也没有必要一一探究那些缺少普遍意义的事物，当然更没有必要重复探索那些已经经过反复验证的基本的科学常识或者自明的道理。

我们确定我们所做、所闻、所见、所思的虽然是真实的，但这些未必属于科学的内容。在许多情形下，我们所说的事实是以我们对于事物的定义为前提的，例如吃饭、喝水、做梦、工作、研究等等，或者开花、结果等等。而科学，通常不单单是指某件事是否发生或者发生了什么这样一种简单的事实，它还包括带有明确目的的、本质的和具有普遍意义的具体问题指向的确定性应答域以及对于未知世界的探索活动，是对于现象事物的诸如"如何""怎样""为什么"等具有普遍规定性问题的回答或探索。

当然，我们所说、所闻、所想的有些事物虽然当下不是真实的，但未必将来也是不真实的。科学需要想象和幻想，只不过这种想象和幻想需要建立在现实条件的基础上。这似乎与我上述的说法自相矛盾，但却与我所说的语境条件是一致的。语言文字表达的难以尽意之局限性，经常给人以自相矛盾的错觉。弥补这一缺陷的办法之一是理解表述的语境条件并通读作者所有相关表述的内容。

海德格尔认为："若要使存在者能够不经歪曲地给出它的存在性质，就须如存在者本身所是的那样通达它。从被问及的东西着眼来考虑，就会发现存在问题要求我们赢得并事先确保通达存在者的正确方式。"[1] 他指出，提出问题需要进行一系列的基本考察，"只有对存在问题的作用、意图与起因加以充分界说之后，存在问题的与众不同之处才会呈现出来"[2]。通俗地说，就是明确所要认识的问题，用恰当的方式从事物存在的事实中去获得对于事物存在的认识。

所谓认识具有的普遍意义，就是被认识的事物或所形成的认知具有广泛的可参照性和可依循性，或者可解释性、可借鉴性和可预测性，并不是个别的、孤立的、偶然的或者特殊的存在。它的基础是事物在类形成、类变化和联系上所存在的规定性及其逻辑反映。

---

1 马丁·海德格尔：《存在与时间》（修订译本），陈嘉映、王庆节合译，生活·读书·新知三联书店 2006 年版，第 8 页。

2 马丁·海德格尔：《存在与时间》（修订译本），陈嘉映、王庆节合译，生活·读书·新知三联书店 2006 年版，第 11 页。

灵魂和超物质是否存在，或者是一种怎样的存在，由于尚没有可检测或可供证明的手段和方法，因此不被纳入科学的范畴。或许灵魂是一种特殊的存在，是赋予物质以生命和意识的存在，但与此相关的一切理论猜想和假设也就只是猜想和假设而已，我们需要的是可以检验的证据。没有得到科学检验并非意味着其不存在，但只有经可重复一致性检验才能排除大量这样或者那样的人为的臆想或者杜撰的存在。

对于科学研究者和评估者而言，他们首先面临的一个挑战就是识别其所提出的问题是否具有科学意义和科学价值，这需要他们认清各种事物的存在所对应的事实特性。

二、事物的形成、分类和属性

（一）事物的形成和性质

前面说过，事物是存在在人的意识中的反映，也是人对于存在的一种认识构建。存在对于认识形成映射，形成人类想要获知、探知的认识对象。在认识的探索活动中，认识不断地赋予事物存在以"实义"并将其进一步概念化、分类化和系统化，使其成为洞明事实的认识基础和依据。这个过程，是人对于存在的认识不断深化的过程。

对于认识而言，事物与事实处在不同的层面，即事物在抽象的层面——作为衍生的存在而成为认识对象，事实则处在具体的层面，是事物在时空约束条件下的存在。"存在"通过"事物"—"事实"得以具体化呈现，成为人类认识世界的方式和认知的内容。

（二）事物的分类及其规定性

所有的物体或其构成的系统，在微观意义上都是不同物质元素或者不同物体的不同排列组合的结果。

处在同一阈值内或者具有相同要素、结构、功能特征的物质、物体和系统及其衍生的相同事物，形成了同类物质、物体和系统及类事物。

在客观上，同与不同，取决于物质所处的阈值（或值域）和性质，或者物体的要素、结构和功能特征。在主观上，同与不同，取决于认识主体的感觉和认识标准，后者如抽象层次和时空视野。

但以有目的的行为为基础的意识事物却不同，无论是它的形成和变化，还是它的要素、结构和功能，形式与内容，都是逻辑构建的产物，与物质事物存在着本质的区别。

从科学进步的意义上，类的不断细化总是意味着对于事物的要素、结构和功能之间的关系之认识的不断增进，许多新的科学发现也因此不断涌现。这是科学研究探索的重要方向。当然，分类及其特性、特征在认识上的粗略，也意味着实际上存在着很大差异的东西经常会被当作同样的东西来看待。

需要再三强调的是，所有用以反映存在的东西，它们的形式和内容都是人的认识所构建的产物。

事物的规定性，是事物的形成和变化发展过程中所反映出来的固有属性或本质，是事物对应之存在的规则性表现的内在根源，也是一事物之所以区分于其他事物的依据，包括客观自然的规定性或主观人为的规定性。

类事物

类，是反映事物共同属性和特征的集合概念。世界万物，或人类所面对的事物，从抽象到具体都无不存在类意义上的共同特征和属性指向，包括静态的和动态的。客观的存在和主观的反映，都可以用类特征来认识抽象。

类事物，就是根据分类的标准或共同特征进行划分的同一类型的具体事物的抽象，是属性、关系、状态、特征或功能等在阈值意义上的区分。类事物所对应的也就是这样一些具体的存在，即个体的存在。

事物的类，通常由一些抽象名词或概念来表述区分。但这些抽象名词或概念所包含、对应的具体事物或个体之间存在着差异，有些差异还非常明显。所以，抽象名词反映的只是在类意义上基于事物的共同特征或标准的抽象，既不包括细类之间的差异，也不包括个体之间的差异。抽象名词无法反映细类或具体个体之间在信息和特征上的差异。例如，动物是指以有机物为食，能感觉、能活动的一个大类的生物，但它有 6 个不同的等级，即门、纲、目、科、属、种，不同的等级和分类反映了动物之间存在相同、相异的程度和亲缘关系的远近，用以区分动物之间存在的不同特性。人是动物这一大类生物中的一个特殊的小类，其中不仅男人与女人或老人与小孩的类之间存在差异，而且在具体的人与人之间也存在诸多差异。人与其他动物之间所存在的差异就更大。由此，一切存在便构成了各种各样的联系——直接的和间接的、远的和近的，在抽象意义上反映出同一性，在具体意义上反映出差异性。

个别事物归属于类事物，但类抽象在对其所属全体"成员"的共同特征进行抽象归类的同时，却舍弃了对于具体个体之间的差异特征的反映。

如前所述，名与实虽然存在着对应关系，但又无法完全对应。名只是人类对于事物及其事实的某些特征、特性的一种抽象描述或者对于事物的一种标记，而实是一种多样化的和变化的存在。我们为了识别不同的事物，赋予这些事物以不同的名或标记。但是与名对应的实，在具体层面是变化的，在抽象层面的变与不变则取决于我们的分类、概念定义和事物本身的特性。大豆只是这样一类植物的指称，猴子只是这样一类动物的指称，经济只是这样一类事物的指称，银行只是这样一类企业组织的指称，投资只是这样一类经济行为的指称，颜色只是人对于光所产生的不同视觉感受的总称，通胀只是对于物价普遍持续上涨现象的一种指称，张三只是某个具体的人的标记，政府和市场也是如此，仅此而已。同样是政府、市场，或是银行、投资、猴子，甚至是张三这一具体的人，在不同的空间及其对应的时间条件下是存在差异的，其各自对应的有些是存在明显差异或者不断变化的具体事物。一般而言，名之所指事物越宽广，实之所指越宽泛。

认识意义上世界存在的延续，本质上是类存在特征或"同"的抽象延续。类存在所包含的个体存在者有生有灭，交替更迭，表现不一，只有类抽象是延续的。这是人类认识得以延续的基础。就像黑格尔所说的，个体生灭无常，而类则是其中持续存在的东西，而且重现在每一个体中，类的存在只有通过反思才能认识。[1]然而，存在的真正意义却表现、反映在每一个具体的存在者身上。

所以，类抽象只发生在认识意义上，但它不是具体的存在者，而是一些具体存在者的存在表现特征。从认识角度来看，不论具体存在者如何更迭变化，有关这些存在者的许多共同特征保持不变。这些共同特征能否一直得到延续，取决于其所对应之存在者的时空特性。

抽象取决于具体，这不仅反映在抽象的客观性上，而且还反映在存在的本质意义上。

---

1 黑格尔：《小逻辑》，贺麟译，商务印书馆 1987 年版，第 75 页。

事物的分类

昔物自在昔，今物自在今。[1]桃花岁岁总相似，人面年年各不同。

人类所面对事物的存在，如恒河沙砾，数不胜数；又此时彼时，变化更迭。

对事物进行分类，是人类认识事物、区分事物的需要，也是人类进行科学研究以探求事物本质的前提条件，有助于人类从繁杂的事物及其联系的表象中摆脱出来并形成系统化和条理化的逻辑基础。

事物分类，是根据一定标准（如性质、关系、状态、特征和功能等）和方法，对事物在"同"与"异"层面所进行的类抽象。标准和依据不同，分类结果就会不同。例如，按照形态、外观、结构、性质、功能及其相互关系等，我们可以对世上万物进行系统分类，把物归属于不同的类，具有不同的类的等级（隶属关系）、性质和功能等的事物，形成有机的认识整体。

对于科学研究来说，采用不同的分类方法，是为了满足不同的研究需要。对事物进行分类，有助于人类全面、深入地认识事物和把握事物。但是，把依据不同的标准和方法来划分的事物混放在一起来比较，是一件并不恰当的事情。就像把男人和小孩放在一起来比较，或把金属的手机和黑色的手机放在一起比较，把简单事物与客观事物放在一起比较一样，并不能说明什么问题，因为二者的划分标准不一致。

物质事物与意识事物在分类依据上的明显不同是：物质事物的分类多是发现的产物，是客观存在在认识上的反映，包括观察发现和借助仪器设备等工具的发现，例如一个新的物种的发现，

---

1 僧肇语，见其《物不迁论》。

或者一种新的元素、一颗新的星球、一个新的微观粒子等的发现。意识事物的分类多是逻辑思维的产物，是认识思维和逻辑的结合物，例如投资、消费、交换、分配，或农业、工业和服务业，或者种植业、林业、畜牧业、渔业和各自相关的服务业，等等。分类依据和方式的不同，会使得类边界清晰度不同。

事物的类的不同，还对认识事物、研究事物提出了方法上的不同要求。我们可以用显微镜观察人类肉眼无法看到的许多东西，可以用天文望远镜观察遥远的星空，但无法使用它们的这些功能来弹奏音乐。我们可以通过成分分析等来研究探索自然物质的构成，但是我们却无法用同样的方法来研究探索人类主观意识行为的发生。

从表面上看，人类意识行为现象的发生看起来和自然物质现象特别是其他动物和植物对于外部因素的刺激反应似乎并无不同，但实际上它们的发生机理和特征却相去甚远，存在着本质的区别。这不仅构成了物质之间的差异和不同，也构成了意识之间的差异和不同。

现代科学把不同的事物归为不同学科的研究对象，例如自然学科、社会学科、人文学科等及其进一步的细类划分，如数学、物理、化学、生物、经济、社会……原因就在于科学认识活动所面对的事物的特性根本不同，需要加以区分。

宇宙万物，或人类面对的所有事物，就具休的每一个体的存在而言，都是不同的，即没有两个事物是完全相同的。所谓相同仅仅是指事物在分类的抽象意义上的相同，或者事物的标记和符号的相同。世界并不存在两片完全相同的叶子，每一具体的存在之物都是独一无二的。之前是这样，现在也是这样。

分类的意义在于认识，存在的意义在于多样。认识与存在各有各的目的和意义。

具体事物、抽象事物和虚拟事物

人类所面对的有三类事物：具体事物、抽象事物和虚拟事物。

具体事物是指一切存在的事物在形式和内容上的类统一体，是种的特殊性规定和属的普遍性规定组成的统一体，包括有形的事物和无形的事物。具体事物，是指一种具体的客观实在，一种具体的发生，是特定空间与时间条件下的具体存在。

虚拟事物是人想象中的事物，是一种虚构的事物或者没有得到证实的事物。虚拟事物也可能成为具体事物，其存在的客观性在于被证实或被实施。就像人关于飞行或者地遁的想法，在古代是虚拟的不切实际或者纯属想象的事物，在现代则是事实的存在。

抽象事物是与具体事物和虚拟事物相对应的一种映像、概念和信息，是具体事物和虚拟事物通过人脑、文字、语言等实现的一种抽象反映，是对于具体事物存在的信息反映或加工产品。由文字、语言、符号、数学、数据、声音、影像等来反映和描述存在的，都是抽象事物。它们的载体则常常是具体的，例如书籍、机械产品、电子产品等。

具体事物是抽象事物的本源，没有具体事物也就没有抽象事物。抽象事物是人类对于具体事物的特征、性质等或者根据人的需要进行有意识、有目的的加工之后得到的信息产物和认识反映。虚拟事物则是仅凭想象形成的事物。人类用文字、语言和影像等所记录、传播的，可能是可以重复检验的，例如自然客观世界中的存在，也可能是无法再进行重复检验的。人类的许多历史记载和道德意义上的评判，多数就是后一种情况，其对应的事件或空间特征无法重现，是人类的信息加工产品，具有易谬性或易伪性。

科学意义上的抽象事物，仅限于对存在的具体事物的抽象，包括整体抽象（绝对抽象）、局部抽象、类抽象（一般抽象）和个体抽象这几个大类，是对存在所进行的有目的的赋名或标记、界定、分类以及构拟。

整体抽象，是对全体事物的共性、规律特征等所作的抽象，如宇宙、世界、万物、存在、物质、意识、道、生与灭……

类抽象，是对同类事物共性、规律特征等所作的抽象，具有不同的层次，是科学研究的主要对象。有机物、无机物，动物、植物、微生物……类的抽象，总是人的认识需要的产物，总是阈值意义上的抽象。如果不加以明确、定义分界，在感觉上，这种类抽象经常是模糊的。相比于自然学科，社会学科的类抽象阈值多数是难以精确的，是定性意义上的。

个体抽象，是对于具体的个体存在特性或状态所作的抽象或描述，包括物理的、化学的、生物的、心智的、行为的、道德的……经常通过定量或者定性加以描述。

抽象，也是认识对事物的存在的形而上的反映方式。实际、应用实践则是事物的形而下的存在表现。种种认识，形而上或形而下都取决于定义。

所谓科学性，就是指用科学这种方式形成的认知具有可以经受实践或实验、试验的重复一致性检验的特征。一致性是类事物的共同规定性在空间和时间上的科学性反映，可检验性则是科学的本质特征。

需要强调的是：（1）科学抽象是科学这种认识方式对于事物的存在所进行的有目的构建反映；（2）科学抽象反映的只是部分信息，而不是其所对应的客观实在的全部信息；（3）科学抽象总是与一定的时间和空间约束相对应，形成不同系统层面上的认识。

本质上，所有的认识都是人的意识对于客观世界的主观反映。不同的是，有些认识反映了客观性，而有些认识没有反映客观性。

意识事物和物质事物

从事物大类的性质和特征来看，我将其分为三类：（1）基于物质的事物；（2）基于人类目的的意识事物；（3）超意识的事物。

第一类事物成为自然学科的研究对象，包括物理学、化学、天文学、地球科学、生物学等等，即研究一切自然存在的物质组成、性质、关系、变化、规律、运动形式和结构、功能等的领域，主要研究探索由物的规定性决定的物之理，包括人类自身的客观性之理。

第二类事物成为人文社会学科的研究对象，包括哲学、经济学、政治学、历史学、法学、文艺学、伦理学、语言学等，是以一切有目的、有意识的行为为基础并依据研究对象的不同性质来划分的各个领域，主要研究探索由人的意识规定的事之理。

第三类事物是超出人类认识范围的事物。如果存在上帝，一定知道人类想要知道但终究无法搞清楚的一切命题。人类只需明白，一切表面的无序和有序总归是有道理的，自然是一切秩序的源泉。置身其中，人类微不足道，绝不可恣意妄为。

当然，我们只关注人类的问题，即前面两类事物。这也是科学研究可能探索并获得认识增进的领域。

意识事物的基础是人的行为及其构成的逻辑结构、关系和影响因素，它的形成主要由人的心智属性状态、效用偏好和行为环境等要素决定。

物质事物是由物的自然属性决定和产生的事物。自然的本能的反应，是一切自然之物变化的基础，是一切自然之物内在规定性的反映。从这一意义上看，万物皆有其本源意识，而时间和外物则是带来一切物之本源意识反映所对应的空间变化的起因。万物的变化，无不是其自身禀赋与时空因素共同作用的结果。

意识事物既是主观事物，也可能是客观事物，其分界在于我们所面对的这类事物的存在是否会因认识主体的主观意志而改变。

意识事物何以有客观性质，其始源不外乎以下几点：（1）意识事物之发生的自然基础，即人这一行为主体的意识行为之发生的物质基础及其所对应的生物学属性以及人脑的物理属性所给予的规定性；（2）意识事物所发生的社会基础，即与诸如惰性、经验回馈或者情绪、情感等心理活动相关的个体的意识行为在一定的群体或社会环境中所表现出来的某些趋向性特征，这经常是使人回归或者失去理智的环境因素之一；（3）与行为约束条件和心智状态等相对应的人的行为反映上的趋向一致性。意识事物在群体或集合意义上的客观性，使个体意识行为在特定的时间、空间和环境约束下有了某些稳定的或趋向一致的关系特征。而这些构成了社会学科科学研究的客观性基础。

除了上述几点，我还没有发现社会学科有其他客观性基础和依据。或者，换句话说，在我看来，舍弃这几个方面的最根本的基础和主线，社会学科的科学性是难以想象的，犹如空中楼阁。当然，社会科学的客观性依据，就其时间意义上的空间反映而言，存在着层次对应性。认识和理解这种对应性，对于开展社会学科的科学研究来说同样不可或缺、意义非凡。正因为此，社会学科既具有一定的客观基础，又不同于自然学科的纯客观特征。

我想指出的是，把社会学科等同于自然学科一样来对待，或者完全否认社会学科的科学性基础，都是错误的。

（三）类属性

属性是对象与其性质之间的关系的统称。它决定于事物的内在规定性和类型。一切事物的存在属性，都因认识而产生，但又取决于存在。

事物的属性，是指事物所具有的自然的和社会的性质，包括政治、经济、法律、技术以及其他性质，是相对于自然的状态和人类的需要而言，基于不同标准的事物所反映的性质，经常与类相对应。物质有物质的属性，意识有意识的属性，它们对应着客观和主观两个方面，各类事物都有区别于其他类事物的属性。通常，它们由不同的规定性或者逻辑关系决定，应自己的本质规定性和类型而显现出来，反映出事物的独特性或类的共同性。事物的属性中，有些是自然赋予的，有些是人类赋予的。

事物的一般属性和本质属性

事物的一般属性，是与事物的类的归属及其等级相对应的普遍性质。它与事物的分类一样，存在大小、高低和主从关系。类的归属不同，等级不同，性质就会不同。

万物有一致的自然属性，或称共同属性，这是超越一切存在者的普遍性。然而，无机物有无机物的属性，有机物有有机物的属性；生物有生物的属性，非生物有非生物的属性；植物、动物和微生物也各有各的属性。进一步细分，每一类都有自己的属性。不同的类等级既有相同的属性，又有不同的属性，形成彼此之间的同和不同。

万物既是不同的，又是相同的；既有本质属性，又有共同属性。属性的显现与抽象的时空层次相对应，取决于事物的问题指向和它们在类意义上所对应的层次和联系。即使是同一物，于此时彼时、此地彼地、此事彼事，也可能表现出不同的性质。之所以如此，是因为事物的分类以一定的标准为依据，该标准反映了类意义上的普遍属性，却无法反映具体事物的全部属性，特别是差异性。

事物的本质属性，反映的是事物固有的规定性以及与其他事物形成区别的特性，是决定一事物之所以成为该事物而区别于其他事物的属性。事物固有的规定性及与其他事物的差异性是本质属性的两个特点。

人类对于自然赋予事物的属性的存在表现只有通过探寻才能发现；而人类赋予事物的属性的存在表现取决于人。

"种瓜得瓜，种豆得豆"，耐湿与耐干，抗涝与抗旱，就是由植物品种的本质属性——它们各自的遗传基因——决定的。经济的、政治的、法律的、技术的、社会的、自然的事物都有自己的本质属性，并规定着各自的逻辑关系。经济的本质属性就是经济性，它的规定性就是经济逻辑。金融的本质属性是经济性的一种分类表现，是由资金融通及货币管理活动形成的共同特性，资金调动效率和风险控制等是金融需要解决的核心问题。

在不同的方面，事物经常反映出不同的性质。对于事物本质属性的认识和把握，需要与认识的需要和问题指向结合在一起。

以对人的研究为例。从物的角度来看，身体或生理反应等是由人的自然或物理属性或状态决定的，并可回溯到整个变化过程及其决定性始源。从有目的的意识行为发生的此在角度来看，人在社会或经济方面的行为反映的则主要是作为此在的人的心智和效用偏好方面的属性和特征，确切地说，是行为发生之时主体的约束条件、心智状态和效用偏好等的类型。之所以要用"此在"或者"行为发生之时"作为定语，是因为"此在"的约束条件、心智状态和效用偏好类型，就其初始的和动态的状态而言，基础是不同的。从始基意义上来看，人是与意识或心智状态等的物质性相关联的，可以回溯到更为微观的物质层面和初始背景，如遗传基因、家庭背景等。而"此在"的状态，可能在值域意义上已经发生了一些变化，甚至就其性质而言是超过了阈值范围的变化。这涉及更为复杂的问题。

事物的属性，同样是人类认识需要所构建的产物。任何一种存在物的属性，或者存在的属性，在自然意义上都不过是一种存在的表现，仅此而已。

事物的客观属性和主观属性

事物的客观属性，是事物所拥有的独立于人的意志而存在的特性。例如，物质的物理属性和化学属性及其具体表现，生物的生物属性及其具体表现，人的心智属性及其具体表现等，事物在系统要素、结构和功能等诸方面上的性质等，这些都属于客观属性，是不受人的意志改变的存在。

事物的主观属性，是人类对于事物的主体意志性反映，取决于人的主观意志及价值取向标准，例如行为在法律和道德上所反映的性质，或者在社会、经济和技术等方面所反映的性质。事物的主观属性是对于具体行为主体或利益主体的意向性而言的性质，是一种不存在唯一或一致标准的存在。某种结果、状态，对于主体A而言是"好的"，对于主体B来说可能是"坏的"。规范意义上的价值判断或评价，只有在行为主体及其目标指向一致的情况下才能统一，才有意义。所以，主观属性是一种相对的属性表现。

事物的客观属性通常指向类标准及其某一方面的自然性质，如物理、化学和生物学及其具体分类。主观属性则无不与人相关，总是相对于特定主体的意向性目标或者某种时空状态而言的，是属于某种对象的，是一种可能的多样化存在。在特定时空条件下就特定问题及目标指向的客观事物而言，真相只有一个。而就一种主观事物而言，真相则可能是多种多样的，价值观就是一个重要影响因子。

相较于人类的意向性，在时间和空间意义上，事物的客观属性也存在着不同的意义反映，可能有利，可能有弊，可能好，可能不好，也可能什么都不是。

一切存在，其本身都是中性的，只是它自己的存在本身，是自性的反映。但当其参照于某一特定主体或者某种状态、性质、意向等，或者成为某个对象时，就有了长短、高低、好坏、利弊、美丑、善恶、优劣等由心而生的观念。

从时间和空间的角度来看，任何一种存在所形成的影响，都是相对的，并可能发生变化。即一种存在对于A的意义，彼时是正面的，然而此时则可能是负面的；对于A是负面的，对于B却可能是正面的。

科学研究探索的主要是事物的客观存在状态，是与人的意向性无关的事实，是超越人的意向性的存在。科学应用则是有目的的和有意识的活动，总是带有目标和价值指向，是有特定意向性的事物，结论通常是相对的。

自然属性、物理属性和心智属性

自然属性是一切事物天然存在的状态、现象及性质的反映，是事物自然本身所具有的规定性的本质反映。狭义上的自然属性是排除人类干扰的属性，是非人工的、天然的事物属性；广义上，自然属性包含了人类干扰后的自然状态、现象和性质，即人类的干扰本质上也是自然组成的一部分。通常，我们把人为加工制造的事物与非人工的自然存在的事物加以区分，即人作为存在的一个方面，自然作为存在的另外一个方面。

物理属性是一切物质所具有的存在性质的物理反映，是自然属性的一种表现。在广义上，物理属性指的是物质世界自然属性最普遍的本质反映，是一切非意识事物的存在规定性。物理属性表明，如果两个物体有完全相同的物理状态，那么它们一定有完全相同的任何属性。也就是说，物体的属性是由它们的物理状态决定的，物体的一切现象原则上都可以回溯到它们的物理状态中而获得解释。当然，对此也存在着不少争论。然而，正如我在前面提到的，我们所作的一切陈述或者论述，都是以定义和分界作为前提的。如果我们把这个世界分界为物质和意识两类不同的事物，那么物质和意识各自所对应的就是本质上完全不同的事物领域，物体的物质性和意识的物质性就成为另外一个层面上的问题。同时，物质的可解释性，取决于人类对于尚未发现或认识到的东西的物质性的归类。同样，意识的可解释性也取决于人类对于尚未得到发现或认识的东西的意识性归类。这两类不同领域中尚未得到发现或认识的东西构成了科学研究探索的未知领域，是对至今尚未得到圆满解释的事物的应答指向。从科学探索的角度来看，人类认识就像一幅拼图，拼图的全貌及其局部会随着认识的不断增进而变得清晰，但其本身又存在着不同的版本。

心智属性，在认识论上，是相对于物理属性的另外一种本质存在。从其始源角度来看，它本质上是人及其他动物的物理属性的衍生，是主体存在的自然或物理意义上的规定性的基本反映。

所谓基本反映，是说心智属性就其始基意义上而言取决于主体的物理属性，包括先天的和后天的物理属性。但是从动态的角度来看，心智属性所呈现的状态，便成为始基的物理状态和外部因素相互作用的混合物，并部分地反过来影响主体的物理状态。通常，这种相互作用会持续下去，不断形成新的混合物，或者呈现出进步，或者呈现出退化。就变化的性质而言，多数主体的这种变化以及同与不同，是发生在值域意义上的，少数则会发生在阈值意义上。这种状态的变化是微妙的和复杂的，也是真实存在的，人们可以感觉到，但经常很难用实证的方法获得验证。

我在本书中所指的心智属性的主体，主要是指人类。心智状态或者意识是与主体的自然物理状态密切相关的。灵魂则是另外一种存在，生命意识是其与物质结合的产物，具有不同的时空反映。或许在不同的空间里存在着不同的"物质世界"，相互之间存在着转换或者穿越之门——当然，这纯属猜想。

物理属性和心智属性的层次结构

为了更加清楚地认识和理解物理属性与心智属性及其对于不同事物特性的影响，在这里，我试图通过自然系统和社会（经济）系统对应的这两类不同属性所形成的层次结构加以论述。

从自然系统的层次结构看，从无限的微观物质单位到无限的宏观系统，对应着自然世界中的无限超微观粒子和人类无法想象的浩渺宏观物质系统。

简略地描述，物质系统依照物质元素—简单物体—细胞—组织—器官—生物体—简单生物—复杂生物—自然系统，构成不同的层次结构。各种不同物质元素的不同排列组合，以及人类无法知晓、不可捉摸的某些东西（例如超物质、暗物质甚或灵魂等），构成不同的物体、生物体和自然物质系统。各种不同物体、生物体的特性、内在规定性和状态，共同作用和决定它们所对应的系统特性和状态。从认识角度来看，许多被认为是属于相同类的物质或者组织的存在，例如同样被称为蛋白质的东西，其实有成千上万的种类，有些彼此之间存在着较大差异，可以继续细分为不同的类物质，它们在系统中的功能也可以进一步细分。

就宏观和微观之间的关系而言，微观系统结构决定宏观系统状态，宏观系统状态支配和约束微观组织系统，二者形成关联互动。不同层次结构上的整体与局部、个体与系统的核心逻辑和主次因果联系，构成并决定了自然物质事物在元本体事实特性上的诸因素。

物质现象或状态的形成，可以归结为决定自身及其组成的物体、生物体或系统的静态和动态特性的内在规定性和外部因素的共同影响。即，物质、物体或生命体及其系统的物质现象或状态表现，是其自身的禀赋特性在特定空间环境条件下的时间反映。在其元本体事实中，蕴含着某种或某些固定属性和稳定的一致关系，在与其外部因素接触作用的过程中同样贯穿着这种或这些属性和关系，从而构成这种事物的整体特性。

但需要强调指出的是，从系统角度来说，不同系统层次及其要素、结构和功能之间的关系在逻辑上具有不同的指向。即，从认识的意义上来说，一个系统总是由其要素构成，形成要素、结构和功能关系，而每一要素本身也作为要素、结构和功能关系的反映而成为子系统，并且可以通过进一步细分而形成更低一级的子系统。它们相互联系又各自为政，一致而又有差异，构成了复杂关系。

以心智属性为基础的事物，例如经济系统，与自然物质系统不同的是，其层次结构发生在一切行为主体的行为选择或者活动的基础上。以行为人作为元本体构成的不同的事物，对应的是不同类型的经济主体，例如家庭、企业组织、非企业组织或团体、政府组织及其联合体。再因为不同的组织制度安排特别是产权归属和治理结构等，不同的组织（或机构）具有不同的性质和行为特征，与微观、宏观层次上不同的事物相对应。其中，元本体事实是一切社会经济事物形成的始源，并决定了一切以其为基础的经济主体的行为选择方式。这是认识经济事物的第一个层次，即从一切经济主体行为选择的元本体即人的行为选择事实中去认识理解一切经济事物。

然而，人的行为选择之所以是这样而不是那样，还有更加本源的原因，这些本源因素不仅构成了认识行为人此时行为选择的基础，而且构成了超越一切具体行为人的行为选择的相关历史及演变的存在抽象，因而是认识和理解一切社会经济事物的始源："此在"的个体行为为什么会这样发生？在动态连续的历史变迁过程中，人的行为选择为什么会呈现出不同的特征？

整体意义上作为此在的行为主体的选择特征是全体行为人行为选择结果的集合化和结构化的反映。这句话的意思是说，整体特征不过是全体行为人及其反映的类行为的结构化表现。这种结构化表现的不同结果，涉及复杂的空间和时间因素（条件）及内涵。认识、理解这种个体及分类意义上的此在，即"知其然"，对于认识、理解此在的社会经济事物十分重要，但此在的"所以然"无疑是更加重要的研究内容。

从元本体行为选择的事实出发，我把所有经济行为的发生理解为行为主体在一定的预算约束条件下根据个人的效用偏好和心智状态在特定环境中选择的结果。即，经济行为选择＝预算约束条件＋理性（效用偏好、心智状态）＋行为环境。

于此在而言，预算约束、效用偏好、心智状态和行为环境之间存在着某些相互影响，特别是预算约束、制度环境对效用偏好和心智状态的影响。这种交互影响是复杂的，但在类意义上存在着排列组合的某些趋向上的一致性。这使我们获得这种事物的科学一致性成为可能。

进一步分解和深入以上各个方面的形成及相互关系，根据已有的知识和逻辑，我们可以初步获得以下心智状态的结构和影响因素。

1. 先天因素，即基因—感觉器官（感受、观察、知觉、直觉等）—人脑组织（意识、选择、记忆、理解、判断、想象、归纳、假设、推理等思维能力和悟性）的先天禀赋状况。在很大的程度上，先天因素对于心智状态具有决定性作用。当然，这种作用会反映在人的不同能力的表现上，不仅反映在智商或者情商上，例如思维能力、学习能力和社交能力，而且还反映在人的其他方面，例如艺术方面和运动方面的特殊禀赋才能等。

2. 后天因素，即有助于改善感觉器官和人脑组织思维能力的营养、教育、健康、经历、经验等的后天条件。这些条件能够改变一些行为主体心智状态的值域水平，使被这些条件压制的或者正常表现的心智能力得到开发或者受到抑制。这是个体的潜能得到开发调动或者抑制的重要方面。

以上构成意识事物或社会经济事物的最基本单元即造成人的行为选择这一元本体事实的特性的诸因素。显然，人的不同行为选择涉及十分复杂的内部因素排列组合关系和外部因素，但我们还是可以通过上述的一般解释结构来认识和理解人类经济行为以及不同行为选择的历史特征。

十分明显，意识事物的元本体事实不具有物质事物元本体事实所内含的固定不变的关系和对刺激反应的机械稳定性，即可重复一致性基础，但存在着行为选择趋向上的一致性。这是因为在决定和影响人的行为选择的诸多先天和后天因素中，既存在着非物质意义规定的非稳定的刺激反应，又存在着物质条件的规定性。当由这种差异性或多样性的元本体事实反映到集合性或整体性事物时，就形成了比较复杂的类结构化整体特征。

一定会有人对我上述的表述提出异议。他们或许会说，人的行为选择与生物特别是植物、其他动物的反应类似甚至相同，生物的反应在具体的意义上也是类结构化的。的确如此。但对于以有目的的意识行为为基础的事物来说，持该观点的人忽略了这种看似相同的现象中由不同类型的主体意识主导下的行为或现象反应所存在着的质的区别。人之所以为人而区别于其他动物，原因就在于人具有高智能性。人不仅在不同的环境条件下会作出不同的行为反应，而且即使在相同的环境条件下，人的行为反应也存在着多样性或易变性。

在定性意义上，虽然自然物质系统具有某种可重复一致的稳定性特征，但在阈值的意义上，自然物质系统包含的这种可重复一致稳定性也因其所对应的层次结构的不同而不同。例如，物质元素—简单物体—细胞—组织—器官—简单生物体—复杂生物体—自然物质系统，与其相对应的可重复一致的稳定性在阈值意义上也是不同的，它表现出由高到低或者"射形"特征。构成越简单，一致稳定性表现的阈值范围越小；构成越复杂，其一致稳定性表现的阈值范围越大，弹性空间越大。

社会经济系统虽然不具有物质系统中存在的这种可重复一致的稳定关系，但仍然在个体行为选择、类事物和系统事物中表现出不同时空意义上不同的趋向一致性特征。这句话的意思，一是说个体、类事物和系统事物都存在阈值范围不同的趋向一致性，尽管不可重复一致，但存在着行为指向或趋向的总体一致性；二是说这种趋向一致性在不同的时空条件下具有不同的意义，此时彼时，此地彼地，同种经济行为的趋向特征不尽相同。即，在类意义上存在着某种趋向的一致性，在时间对应的空间意义上这种一致性趋向的表现又可能是不同的，它不是一种可重复意义上的一致性。

（四）类边界：值域和阈值

世界以万物的具体形式使一切存在得以表现反映，认识却总是以类的形式加以抽象区分。离开具体的存在延续，类就失去了它的存在依托和意义；缺失类的归分，人类就无以进行有效的区分认识。

类的归分，在客观上是以事物各自的属性为基础和依据的，包括自然属性及其所表现的特征和人类的认识在细分上的需要。

客观事物常以自然特性在各个方面的表现及其量化上的分类值域或阈值为边界，主观事物的分类则常根据人的认识需要通过定义及标准的设定来进行。

分类的意义和有效性在于：同种事物必然具有相同一致的特性或特征反映，或者拥有相同的机制、机理；不同的事物必然存在不一致的特性反映，或者拥有不同的机制、机理。类的同与异、存在与认识、具体与抽象，取决于标准或依据的一致性。

先天禀赋和动态禀赋的差异

一切存在，不论其是否有形或可见，都是存在者的反映，包括物质和物体，生命体、非生命物体及其组成，以及能量和场。

先天禀赋是指物质、物体或生命体与生俱来的状态和特性。

对于非生物而言，先天禀赋就是物的要素、结构和特性及其具有的微观状态，包括物理的、化学的。对于生物而言，先天禀赋就是生物在类或个体意义上的生物学特性及其微观性状，个体意义上主要是指由遗传基因和基因突变等形成的可能决定和影响其后天的生存、变化状态的先天条件。先天禀赋状态，对于生物在周期性变化过程中受到外部因素影响时的表现反应而言是至关重要的，它通常意味着对外物或环境因素的不同的敏感性、耐受性程度或接触反应。

动态禀赋，是事物在变化发展中所具有的系统状态或条件，是先天禀赋在与外部因素接触后或者受到外部因素影响后所形成的系统状态或条件，它部分地取决于先天禀赋状态及特性，部分地取决于外部因素的影响。外部因素影响的大小，取决于先天禀赋在要素结构上所表现的特征（如长处或弱点及缺陷）及所处的值域水平和外部因素的类型及其影响强度。以生物体为例，当后天的外部因素有利于弥补或修复生物体的先天禀赋缺陷时，就表现为动态禀赋的改善；当后天外部因素不利于弥补或修复生物体的先天缺陷时，或者会对机体产生有害的影响时，就会导致生物体动态禀赋状态的恶化。疾病本质上就是生命体在受到不良或有害的外部因素干扰时所表现出来的症状。

需要指出的是，生物体的动态禀赋是受到先天禀赋制约的，即动态禀赋所反映的变化根本上取决于先天禀赋的微观基础，特别是生物基因等因素。动态禀赋对应的是类的规定性。

动态禀赋的变化，通常对应的是基因所反映的阈值状况。例如，人的生理状态和智商水平，在微观层面，就是由基因物质的性状阈值决定的。所谓生理或智商获得改善，就是基因物质对应的阈值接近于量值上限甚至发生超界的变化。

类的阈值边界

阈值，是一个临界值概念。类的阈值边界，是一个用于区分事物不同的类之间边界的概念，包括可量化和不可量化的边界。

每一类事物都有上限和下限的边界。上限和下限范围所对应的即类阈值。在定性的意义上，处于不同的类或者变化超出了类的阈值边界，就意味着类的不同。类阈值范围内的量变，或者上、下限之间值域意义上的差异或变化，对应反映的是类内个体或个别事物在量上的不同。

在本书中，值域和阈值是一个相对的概念。值域指事物形成和变化的具体量值范围，而阈值指的是类所对应的上、下限区间范围。

一切事物的存在，在量值意义上都是不同的或存在差异的。相同的只是阈值意义上的抽象的类，由此构成了认识所反映的事物之间的同与异、同一性与差异性、稳定性与易变性、同质性与异质性，并与抽象与具体、时间与空间相对应。

事物存在的类阈值，有些可以通过物理的、化学的方法进行量化测定，有些则无法通过物理的、化学的方法进行量化测定而只能通过概念界定的方法确定。前者如多数物质事物，后者如意识事物。在根本上，类的区分是因人类在感知、认知、觉知上的需要而产生、确定的。

人类的感知阈值，狭义上是人的感觉器官对事物的存在表现的差异或影响在敏感性程度或者分辨能力上的反映，包括生理上的和心理上的反应。人的感知阈值是存在差异的，即事物之间存在的差异或者变化对不同的人的影响是有差异的，这种差异普遍地反映在生理和心理的分辨、偏好、耐受、免疫等各个方面上。感知阈值，就是在一般意义和个体意义上对这种敏感性和分辨能力在感知程度上的分类区分。

不同生物的敏感性或耐受性是存在差异的，如动物之对色、声、香、味、触、法和外部变化的反应，不仅反映在强度上，而且反映在方向上；既意味着感觉器官功能上的差异，又意味着耐受程度上的差异。

在认识意义上，物质事物存在的分类阈值通常通过物理学、化学和生物学的方法及仪器设备来测评，意识事物的存在则由集合和逻辑的方式来确定。而标准的确定，是不可缺少的前提。

事物的属性是因分类标准或类归属而显现的。一切用以反映存在的认识要素，诸如关系、状态、特征等及其变化，都会因为其自然的、社会的、经济的、法律的、技术的，或者物理的、化学的、生物的等归类的不同而显现出差异或者具有不同的含义。

而事物的存在变化，是相对于这一事物原来的状态而言在发生的"异"上的表述。在类的意义上，所谓事物没有发生变化，是指事物的变化仍然处于原来的阈值范围之内，还没有超出类的阈值界限；所谓事物发生了质的变化，就是事物的变化超出了原来的或特定标准的类阈值界限。

需要指出的是，有些事物的性质或类的变化可以通过量化来判别其变化的阈值，继而获得客观的评价结果，自然学科的研究对象多数都具有这种属性。但有些事物无法或难以通过准确的量化来判断这种变化，而只能通过定性的方法来定义，社会学科的研究对象多数就这样。

从更广泛的意义上来说，生物在类内个体之间的区别表现，也取决于个体在类阈值内的量值状态。同一个体发生了变化，意味着其在类阈值内的量值发生了变化。这种变化同时指向个体的动态禀赋和外部因素。基因决定了生物个体的先天禀赋，包括先天缺陷或优势；后天条件则决定了个体的动态禀赋，与各种外部因素一起形成个体的生命特征表现。

在健康意义上，多数疾病是生命体的动态禀赋结构、状态与外部环境因素之间的不匹配或者发生冲突的一种表现，包括自身的弱点或缺陷和外部的不良诱因或冲击。个体的禀赋特点、生物性或遗传性缺陷及其程度，以及外在诱因在种类和数量上的分布，将直接影响个体的生存表现。从这一意义上来说，一种诱因刺激是否导致生物个体的健康状态的变化或者疾病的发生，既取决于类生命体与环境之间的匹配性，又取决于个体的禀赋状态和环境因素。一切有助于改善个体的先天缺陷（脆弱性）或动态禀赋状况，或者回避和减少外部诱因激发的措施策略，将大大提升生物个体的生命质量或健康状态。

普遍而言，一种事物的存在在个体意义上发生的质的变化，以及个体之间的状态差异，都可以归因为个体及其所接触的外部因素各自的状态所处的阈值水平及其相互之间的关系的表现。

不同学科的认识对象之类事物的稳定性阈值

不同学科的认识对象，就是不同的类事物。例如，自然学科的认识对象是物质事物，社会学科的认识对象是意识事物。这两类事物具有不同的类稳定性阈值，形成不同的事物特性。

1. 类稳定性阈值，是类事物在受到外部刺激的情况下的时间与空间的稳定性表现及程度的反映，包括空间性状和时间性状的稳定性程度或一致性特征，因此，也是不同事物在"稳定性"或"时变性"上的表现特征。有些可以以定量与定性相结合的方式来衡量，有些则只能通过集合—定性的方式。

类事物的稳定性阈值越大，意味着在受到外部刺激的情况下，其空间性状的稳定性表现越强，时间性状的稳定性也越强，时变性越小，所对应的空间关系越一致；反之，在受到外部刺激的情况下，类事物在空间性状和时间性状上的稳定性就越弱，时变性就越大，所对应的空间关系就容易发生变化或者不一致。

2. 如果根据所有学科所研究对象的事物特性进行粗略划分，那么，这些事物之间，一是构成要素的类不同和性质的类不同，二是稳定性阈值或时变性的不同。

就构成要素及其性质而言，自然科学的研究对象是以物质要素为基础的结构和功能表现，社会科学研究所面对的则是以逻辑要素为基础的结构和功能反映。二者的性质和特征表现是完全不同的。

在大类上，就类事物稳定性阈值的连续性值域分布的序谱而言，物质性（如物理、化学）现象排在最前面的位置，其次是生物性（如生理）现象，其后是有目的的意识性（如经济、社会）现象，最后是主观的意识性（如文学、艺术）现象。经济现象的稳定性阈值处于生物性现象与主观意识性现象之间。

反映在抽象之同或一致性形成的阈值带宽上，以上不同类事物的阈值带宽表现出渐次增大的特征。这意味着，形成以上不同类事物抽象之同所舍弃掉的差异性渐次增加。

3. 自然物质领域的类阈值及其值域，多多少少是可以通过观察或者测量来确定的，尽管这种观察或者测量在既有的条件下并不灵敏精微。但意识事物领域的类阈值及其值域则是人为定性决定的，即是根据人类的意向性或者需要来分类、界定而决定的。这是两类不同事物之间的显著区别。

自然物质事物的类稳定性阈值总体处于较高水平，对于外部因素的刺激反应在空间和时间意义上都具有较高的稳定性。比较而言，意识行为事物的类稳定性阈值总体处于较低水平，对于外部因素的刺激反应在空间和时间意义上都表现出较强的敏感性或者较弱的稳定性。

在系统意义上，要素的稳定性或敏感性阈值是带来系统结构状态平衡性问题的主要因素，通过要素之间的相互关系产生对系统性状的影响，并在宏观、微观系统状态之间的相互作用中而得到体现。疾病就是生命体的动态禀赋状态在接触到不良的诱因时产生的生物体结构失调的一种现象。先天禀赋由基因和遗传决定，动态禀赋由先天禀赋和后天条件决定，反映的是机体对于外部刺激的耐受力、免疫力和敏感性反应等。要素的稳定性取决于自身阈值的大小和外部刺激的强度，结构状态不过是某一要素的影响或几个要素的相互影响引起的连锁反应的结果。

4. 事物的构成和事实的存在方式的不同，以及类稳定性阈值的大小及差异，决定了类事物特性之间的不同或差异，决定了人类认识、研究不同的类事物现象在方法上的不同要求。在认识论上，许多似是而非的认识的形成始源于此，例如把经济事物或经济现象视作无异于自然物质事物或自然现象特别是生物现象的看法。

在认识的具体和抽象意义上，万物既是不同的具体存在，又是在终极抽象意义上的同一存在。但这种极端的认识并非科学研究所追求的，科学研究所追求的是这两端之间的事物存在的一致性特征或者发生差异的道理。

5. 类稳定性阈值的大小，或者事物在类意义上的时变性特征，也反映了人类对于不同的类事物在认识的抽象程度上的不同需求。类稳定性阈值的从高到低，反映在人类认识的需求上，就是抽象到具体的程度的增加，客观上则是认识事物的复杂程度的增加。

在学科的意义上，数学最抽象、最机械，其次是自然科学中的天文学和物理学，再是化学、生物学，然后是社会科学中的经济学和社会学——最具体也最不稳定。

因为位置相邻，经济学中的许多事物看起来似乎与生物学中的许多事物很相似、很接近。如果不加以思辨区分，甚至会认为可以将二者视为"相同"的事物。但从研究认识来看，或者从"实用性"程度的总体要求或满足的"效用"来看，人们对于一般生物现象的认识可以相对地粗放和抽象一些，甚至是粗略一些，而对于经济现象的认识则需要更加具体一些，原因就在于：（1）生物事物具有比经济事物更强的一致性或稳定性阈值，因而同类个体之间的表现差异相对较小；（2）对生物事物的认识应用通常在类的意义上就显现了，而对经济事物的认识应用常常涉及具体的空间禀赋条件，并且面对诸多的不可控或不确定性因素。

反映在一致性的表现上，由于抽象程度或者具体化程度的不同，自然科学可以舍弃掉更多具体意义上的差异性，因而更加显得一致，更适合运用数学工具；而社会科学则需要面对更多具体的时空差异性，或者需要更大的具体性，才能满足人类认识和实用的需要，距离数学更远，也更不适合使用数学工具。因为认识越抽象，其解决处理实际问题的能力就越弱。

（五）事物的类规定性

规定性是一切事物之形成、联系和发展变化的内在属性的反映，是一切事物之外在反应的内在始源，也是事物之规则性表现的依据。类的规定性是个体存在的规定性的同的反映，但在类规定性下的个体却经常有着不同的表现，这种同与异在认识上对应的抽象与具体的关系，则指向空间与时间上的差异。

在认识上，有时候规定性和逻辑性是同义而异述的，有着相同的意义和不同的意思。在使用上，规定性多用于其所对应的事物存在的各种表现，以及有关自然物质的客观事物；逻辑性多用于认识对于存在表现的反映，以及与人相关的意识事物。

一切物（体）的形成原因都可以从其自然属性中去寻找。一切物的系统都可以从物与物之间的联系或结构关系状态中去寻找。一切物的变化都可以从其内在的自然属性对于外在因素的刺激反应的属性中去寻找，包括人作为物意义上的各种反应。

一种事物是否具有科学认识活动所追求的信息特征，根本上是由这种事物的类性质和特征所决定的。它的系统要素、结构和功能之间的关系特征，或者贯穿于事物的形成、变化发展的特征，都取决于这种事物本身所具有的类规定性。选择和运用何种方法和工具来获得或者探知这种事物所具有的科学特征，同样取决于这种事物的特性或类规定性，当然归根到底取决于认识主体的学识、专业素养和认识能力，因为方法的选择和运用以及结论的形成及其科学性程度，都取决于认识主体。

类规定性，就是决定类事物的形成、变化发展的内在规定性，例如物质事物中的物理、化学和生物意义上的规定性，以及贯穿于意识事物中的逻辑、思维的规定性。

物质规定性和意识规定性，是两种本质不同的规定性，决定了物质事物与意识事物在本质特性上的不同。

事物的类规定性，是事物本质的规定性，取决于两点：（1）客观属性的微观方面，包括超微观和微观的要素、结构和层次，例如物的超微观粒子，微观元素、组织、结构及类特性，是一切自然现象的本源；（2）主观属性的意向性方面，是相对于主体的价值、时空条件的属性的反映。

换一种表述，事物的类规定性就是决定要素、结构和功能之间关系的那种东西。

物质事物与意识事物之间的区别就在于：物质事物的客观属性是由自然物质的规定性决定并反映的，而意识事物的属性则是由人赋予的，并通过事物的分类标准，由不同的逻辑来规定反映，例如前面所提到的政治的、经济的、法律的属性等等。

在本源意义上，如果说物质的规定性是由自然所赋予或者由"上帝"所创造的，那么意识事物的规定性则是由逻辑所赋予或者是由人所创造的。

客观上，一种事物之所以是这样而不是那样，不是因为别的，而是因为它本身所具有的规定性，或本质属性。"道存万物，而物各异其理。""道"就是由形而上主宰并表现在万物之中的普遍规定性，"理"就是"道"形而下地体现在事物中的类规定性——事物运行或发展变化的各自的不同机理。万物的变化并非无序或者杂乱无章的，而是由各自的类机理主导的。千变万化和眼花缭乱的表象，是内外因素在"理"的主导下的不同排列组合的结果反映。事物的具体存在一直在发生变化，只有"理"是不变的。

通常，非生物的特性取决于物的物理属性和化学属性，或构成它的微观要素（包括元素）、结构或状态的特征。植物的特性取决于其生物的微观属性，动物的特性取决于其生物（物理）属性和心智属性。原子通过化学键形成分子，分子进一步组合成生物大分子，形成细胞器、细胞、组织、器官，最后形成一个整体。物与物之间的差异，就在于这些属性状态在具体表现上的不同，如类的归属或值域。每一类物的内在属性，按照其类的规定性——"理"的动态反映，在与外部因素发生接触或联系，或者受到影响时，就反映为物的各种各样的外部表现。即使只是在构成要素的类阈值或者值域上所存在着的细微差异[1]，也可能导致生物之间在特征表现上的明显不同。

在事的意义上，物事、人事的特性取决于其承载主体。这个主体是物，则取决于这个物的自然属性；这个主体是人的意识（或心），则取决于人（或群体）的心智属性状态和结构化状态。显然，人事和物事之间的最大差异就在于，前者是主观的，后者则是客观的。

心智属性状态是人与其他生命体的根本区别。确切地说，人类的最大特点是具有强大的意识思维能力及将其外化为工具的能力，同时具有自然和社会的双重属性，并以此区别于其他动物。当然，动物也具有意识，具有一定的学习能力；但不能与人相提并论。

需要指出的是：（1）生物的物理属性、生物属性（以及动物的心智属性）多是在类规定性上的比较粗略的划分，实际的反映总是对应着类的进一步细分及其个体的差异。（2）生物的物理属性、生物属性（以及动物的心智属性）及其在分类层级上所表现的决定性并非固定不变，也并非可以任意改变。它的变化一般是经演化、进化或者伴随生存条件的变化而通过适应、有限学习等

---

1 这种细微差异经常难以被识别区分。

路径发生的。适应环境以生存延续是物种的自然选择反映，它的可变程度及所需时间取决于其生物属性在规定性上的值域。

由于物所具有的类规定性既有相同的方面，又有不同的方面，因此对于物的认识也有一致性的要求：既要反映共同的规定性，又要反映其类的区别。大豆和水稻都具有植物的共同属性，但又有其各自不同的生物学习性；鱼和牛都具有动物共同的属性，但又有其各自不同的生物学习性。只有按照各自的生物学特性去认识、理解、把握，我们才能获得对这些不同的物的科学认知。而如果我们抹杀物与物之间的差异，把大豆当作水稻或者把鱼当作牛来对待处理，就会出现很大问题。

区分事物的类属性是科学研究的基础，涉及关于研究方法选择的科学性问题。同与不同所对应的是不同的认识层面，对此，将不同层面混淆或者混为一谈就会导致错误的结论。

同一事物经常存在着多种功能或价值属性表现。这些属性在对应不同的系统目标时会表现出不同的结果。但是事物的这些属性总是相对于特定的系统目标而言的反映。从科学研究角度来看，只有当事物的不同表现与其所对应的系统目标指向相一致的时候，它的功能或价值属性才能得到正确的评估判断。否则，偏离了这一系统目标指向，属性评估既是无意义的，也是错误的。遗憾的是，这种错误在科学研究中经常发生。

我特别想要强调的是：（1）物质和意识都是人类的认识对象，尽管物理主义认为所有的存在最终都可以还原到物质层面，由物理属性所决定，但毫无疑问，正如我在前面所指出的那样，在人的认识世界里，物质和意识属于两类根本不同的事物，处于不同的层面，并且是由不同的机制主导运行的，它们各自所遵循的规则是本质不同的，主导两类事物的是不同的规定性。前者对应的是自然物质的规定性，后者对应的是人的意向性。在有待进一步探索的层面，或许可以说，意识问题还涉及某些不为人知的非物质规定性。（2）从功能或价值角度看，事物总是同时存在着多种不同意义的性质和状态，这意味着对于人类需求目的的不同满足，评估、判断事物的不同表现只有在其与科学研究所指向的系统目标和问题保持一致时才具有意义。

三、事物间的关系及等级

关系，是事物之间相互作用、相互影响或关联的状态。常常反映为因果性、相关性。也是认识反映存在的逻辑依据。关系的形成通常有一种介质或媒介，这种介质可以是物质的形式，也可以是逻辑的形式。

在动态开放的意义上，客观世界里的一切存在都是相互关联的，并非孤立的。从系统角度看，客观世界中的一切事物都归属于同一大系统下的不同层级的要素、结构和功能关系，它们既是相互关联的，又是相互独立的。它们在认识上各自归属于不同的类，又以相对独立的方式具体地表现自身存在，各自成为系统中不同结构层次上的要素，并具有不同的功能，产生不同的影响。它们在类阈值上反映出集合意义的同，但在值域上表现出差异。事物之间的联系以及这种联系的可重复一致性是由各自对应的存在的内在规定性决定的，各自由某些固定不变的关系或者相对的逻辑关系所主导。事物之间的关系是由天然存在的某些联系或者主观或偶然的事件等构建的。此外，在系统层级及要素的意义上，一切存在之间的关系是由彼此之间关联的距离、方式及程度等决定的，并通过主次关系、重要性顺序等来反映一种事物对于另一种事物产生影响的程度和地位。即，相对于事物存在特定的系统状态、结果或目标而言，彼时此时，要素和结构所产生影响的主次性或重要性顺序可能会发生动态变化。

（一）事物间的联系及其联系方式

事物间的联系

万物既是独立的，又是联系的；既自成系统，有着自己独立的运行变化机理，同时又是更高级次系统及宏观系统中的组成部分。

一物在一个特定系统中的作用和影响，取决于它在这一系统的要素、结构及其相互关系中的地位及功能，或者在这一系统的各子系统及更小等级系统中的位置及功能。其中，所谓在系统中的作用和影响，或者地位或功能，都是相对于系统功能、状态或结果甚至特定的目标作为参照的一种衡量或评估。

虽说万物间总是存在着某种联系，但就我们所要认识的事物而言，有些联系遥不可及或微不足道，有些联系十分直接并且能产生决定性影响；有些联系客观存在，有些联系由主观决定。

事物之间的客观关系，就是事物之间的因果关联程度和相互联系，反映的是一事物的存在、变化对于另一事物的存在、变化的影响状况，或者二者之间的依存性。例如，动物的种群和数量与自然生态环境条件的变化有关，与人类的活动有关；地震的发生与地壳的移动及板块间的挤压碰撞相关；人的健康与人的个体体质和饮食、生存环境因素存在着很大的关联性；产业结构的变化与需求结构及层级的变化存在着关系，等等。

事物之间的主观关系，就是事物相对于认识主体或者特定参照而形成的一种关系，反映的是一事物或事物之间关系的存在、变化对于参照主体的主观需要或意向性目标的影响状态，或者二者之间的联系。

按照事物之间的关联性的强弱，事物之间的关系可以分为：（1）因果关系；（2）强相关性；（3）一般相关性；（4）弱相关性；（5）非相关性。

我想要强调的是，上述这几种联系是由不同类型的规定性及结构主导的，把主观和客观关系混淆在一起的后果是严重的，将导致许多研究认识上的错误。

因果关系和相关性

世界上一切事物的存在、形成和变化，都不是无缘无故的。它或是由事物的内在规定性决定而产生，或是受到外物的作用和影响而形成。认识就是试图发现或搞清楚其中所存在着的因果关系或相关性。

1. 因果关系的一般表示就是"只要A，就会B"，可以分单向因果和双向（互为）因果两种。其中，A可能是一个单一的事件或因素，也可能是一个组合意义上的因集，B亦同样，对应的是一种事件、状态、功能或别的什么表述。

如果在类或个体意义上都存在这种必然的关系，那就构成了因果。例如，气球在受到外力的作用时发生漏气或者爆裂。显然，前者是后者的因，且是一种单向因果。地壳的移动导致板块之间的猛烈挤压或碰撞，就会引起地震，而地震也是地壳移动的一个原因，两者之间存在着动态的双向因果关系。当然，在因果逻辑上，地壳移动是否会引起地震，取决于人们对于地震的定义和量化。

因果关系也可能是一条很长的"链条"。在这一链条上的事物之间的因果中。有些是主要的，有些是次要的；有些是直接的，有些是间接的；有些"距离"比较短，有些"距离"很远。

在时间意义上，"因"出现在先，"果"出现在后，即"前因后果"。但在时间上两个先后出现的事件是否存在因果联系，却经常很难判断。两个紧挨着或先后连续出现的事件、行为、状态之间，可能存在真正的因果，也可能是伪因果，即在许多时候，真正的"因"可能早就"种下"了，与"果"相连的只是前面这个"因"的传递积累的临界点。

例如，在开花与结果之间，没有开花就不会结果，这似乎形成因果关联，而从造成结果这一状态或现象的溯源来看，实际上原因还可以有许多，包括植物学的生理机制和外部环境因素等。第一次世界大战的导火索是萨拉热窝事件，但根本原因是利益冲突，即列强因势力范围瓜分而产生的矛盾激化。某银行由于流动性出现严重危机而破产倒闭，直接原因主要可归为资产与负债在总量和结构上的各种错配，反映出这一银行在经营管理中存在着的诸多问题。

因为如此这般的许多现象，休谟对因果论提出质疑，认为因果只不过是两个事件在时间上先后相邻而形成的关系，我们并不能观察到任何两件事物之间的关联，认为"我们无从得知因果之间的关系，只能得知某些事物总是会连结在一起，而这些事物在过去的经验里又是从不曾分开过的。我们并不能看透连结这些事物背后的理性为何，只能观察到这些事物的本身，并且发现这些事物总是透过一种经常的连结而被我们在想象中归类"。

在复杂系统中，要素之间、结构与功能（状态及现象）之间，在纵、横意义上经常存在着多重错综复杂的因果联系。你中有我，我中有你，关联互动，因果之间存在着多种组合可能。主次因果相互交织和动态变化，不易区分辨别。这给科学研究和认识带来了困难和挑战。但是，所有事物都存在着变化发展的机理、机制和逻辑。主变量和次变量，快变量和慢变量（序参量），只要发现和把握它们的核心机理、机制和逻辑，我们就能够对其进行解释、预测和利用。

有必要指出的是，数字关系是由计算法则所决定的，纯粹的数学关系是由数学法则决定的，统计学、会计学中所反映的核算项目或科目之间的关系则是由各自的统计或会计核算标准或规则决定的。它们所反映的"因果关系"与自然、社会所反映的规定性在性质和意义上并不是完全相同的。认识、理解到这一点十分重要。

自然关系、物质或元素等之间的关系、生物组织之间的关系、生物之间的关系、要素结构状态之间的关系等，都存在着某些固定不变的特征，通过物理的、化学的和生物学的规定性或者"理"得以反映。社会经济关系，则是由主体或事物的主客观之间的联系决定的，是由社会经济属性和规则主导决定的。但这些关系的形成涉及自然逻辑、行为逻辑、经济逻辑等不同性质的逻辑类型。

2. 相关性是指在类意义上，一种事物存在着对于另一种事物的影响。但具体到个体意义上，这种影响不是一种必然的关系。例如在整体意义上，吸烟有害健康，与人的寿命存在相关性。但吸烟对人的健康的影响程度取决于吸烟者个人的身体条件和状况。

"强相关"表示的是，A的存在对B的存在产生很大影响，但B的存在不一定依赖于A。

"一般相关"表示的是，A的存在对于B的存在有影响，但不是主要的影响因素。

"弱相关"表示的是，A的存在对于B的存在有影响，但这种影响可以忽略不计。

"非相关"表示的是，A的存在与B的存在之间找不到相互影响的逻辑关系。

与因果关系一样，相关性也存在单向和双向不同的情况。

3. "只要A，就会B"，A就是B的充分条件。

充分条件A可能由某一事件或因素组成，也可能由几个或一系列必要条件共同组成。

充分条件可能是即刻形成的，也可能是累积形成的。对于人的行为而言，"因"什么时候累积形成充分条件而产生"果"，从主观上看在于自身，从客观上看在于时机。

B的存在或出现，必须有A的存在，但A只是B出现所需的其中一个条件，则我们说A是B出现的必要条件，但不是充分条件。

作为必要条件的因素，有时候虽然对于某种结果的产生或者状态的形成不具有主导性，但却因承担着某种特殊的功能或扮演着特殊的"角色"而不可缺少。这意味着在分析这类因果关系的形成时，不能忽略这种"必要不充分条件"的因素，也无法简单地通过"假设其他条件不变"来分析某个因素或状态变量在产生某种结果或形成某种状态中的影响，更不能把这类因素割裂开来单独说事。

学习努力认真，是学生取得好成绩的必要条件，但并不是只要学习努力认真，学习成绩就一定好。自强不息，吃苦耐劳，敢冒风险，是获得创业成功的重要因素，但并不一定带来创业成功。

同样，物质事物和意识事物之间的关系表现方式也是不同的，前者取决于自然的规定性，由彼此之间的联系和客观存在的某些不变关系决定，后者取决于行为的选择和行为环境。

对于意识事物，在主体的理性表现、约束条件和效用偏好等时空条件不一致的情况下，如何可能从一堆统计样本及其对应的经验数据中获得具有一致性的、可依循的有用信息呢？即使存在一些有用的信息，它们也是会变化的特征信息。

4. A的出现，尽管必然导致B的出现，但A对于B的出现来说，属于"杀鸡用牛刀"，并无必要。这就是充分不必要条件。例如，完成某项工程或者任务只需要 1000 万元，却投入了 3000 万元资金。

偶然因果、或然因果和必然因果

A 的出现并不必然导致 B 的出现，A 导致 B 出现的情形需要同时具备其他条件，则 A 出现导致 B 出现的情况称为偶然因果。例如，一个游泳好手在正常的情况下，游泳时不会发生溺水，则游泳与其溺水之间的因果属于偶然因果；同样，一个人平常喝牛奶不会发生呕吐现象，有一天喝牛奶呕吐就属于偶然现象。

在现实中，这样的偶然现象和偶然因果有许多。在偶然因果中，因与果之间尽管不存在必然关系，但两者之间存在着某种可能发生因与果现象的联系。在其他条件发生的情况下，这种不必然的联系就成为因果关系。

或然因果是一种随机事件中的概率性因果关系。但在对这种随机事件展开的大量重复试验中实现规律的概率分布是有条件的，即要求"相同条件"下的重复试验。投掷硬币是一个用于说明随机事件中概率分布的典型事例。或然因果中的规律性概率分布所要求的条件是：（1）大量；（2）相同条件。在或然因果的概率意义上，不仅"大量"是一个模糊的概念，在统计意义上是一个难以解决的难题，而且"相同条件"也是对适用前提的一个十分严格的要求。科学研究中的大量建立在随机事件概率分布假定基础上的计量分析，应该注意适用的前提条件。

必然因果是说，只要 A 出现，B 就出现，因与果的关系可以重复。这种因果关系主要由贯穿于物质事物的形成、变化或发展之中的物理、化学和生物学法则规定，包括两种物质或元素接触后的反应以及由生物学机制决定的现象。例如，某些花粉过敏者每每接触花粉就会过敏，水在低于零度时就会结冰，这些就是必然因果。

自然物质事物中发生的必然因果，许多源自物质的自然属性，经常可以通过物理、化学和生物的原理来获得解释，并可以得到量化反映；而意识事物中发生的必然因果，需要通过逻辑才能获得解释，不具有量化意义上的一致性。贯穿于物质事物存在表现的主要是"物之理"，贯穿于意识事物存在表现的主要是"事之理"。

当然，因果关系的形成，还涉及因与果的类阈值（临界值）边界。例如同样一种刺激，在A身上会出现明显的反应，在B身上却没有出现，这是因为A、B各自出现反应的阈值或敏感性不同；同样是A，在受到同样一种物质小的刺激时没有出现反应，但在这种刺激强度增加到一定程度时，却会出现反应。

直接因果、间接因果和主要原因、次要原因

直接因果，是指一种原因直接导致一种结果发生。下雨导致地面或者其他东西被淋湿了，下雨就是这些东西湿的直接原因；但如果明知会下雨，却没有把露天晾晒的衣服收回家，那么，造成衣服湿的原因就是没有及时收衣服这个行为。又如久旱以致土地干裂，堵车以致迟到，砍伐以致林稀等等，没有这个原因，就不会发生这个结果，这就形成直接因果。

间接因果，是导致一种结果出现的直接原因之形成的诸多因素，虽然不是导致这种结果出现的直接原因，但却是这种直接原因形成的因素。例如，洪涝、久旱等灾害就涉及气象方面的因素，形成砍伐林木行为发生的原因。在很多时候，一种"果"的形成或出现，"合意的"或是"不合意的"，多是由许多间接的原因造成的，因而需要从根源上去认识思考或解决问题。

因果之间的直接和间接关系，经常由因与果之间的联系位序或时间连续上的前后关系决定。但在复杂事物中，一种结果的产生出现，总是对应着多个处于不同位序或顺序的原因或者影响因素。主要或次要原因在性质上的确定，并非简单地由所处位序的直接性或间接性决定。例如，风寒以致多人得了感冒，风寒虽然是这些人发生感冒的直接诱因，但却未必是主要原因，主要原因是这些人的体质较差或者身体的抵抗力下降。同样，投资增长变缓导致经济增长变缓，表面上看前者是导致后者的原因，但实际上单就投资与经济增长的这一关系上来说，经济增长变缓的一个很重要的原因可能源自导致经济主体投资动力不足的许多因素，例如投资回报预期下降或者风险增加等等。

在因果关系中，最重要也是最复杂的问题就是找到并区分判断一种结果发生的主要原因（或主要因素）和次要原因（或次要因素）及其时序性特征。因为在一个动态开放系统中，这种主次关系并不是固定不变的，而是会随着时空条件的改变而改变。通常，在存在多个原因指向时，需要用一个能够反映问题的本质的抽象用语来表达。许多判断的错误源自认识和方法的僵化。

关系链、链间距和主导关系、从属关系

关系链，就是事物之间形成和构成相互联系的路径和方式，这是事物之间关系建立或者形成的基础与条件。

自然世界中的关系链，通常由物质自身的性质及其所处的物质、能量和场等之间的关系形成，通过物理的、化学的和生物的方式传递，动态形成在物理量上的时空分布和信息反映。关系链是建立在介质的基础之上的，客观世界的这些介质就是物质的运动或能量的转换、传递和释放，或场效应及其自然的或物理的、化学的、生物的反映。在复杂系统中，因果联系和主导关系的建

立需要通过不同的介质或规定性得以串联。

意识事物的关系链，则由思想表达、行为或逻辑构成。其属性、关系、状态和特征等都取决于归类，例如经济的、社会的、政治的和法律的。

任何一种事物的客观现象都是物质的内在规定性和外在因素共同作用的产物，反映在相互关系上就是内在规定性对于外部事物刺激的敏感性和方向性。一种事物对于另外一种事物的不敏感或弱敏感，表示另一种事物的存在和变化对于这种事物的存在和变化没有或只存在某种意义上的弱影响。事物之间关联的方向性，是指一种事物与另一种事物在影响上单向或双向的特征。这种影响的方向性同样取决于事物本身的属性，即相互之间影响的敏感性或耐受性程度。在场的意义上，这种敏感性有时候是一种复杂的存在，经常成为未得到充分解释的内容。

关系链反映的是事物之间所存在的联系和逻辑，是指一个事物对于另一个作为问题指向的事物在主次多重关系及结构上所处的位置及相互关联逻辑。这里的逻辑，是对事物的内在规定性所决定和形成的事物之间的关系的一种表达，包括物质性关系和行为的意识性关系。一般而言，越是位于次级关系链，距离越远，因果联系或相互关系就越弱。

虽然在系统意义上，客观世界中所有的事物都存在着某种意义上的关联，但能够对一事物产生明显影响或构成因果关系的只是少数存在，即存在于已经发现的或者尚未发现的具有明显逻辑关系的事物之间，以物质、能量和场作为介质的一种关系。在这种关系中，极少数事物以某种特殊的难以为人知悉的方式存在着，例如我们尚未得知的物质以及它们的活动或场。但这种关系的存在会有一种明显的路径和方式，并多发生在最为接近的时空或系统结构概念上。这是我们认识事物之间关系的基础。我们无法想象，北京一堵墙的倒塌与杭州西湖中的一株荷花的长势之间有什么联系，也无法想象西湖边一个普通人的一个喷嚏与杭州闹市区的一场交通事故之间存在着什么联系，当然，我们也无法想象银行行长的面相与银行业绩之间会存在什么关系。在研究认识中，不能因为某种联系的存在而把这种联系当作一种因果现象甚至普遍性现象来看待。

链间距，指在事物之间形成相互关系的"距离"。事物之间的关系取决于认识这种关系的时空视角和空间域的界定。在无限意义上，事物之间的某种关系可能可以无限回溯，环环相扣，难以穷尽。在人类的认识意义上，事物之间的某种关系总是被规定在有限的时空值域范围和条件之中的。在抽象意义上，因与果也应该处于同等的层级上。一般来说，链间距越短，事物之间的关系越直接，越长则越间接。前者如"这个人脚下一滑打破了杯子"，后者如佛教中所说的"现世的境况是前世种下的因"等等。"果"的抽象范围越大，"因"的抽象范围也越大。判断这种关系是建立在对事物之间一致性关系的清晰理解基础之上的。

主导关系，是相对于一种状态、结果或目标而形成的原因或影响因素的决定性关系指向。结果或目标系统的时空指向不同，原因或影响因素指向的主从性也不同，从而所形成的主导与从属关系也不同，主次关系的转换就会发生。每一结果或目标指向所对应的原因或因素的决定性程度和路径可能是不同的，因为这种主从关系的形成需要根据具体的时间和空间状态加以识别判断。

复杂系统中结构关系的主从性、要素的重要性次序会随时空条件而发生转换或变化，在理论研究和实践操作上是一个十分重要的观念，但在认识上却常常被忽视。

从属关系，是因主导关系的形成或产生而形成或产生的关系，这种关系的形成从属于主导关系或者以主导关系的形成为前提。

例如，地震灾害可能引发海啸、洪水等次生灾害，海啸或洪水可能进一步造成其他诸多问题。人类行为不当可能带来严重的环境污染，环境污染可能引起生态恶化、人类健康受损、生产和生活用地减少等等；反过来说，生态的不断改善，使人类生活的环境得以改善，健康的自然条件得到改善等等。经济持续增长，人们的收入水平提高，物质生活条件改善，精神需求及层次得以提升，于是人们要求制度进步，社会文明程度提高。许多人和社会问题的解决或矛盾的缓解，都有赖于经济的持续增长。这些事例中就包含了主导和从属这两种不同性质的关系。

我想强调的是，在人类的认识活动和实践活动中，分清主导关系和从属关系及其在时空意义上可能的转换极其重要，它关系到在人类诸多活动中路径和方法的选择和决策问题，关系到与目标或结果相对应的效率、效果和效益等不同形成状态。

（二）事物的类等级及特征

事物的类等级及其关系

在认识上，物质和意识构成了人类面对的所有事物，事物又以其不同的属性、关系、状态和特征，或者要素、结构和功能关系特征等归为不同的类。然而，从类所对应的系统层次上，事物有大有小，有主有次，有高有低，相对而存。

宇宙万物，根据系统的观念，可以分成大小或高低不同的层次等级，有些是平行或并列的关系，有些是上下隶属的关系，形成一个整体。从类事物角度看也同样如此。例如物质事物和意识事物、有机物和无机物可以说是两种平行的概念，当然生物和非生物也同样如此，属于两类完全不同的事物。在每一大类中，又可以进一步划分为不同的等级层次。事物的类等级是就分类或特定系统而言的一种观念。类的划分，是人类认识事物存在的需要，是存在的一种抽象反映。

例如，从生物分类而言，生物可分为不同的类等级，包括域（总界）、界、门、纲、目、科、属、种。在靠后的每一级里，都可插入一个亚级，即门、亚门、总纲、纲、亚纲、总目、目、亚目、总科、科、亚科、总属、属、亚属、总种、种、亚种。其中，域是生物分类法中最高的类别，亚种是最小的生物单位。生物的相同科、目越多，共同点也越多。

这些不同的等级分类，本质上是在值域意义上基于共同特征或者差异的划分，从层次上把类结构相同的归为同一类，把类结构不同的归为不同的类。当然，事物的分类存在着多种不同的标准。

意识事物的类等级，是以有意识的行为为基础而构成的事物之间在系统层面上的归属关系，例如经济系统中宏观、中观和微观的不同层面，或者不同的集合关系。事物的抽象也同样存在层次性。但与自然学科所面对的非意识事物不同的是，经济意识事物的层级关系分三级：一是建立在经济量的统计核算基础之上的关系；二是建立在经济逻辑之上的经济事物之间的关系；三是建立在行为逻辑之上的导致行为发生的因果关系。第一级关系反映的是统计或数学意义上的因果关系，根据核算或数学规则形成，具有可量化分解性；第二级关系由认识主体依据经济逻辑而构建形成，有些可以量化，有些无法量化；第三级关系即行为发生的原因指向了更微观层面的因素，难以量化或具有弱可量化性。但是，统计或数学意义上形成的量化因果，是形式或表面的反映，在本质上都是行为的结果。导致相关行为发生的因集指向，才是真正意义上的原因。例如，国内生产总值与经济结构或者产业结构之间的关系，经济增长与投资、消费之间的关系，实际上只是一种价值量之间的统计核算关系，本质上都是全体经济主体的行为结果的反映。投资、消费等的改变会对经济增长产生影响。的确可以通过相关的政策来干预短期的投资和消费行为，但从可持续性角度来看，更重要的因素是市场供求关系的变化、收入预期的变化及生活保障水平的变化等。遗憾的是，许多研究，包括一些知名的经济研究，事实上都混淆了这两种因果在本质上的区别。当然，据此得出的对策也是表面的和形式的，在短期内的确会对结果产生影响，然而这种结果的改变不过是数量关系在时间和空间配置上的改变而已，并不涉及事物的本质。

我想强调指出的是，上述意识事物形成的几个不同层面的因果联系经常引起误会，确切地说，统计或数学层面的因果关系和行为层面的因果关系实际上具有不同的性质和意义。第一层面可以帮助我们通过比较认识到对于社会的意向性而言的状态一致性程度，然而，第二层面才是解决实际问题最为关键的也是最为复杂的重点之所在。而这一点在研究中明显被严重地忽略或忽视了。或许，许多人根本就没有认识到这一点。

事物类层级属性的同与异

每一级次的类反映了级次内全部事物的共同属性，但却不能反映其更高级次类事物的全部共同属性，这是类等级之间属性关系的一个基本原则。另一种表述是，全称陈述反映了类事物中所有具体事物的共同特征，但单称陈述却不能反映同类事物中其他个体的存在状况，因为抽象所对应的内容不同。例如，张三既抽烟又喝酒，但很长寿，并不意味其他人的境况同样如此；我们看到的每一只天鹅都是白的，并不意味着接下去看到的每一只天鹅也都是白的。

从认识的角度看，系统是由不同级次的类要素、结构关系组成的。类等级越高，共同特征越抽象，事物之间的差异性越大，例如万物；类等级越低，共同性特征越具体，事物之间的差异性越小，例如男人。原因是类所对应的抽象的事物或子类的范围存在差异。类事物的变化机理，就像编有程序的软件，由"类程序"决定。"类程序"，由类事物的结构及其复杂性决定。类结构及其复杂性不同，事物对应的系统复杂性就不同。系统的复杂性程度，既与其要素、结构之间的相互关系的类型特征相关，又与其所涉及变数的多少和可控性程度相关。结构越复杂，存在的变数越多，非线性关系特征越明显，可控性程度越低，系统越复杂。

意识事物中的类属性，同样取决于其系统要素和结构之间关系的复杂性。然而，与物质事物形成的客观基础不同的是，意识事物形成的基础是主观的，对应的是思维和行为表现的集合。主导前者的是自然属性或物质的规定性，主导后者的是心智属性和思维逻辑。我之所以认为社会经济事物具有科学所需的客观基础，是因为在时空意义上来说，人的行为所依赖的心智属性和思维逻辑，在生理和心理层面客观上也存在着某些一致性特征，即人的类行为特征和思维活动也是时空的或历史的产物。这是认知科学应该研究解决的重要问题。

（三）系统意义上的因果联系

事物的系统层面及其关系

从系统角度而言，系统结构由要素构成，形成要素之间的联系。要素自身也是一个系统，分别对应着一个子系统，子系统下进一步对应次子系统，依次类推。在不同的系统层面上形成多层级递进关系，形成多层次纵横交错的因果联系，例如生命系统的结构层次：细胞—组织—器官—生物体—种群和群落—生态系统—生物圈。

系统由要素、结构和功能关系体现。每一种事物的存在，都可以通过系统的观念和方式来认识反映。

但需要指出的是，系统的认识框架体系的构建，从概念界定到分类、抽象到具体的不同层次，都贯穿着一致性逻辑。否则，认识和逻辑关系就会发生混乱或混淆。

在客观事物中，超微观物质系统（如量子、光子等）的物理性质和状态决定微观物质系统（如原子、分子等）的物理状态，微观物质系统的物理性质和状态决定宏观物质（可感知的）系统的性质和状态。粒子构成原子，原子通过化学键形成分子，分子聚合成生物大分子，形成细胞器、细胞、组织、器官，最后形成一个整体。当然，微观系统的状态也受到其宏观系统状态的支配和限制。因此，不要把微观与宏观系统的状态对立起来和割裂开来，它们彼此之间处于一种动态循环。

我之所以将主观意识事物的发生源泉区别于客观事物，是因为现实中的意识事物总是在人既有的自然禀赋条件下发生的，并且这种自然禀赋通常无法通过物理方法即时或在短期内得到根本的改变。而从历史的进化角度看，我依然认同诸如思维或心智之类的属性是可以随着发展而变化的，包括遗传、进化和社会发展。

所以，在主观事物中，先天禀赋和后天因素决定意识和心智状态，意识和心智状态决定行为选择，行为选择决定事物的状态；微观状态的集合决定宏观状态。在微观主体与宏观环境之间形成动态循环影响。行为与制度环境之间的关系也是如此。社会进步是一个行为和制度之间的良性的动态循环影响过程，所以不要期望通过一种出自主观愿望的制度安排去彻底改变一种由来已久的群体习惯行为或者观念。"改革"能否成功或者取得成效，很大程度上也取决于制度的"改革设计"与社会环境条件或时机的匹配性。

此外，我想要指出以下两点。

1. 系统各层面状态或目标所对应的要素、结构关系或彼此之间的因果联系可能是一致的，也可能是不一致的。科学问题对于因果联系的指向，总是与其所想认识的系统层面及目标一致，并由一个与认识的目标相对应的核心逻辑主导、统领和归集系统所涉及的从不同视角或在不同层面形成的多种结论。如果把次一级或次几级的要素系统目标作为参照对象，就会导致逻辑的不一致，进而导致结论的错误。这也是整体与局部之间的关系。

2. 系统层面的现象或问题，经常需要从系统要素或更深层面的系统即其细分的子系统或次子系统中去寻找原因，宏观状态取决于微观状态，微观状态取决于超微观状态。高一级的系统状态不过是其低一级甚至更低级系统状态的集合表现。但同样不可忽视的是，微观状态的变化也受到宏观状态的支配和限制。所以，用系统"变迁"或者"演化"来表述它们之间的关系或许更为贴切一些。

即，在对待一个系统的认识问题时，在处理系统的要素、结构和功能的多层面关系时，认识必须统一归集到与特定系统目标相对应的核心逻辑上，为这一系统目标服务。但分析原因、解决问题则需要遵循核心逻辑，深入微观层面。

人类所要认识探索的类事物特征

特征，是一事物区分于其他事物存在的特点或外部表现标志，即"异"或"不同"，受事物所特有的内在规定性决定并反映，通过比较、概括和描述而成。特点则指人或事物的独特之处。

我们所要研究探索的事物主要是特定的类事物，是处于对所有的存在在全时空意义上的终极抽象和在个别意义上每时每刻都在发生的存在之间的事物。这些事物的特点是：（1）具有特定的问题和系统指向，大如宇宙天体的运行方式，小如细胞的分子结构等；（2）受到特定的空间、时间和环境条件的约束；（3）具有明确的研究意向性目标，如揭示事物的本质、发展规律和内在联系等；（4）有理论意义和实际的应用价值。对于科学研究而言，所有的问题都指向全称意义上的类事物，或对于同类事物的普遍意义的研究。

科学始于问题，科学问题是指人类在特定的知识背景下所面临的需要解决而尚未解决的问题或困惑，包括已有科学知识逻辑体系中所存在的矛盾现象。

科学问题的指向，是指任何一个科学问题都与实践中的具体问题相对应，或是人类对于某种客观事物及其现象在认识上所存在的困惑的求解，或是对于已有的理论应答的质疑或不满意的进一步探索。这些问题也同时是科学研究的事物。按照事物的不同属性特征，成为不同学科的研究对象。

科学问题所研究的，同时也是某一特定系统层面的事物。问题的系统指向，是指任何问题及其求解总是与一定层面的系统状态或目标相对应，科学研究的目标就是获得在特定的系统层面上的求解或应答域。同样是有关细胞的研究，从宏观、中观和微观及其进一步细分的系统层面来看，其科学问题的指向可能相同，也可能不同。同一事物在不同的时间、空间和环境条件下会表现出不同的问题指向和应答域。

明确科学问题的指向，这是科学研究的基本要求，是认识一致性的前提。

（四）事物之间关系的逻辑基础

事物间关系的形成逻辑

事物之间的客观关系包括：（1）物物之间存在的物理、化学关系，或者自然关系，经常通过物质、能量、场（效应）等及其转化或相互作用发生影响，形成关联；（2）生物之间的亲缘关系和生态效应，例如基因、遗传和生物链形成的关系；（3）人类行为和活动，包括学习、工作、生活等所形成的社会、政治和经济的关系等。

主观意义上进行相互比较产生的是比较关系，由主观意向性决定。

事物之间的所有关系，一定是通过介质并由事物的内在规定性决定而形成的，无论这种介质是物质意义上的还是意识意义上的。没有介质的关系是不存在的。我们尚未破解一些关系的始源，或是因为我们所采用的认识方式和研究方法存在问题，或是因为我们对介质的研究还有待深入。

事物之间关系的强弱，取决于彼此在系统关系链上所处的位置、距离、属性、路径、敏感性和影响力等，以及彼此之间的共生、竞合关系。

事物的属性，在这里反映的是在系统意义上事物相互间关系的作用功能，例如在复杂事物中，产生主导影响的要素（因素或变量）被认为是慢变量或序参量。

敏感性，是指一事物的变化对于另一事物变化的刺激或者耐受的反应程度，通常通过影响强度来反映。影响所形成的关系，一定发生在影响力的作用范围之内，并且存在着影响的路径。这种敏感性的形成和反映，取决于事物在广义上的自然性质和社会性质。

"蝴蝶效应"和共生、竞合关系

"蝴蝶效应"主要用来指万物之间所存在的广泛联系。蝴蝶翅膀扇动能够产生多大的"效应"，取决于这种扇动对于系统所产生的作用以及所引起的连锁反应。

事物间的共生、竞合关系，是指事物之间的相互依存程度，如相依、共存、互斥的程度。许多事物，既是相依的，又是互斥的，例如生态系统。

世界大战的真正起因，绝不是表面上所谓的"事件"，这些事件多数不过只是借口或"导火索"，积累已久的利益矛盾或恩怨才是真正的原因。经济危机的发生也并非仅仅由于表面上的因素，而是深层次结构矛盾和冲突累积的产物。

一种状态的稳定延续，总是意味着系统意义上结构平衡的延续，它的另一种表示就是"和谐"。但有时候，多重系统结构中某一要素的崩塌就足以导致整个系统状态平衡的崩溃。在自然系统中，系统状态的稳定性或者"脆弱性"取决于系统结构关系所反映的自然"秩序"特征。而在社会系统中，系统状态的稳定或者"崩塌"却可能因为一个"念头"或者一种"情绪"而发生，当然它同样取决于这个"念头"或者"情绪"所存在的秩序特征。

现实中一种事物的产生和变化，经常同时存在多种因果，但核心的逻辑主线只有一个，其他的不过是次级或更低级次因果链中的一种关系。然而，在许多时候，这一核心逻辑主线不易被发现，能够清楚准确地认识这条主线的人很少，甚至少得可怜。

从系统结构及其因果层次角度看，那些明显的因果，或者一事物与另一事物的关系，的确是形成系统状态（功能或绩效）的直接原因。但在许多时候，若要改变这种结构与功能之间的关系，却需要到系统要素更深层级的联系中寻找答案，因为表层的矛盾只不过是深层矛盾的反映。当然，是否可以通过表层关系的改变来改变其所对应的结果，取决于事物或者系统的属性，以及对于主要矛盾的识别。

所谓事物的主要矛盾，就是相对于特定的目标取向而言，在诸多矛盾现象中，一个事物之形成变化在理论与现实或者逻辑与条件之间居于决定性支配地位的矛盾。这是与事物之间的主次多层关系相对应的一个概念。

事物之间实际上经常存在着多种关系，科学研究必须依循与其问题及目标指向一致的关系去寻求应答域。

（五）"一果多因"和"殊途同归"

"一果多因"问题

理论上，形成一种结果、状态、现象的原因可能是多样的，存在着"因"在要素、结构关系上的多种不同排列组合和变化过程的可能。而实际上，对于一种已经形成或出现的结果、状态、现象来说，其"因"在要素、结构关系上只存在已确定的一种排列组合，它的过程也是确定的。

换一种说法，一种业已形成或者发生的结果、状态、现象，无论其系统要素和结构关系如何复杂，它的过程和结果必然是确定的和唯一的，其在时间和空间上的变化过程及内含的关系转换都是确定的，不可能存在多种解。其所对应的情况，必然只与一般理论上所包含的全部时间和空间所对应的其中一种要素、结构关系相对应，或者只与导致一种结果、状态、现象发生的多种可能中的一种相对应，而并非理论上存在的多种可能性中的任意一种。即，虽然你总是能够找到不同的理由或原因来解释某种事物，但对于一个既定的事实来说，其实客观的理由或原因只是其中的一种。能够打破一只杯子的方式有多种，但现实中导致一只杯子破碎的原因只能是其中的一种方式。

上述事实，可以称为"解释的确定性事实"。如果用其他的排列组合可能或过程来说明，都是牵强附会和不真实的。

当然，对于一种尚未形成或出现的结果、状态、现象来说，由于不确定性，要素和结构关系的排列组合和变化过程同时存在着几种不同的可能性。预见或预测的难点就在于客观上存在的不确定性和主观上的不可控性。"黑天鹅"和"灰犀牛"，指的就是不确定性所带来的风险。如果能够对不确定性有所把握，或者增强可控性，那么，预见或预测的能力就能大大增强。

认识和理解上述事实，对正确地解释和预测一种事物的存在状态的形成至关重要。例如，近几年来，我看到许多书研究总结或解释中国改革开放四十多年的成功经验或原因，或者围绕某一政策决策展开争论，因为缺少具有时空一致性的逻辑的支撑，许多观点和结论偏离客观。

"殊途同归"问题

达到一种目的或实现一个目标的路径和方法可以是多样化的，即"条条道路通罗马"，包括实现需求满足、经济发展、技术突破等目标，都是如此。这意味着在不同主体的时空禀赋条件具有多样性的情况下，以为只存在一个标准模式或唯一的路径和方式选择，是一种认识误区。

但这绝不是说，实践操作及路径和方式的选择就可以是随意或任意的。任何选择都会面临一定的约束条件，意味着不同的难易程度和成本代价，意味着不同的效率和效果。

只有搞清楚并根据事物的变化发展机理、机制、原理，结合行为主体的自我禀赋及外部约束条件、观念偏好等来进行动态权衡，才能有效地实现目标。

认识"一果多因"和"殊途同归"事实的形成并加以有效选择的依据是：（1）类事物在变化上的共同规律特征及其机理、机制、原理和一致性逻辑；（2）具体事物存在的内外时空条件。这是理论研究和实践操作首先应该解决的两个重要方面。与理论的形成不同的是，理论的应用总是需要面对特定的禀赋状况或时空条件。

在认识上，对同一事物在不同的层面或局部的探讨是有意义的，但它不能等同于根据问题指向、目标指向、系统意义开展的来自不同层面、局部上的答案，因为系统问题不是局部问题的简单、机械的叠加，它们各自的答案并不相同。这是系统论中的基本认识基础，也是我再三强调一致性逻辑之必要性的原因和意义所在。

四、事物变化的现象与本质

事物的变化，既发生在现象上，也发生在状态上，但所指有所不同。

事物的状态，是事物的存在所对应的状况和外部形态，是指现实或虚拟事物处于生成、生存、发展和消亡时期或各转化临界点时的形态或态势。

事物的现象，是事物的形成、变化（发展）的外部表现，包括物理的、化学的、生物的变化和社会的、经济的、技术的变化等。它们所对应的一方面是人的感官感觉、数据或信息，另一方面是事物的内在规定性。

物质事物的存在和变化所呈现的各种表现，包括量的变化和质的变化，总是对应着结构性量值意义上的数据变化，并可以通过对机理、机制的研究探索来解释。与之不同的是，社会经济意识事物的变化虽然也存在着量化意义上的数据变化，但贯穿质的变化中的"理"则是人的主观逻辑思维的构建。

存在和贯穿于事物形成和变化之中的"理"由事物的内在规定性主导，这也是现象之本质。物质事物的规定性就是物理、化学、生物的属性反映，社会经济意识事物的规定性就是人的逻辑思维的构建反映。在形式逻辑角度上，本质就是在定义域内说明现象出现的原因的对象。

事物的存在现象是事物的本质的反映。从具体意义上来说，现象与本质之间的关系是现象的各种外部表现与本质所对应的事物的规定性之间的关系。不同事物具有不同的规定性，并对应着不同的外部表现。现象和本质这两者所对应的内容及其相互之间的关系所形成的科学问题，就是科学研究的主要内容。

人类对于事物的存在现象与其本质之间的关系的认识，最初形成于感官的直接觉知，但通过这种路径形成的认识具有易谬性，一是因为人的感官的感知能力是有限的，是粗浅或粗略的，且是易谬的；二是因为现象存在着多面性而且具有蒙蔽性，人的感官难以分辨。

现代科学研究在已有的科学知识基础上，通过联想、推导和假设等方式，经过反复的实验、试验和仪器设备的分析检验，获得了关于现象与本质之间关系的更加客观真实的科学认识。这种研究方法的基本前提是：（1）现象（状态）所对应的概念（或变量）的可量化性；（2）事物本质所对应的概念（或变量）的可量化性。而且，二者都可以通过运用仪器设备重复实验或试验获得具体的量化数据。

历史地看，许多重大的发现或者科学理论形成的思想基础，是建立在科学家的观察、数据分析、知识体系等各个方面的系统关联及联想之上的。从方法论意义上看，实证主义方法论更多只是一种检验、分析的工具，如果缺乏一种科学思想的指导或合理的逻辑假设，它所做的就像是大海捞针。

在上述意义上，社会学科（特别是经济学科）所面对的意识事物，虽然其中不少在结果、状态、现象中也表现出可量化性，但这种可量化性因带有很大的主观性质而存在易谬性。更加关键的是，与这些现象对应的事物本质——行为选择及其决定因素——则具有明显的不可量化性或者难以量化性，因为后者涉及明显不同于自然学科研究对象的事物特性。关于此，可以阅读我的另一部著作《回归本位：论经济学研究的科学性重建》。

（一）事物的变化及其规律特征

事物的变化，在时间意义上是所有事物的存在状态表现，因为程度的不同而反映为量变和质变。变既是一种绝对的现象，又是一种相对的现象。日月星空，几千年过去，看似不变，实际上一直处于变化之中，只是相对于有限的生命，这种变化难以察觉或者可以忽略不计而已。庄子说："小知不及大知，小年不及大年。""朝菌不知晦朔，蟪蛄不知春秋。"其中就包含了因视野不同而导致的认识上的很大差异。

万物都存在变的自然机制，在时间上呈现出或快或慢的反映。这种变也意味着更新换代的自然机制，没有一种存在物可以摆脱"变"的命运。人类可以通过研究探索延缓一些事物的变化，但这种企图是有自然限度的。超出这种限度的物就不再是原本意义上的物了，它或是其他的人造之物，也可能是危险的"怪物"。之所以可能是"怪物"，是因为人类对此类人造之物的认识极其有限，并缺乏控制的十足把握，例如生物基因的重组和超高人工智能就隐藏着这种风险。

无论何种变化，无论简单事物还是复杂事物，都是事物的内在规定性在发生作用。从大类角度看，以物质为基础或要素的事物的系统变化主要取决于物质的结构层次关系；以意识（心）为基础的事物的变化主要取决于人的思维逻辑及其行为反映的结构关系。

事物的变化规律，是事物的存在反映在时间、空间和环境等在类一致性上的共同表现特征。例如，万物是一个抽象层次，各种类事物及个体指向的又是不同的层次及等级。事物的类等级越高，这种共同表现特征越抽象；事物的类等级越低或越具体，这种共同性表现特征就越具体一致。所以，当我们在谈论和探索事物的变化规律时，就势必涉及时间、空间和环境等方面的一致性问题。变化特征是一种始终与时间相对应的空间表现。同样，时间、空间和环境这三个方面的类一致性，也是事物表现出共同规律的基本前提。这三个维度的因素，既反映了事物的不确定性程度，又反映了可控性难度。即，当一种事物在这三个方面具有较强的可控能力或条件时，人类就可能依据事物的变化规律来服务自身；反之，这种事物的变化就具有较大的不确定性。

一切事物之形成和变化规律，都无一例外地表现在时间、空间和环境这三者之间的关系上，从量化角度看就是这三者的属性具体量化而形成的特定的数量关系，对应的是事物之间的某些不变关系或者内在规定性对应着的规则性表现。按照这种固有的关系或因果形成认识上的机理，事物与一定的状态或现象相对应。所谓不同的状态或现象就是由感官或分类标准决定的类的区分。其中，感官的区分经常是粗略的和有差异的，定性的区分取决于标准的界定，定量的区分取决于量化标准和仪器设备的精确性。

时间用以反映事物变化的快慢，空间用以反映事物变化的程度，对应的是自然或社会意义上的不同性质。同样一种事物的存在，变化的速率受到空间和环境因素的共同作用。水、冰、汽是水的不同存在状态，具体的变化形态取决于温度、气压和时间。而意识事物的存在状态，主要取决于制度和行为，涉及更多的因素和复杂的关系。

阈值是类事物所对应的量值区间或者范围值，阈值边界是事物从一种（类）事物变化成为另一种（类）事物的质变临界值，类阈值内事物之间的差异表现为阈值范围内量值上的不同，超过阈值边界则意味着事物性质或类的改变，例如酒与醋。物质事物的类不同通常意味着彼此间自然属性及其反映在物理、化学和生物学意义上的类差异。而意识事物的类不同通常意味着人类主观分类标准的不同。但不论是物质事物还是意识事物的变化，尽管具体的存在一直在发生变化，但在抽象意义上都是分类标准界定的结果。两者不同的是，有些可以量化区分，有些不能进行量化区分。

变化规律是一种时空意义上有规则的重复性现象或一致性特征，并与认识所反映的不同抽象程度相对应，例如生与灭，日出日落，花开花落，春来秋去，甚至盛与衰，等等。这种现象和特征普遍地反映在许多事物的变化中，而且在宏观、中观、微观及进一步细分的层面上形成对应，包括时间所对应的空间特征表现和空间所对应的时间反映特征。这些在不同时空意义上反映的规则性特征，经常与大、小不同的规律存在联系。其中，有些规律不过是特定时空条件下的表现，或者只是小周期现象。一旦时空条件发生质的变化或者不能重复，这些规则性特征就会随之变化或者消失。对于人类而言，极端意义上的宏观或微观的规律及其与其他一些规律之间的许多关系，是很难识别区分的。

事物的变化机制和逻辑

物的变化，既可以理解为时间赋予物的空间状态及性质的存在反映，也可以理解为由物的内在规定性所引起的存在表现。在认识上，它包含以下几层意思：（1）一切变化无不表现为物的空

间状态或性质的改变，包括形表和内在的改变；（2）一切变化无
不表现为物应随时间的内外空间性状而改变，是与时间相关联的
存在反映；（3）一切变化，都是由物的内在规定性所引起的在时
间上的反映；（4）通常，物的变化总是内在属性受到外在因素影
响后的存在表现。简言之，一切物的变化，在认识上都是时间意
义上物自身的属性及其与外在因素的接触形成的空间表现。这就
是物发生变化的现象和本质。

换言之：（1）"变化"表现为量值意义的"不同"，以及超过
类阈值边界的质的"不同"，有着不同性质上的"变异"；（2）变
化是绝对的，不变是相对的；（3）一切变化的起因，源自物内部
的"自性"和外部因素两个方面；（4）一切变化的差异性，取决
于物的自然禀赋及其所际遇的外部因素。这是有关变化的一般逻
辑陈述。

一切事物的变化，总是其内在规定性在一定环境条件下在时
间上的反映，或是与时间相对应的空间禀赋状态所发生的变异。
对于物而言，所谓的内在规定性就是物所具有的物理的、化学的、
生物的表现特征，反映了其自然特性在受到外部环境因素影响时
的空间状态。这种物的空间状态在受到外部环境因素的影响时不
断表现出新的东西，带来了所有的物的整个变化过程。

即，事物此刻的存在（主体的禀赋状态）+ 外部场所或环境
因素（空间关系）=事物的动态表现。

物及其在类意义上变化的规律性，就是物及其类自然特性在
受到外部环境因素影响时所反映出的共同的规则性特征。物的类
自然特性不同，其在同样的外部环境条件下的变化表现就不同。
个体之间所表现出来的差异，则是各自的自然禀赋、外部因素在
量值或者阈值意义上的差异所产生的结果。

意识事物在元本体意义上是行为主体对自我禀赋与环境条件

的认识判断在行为上的反映，是客观和主观两个方面因素的混合结果。在聚类意义上，意识事物就是全体主体行为结果的结构化反映，并与时间相对应，表现出空间意义上的变化状态及特征。一切意识事物的结果表现，都需要从决定行为主体的意识思维的诸多因素中去寻找和发现共同性的规定性。

意识事物的形成，虽然起始于主观，是主观行为的结果，但在认识意义上，这种群体或聚合意义上的事物因为涉及一些不可主观改变的因素，因而具有客观意义。社会经济事物之所以具有历史性，是因为这种事物的主观、客观因素都与特定的时空条件紧密相关。用现代的观念去理解过去，或者用过去的观念来解释现在，都会导致认识上的错误。

意识事物与物质事物的变化机理是完全不同的，各自由不同的规定性决定。在社会经济事物的研究错误中，许多都源自这方面的认识混淆。不清楚这一点，就无法洞明意识事物的真相，也就无法形成对于意识事物的科学认知。

事物的固有规律特征

事物的固有规律特征主要反映在：（1）事物形成和表现上的固有属性，如物理的、化学的性质；（2）与其他事物接触反应时呈现出的固定不变关系，如植物与温度、湿度、阳光和土壤肥力的关系；（3）在变化中所反映的规则性时空对应关系，如周期性。

物质事物的固有规律特征，即在内在规定性与规则性之间的对应关系，或类意义上的"同"，就是由物的自然规定性决定的类因果律的反映。在个体意义上，物质事物的固有规律特征则反映为某些具有可识别依循性的特征，核心是决定某种物的要素结构、影响因子及其相互之间所存在着的固有关系。我们不知道这种物理的规定性究竟由何而成，但是的确普遍地存在于自然世界之中。

物质的固有规律特征，就是它自身的属性在物理、化学上的规则性表现反映，自身及与其他物质的接触反应，以及在彼此之间接触的不同排列组合意义上的规则性关系表现。这种物质内在的规定性在与其他物质或者环境因素接触时所产生的规则性就使得认识具有可依循性的基础。

由物质构成的物体和场表现出来的规律特征，也同样如此，只不过在系统要素、结构和功能关系的表现上更为多样和复杂罢了。例如，物质和非生命物体的表现更为机械稳定，生命体则呈现出一种弹性或不同阈值带宽意义上的可变性。同样是生命体，微生物、植物和动物及其所属的细类之间所表现出来的规律特征在阈值带宽上也明显不同，这意味着不同类的规律特征在同质性和稳定性反映上的不同。整体而言，微生物、植物和动物的稳定性阈值带宽呈现出从窄到宽的分布，即微生物的类规律性特征表现更具有具体性和机械性，植物次之，动物的类规律性特征表现更具有抽象性。当然，生命体在各自细类及其个体存在的表现上，同样存在着差异。

自然物质和非生命物体不具有进化的特征，而生物存在着进化的特征。但归根到底，这些通过生物学基因遗传及受环境影响发生的"突变"都只不过是规定性阈值为适应环境以获得生存繁衍而发生的变化而已，例如对环境的适应和反映在生命周期中的阶段性特征，并不能突破物自身所具有的衰变规律。

人在行为表现上的规律性特征，不论是在类还是在个体的意义上，其因由都指向人的自然属性和社会属性上的禀赋，以及人反映在生理上和心理上的心智特征，而与生存条件和各种经历形成很大关联。其核心逻辑或许可以从人性表现中找到答案，例如由生存繁衍等而引发的诸多生物学的逻辑，以及由自私、虚荣心等而引起的诸多社会学的逻辑，它们各自对应着物理属性的共同特征或个体差异和心智属性的共同特征或个体差异，以及这些共同特征或个体差异在时间意义上的一致性类表现。所谓的理性表现、效用偏好等，应该与此相关。但从可重复性和可依循性特征来说，它们远比单纯地建立在物的物理规定性基础之上的事物要复杂得多和不稳定得多。

从另外一个意义来说，我想表达的是，人的问题是由人的自然属性和社会属性共同决定的，由此引起的诸多规则性，反映的是人类整体、类和个体的最终集合抽象，形成空间与时间关系上的不同排列组合的可能。这些排列组合之间的差异，有些发生在阈值范围内，有些超过类阈值边界。同与不同，都取决于分类标准的界定。在这个意义上，所谓"宿命"就是先天禀赋与后天因素无法摆脱阈值规定时所表现出来的人生轨迹和命运的状态，就像软件中的程序一样，由其物理属性所规定的核心逻辑主宰，虽然可以通过进化和内外条件的变化而发生若干变化，但总是在一定的阈值内进行。

不同类事物的变化机理，总是存在着因果逻辑的主线或基础。物象的变化特征由物的自然属性或物理属性决定，形成要素的、结构的和功能的关系；事象的变化特征，或由事的附着物的属性所决定，或由人的逻辑思维或心智属性决定。

物象的周期性变化是由物的内在规定性决定的。事象是否具有周期性变化特征，取决于事所对应的要素、结构及属性，以及是否存在着能够决定周期性变化的核心逻辑。当系统要素、结构及属性由物来主导，或者存在着一种主导事象变化的核心逻辑时，事象就具有周期性变化特征。周期性变化，是相对于事物变化的完整过程而言的一种现象。

经济事物也如此，例如，产品的生命周期现象，其核心逻辑是可替代性；企业的生命周期现象，其核心逻辑是市场竞争力的变化；产业的生命周期现象，其核心逻辑是产业比较竞争力的变化；国家经济长期增长的周期性表现，其核心逻辑是建立在竞争优势基础上的国家竞争力的变化，国家竞争力具有与其他竞争力不同的内涵。竞争力的核心就是成本控制和定价能力及其对供求关系的影响。与周期性变化现象相对应的是主导这种事物的核心逻辑，通过事物的核心逻辑，我们可以解释发生这种周期性变化的原因。[1]

事物的周期性和非周期性变化

万物都有自己的变化周期，生物如此，非生物也如此。然而，物的变化周期是显著不同的，有些十分漫长，以至于人类无法察觉感悟；有些十分短暂，稍纵即逝，才出现就消失，才生就灭，以至于人类甚至来不及察觉感知。当然，有不少变化周期是人类经常能察觉和感知到的。

人类对于自然和社会的存在变化之"知"尚不够，不仅因为人受自身寿命的限制或受利益的诱惑，在认知上具有短视或功利的特征，而且还因为宇宙浩渺，自然奥妙无穷。

所谓变化周期，就是一事物的存在变化的完整过程及其表现出来的阶段性现象特征。例如，物的聚散、生命体的从生到灭、现象的发生与消失等整个变化过程中出现了类共同特征。变化的周期性现象或其阶段性特征，都是认识对于存在的一种抽象，例如对人的一生所经历的儿童期、少年期、青年期、中年期、老年期等的分类定义，对应的是人在各个时期在生理上、心理上表现出来的不同特征，或者各自的变化机制、机理，成为人类科学研究的重要内容。

事物的周期性变化，用中国古代的哲学观点来看，就是大道

1　详见马良华：《大国现代经济增长的因果探源》，浙江大学出版社 2014 版。

在万物中的主宰表现。大道无形，却贯穿于万物变化之中，决定万物的生与灭、有与无。但在不同的类上，它是以"理"表现出来的，"理"就是"道"的不同的类规定性反映，形成抽象与具体的关系。"形而上者谓之道，形而下者谓之器。"事物的周期性变化，在形而上、道体上，反映为终极抽象意义上共同的力量和规律特征；而在形而下、道用上，则表现出不同的"理"。在认识的意义上，我们难以言说"大道"为何物，须借"理"和存在的各种具体表现来通达认识它。所以，对类的恰当区分、界定和选择比较，是决定逻辑一致性和研究结论合理性程度的重要方面。

通常而言，由较少要素（物质或元素）组成的物或体属于简单系统，由较多要素（物质或元素）形成的物或体就相对复杂得多。当然，物的类系统的复杂性程度，可能还与要素的种类、属性和结构关系等相关。例如，纯粹意义上物的物理和化学变化，包括动物意义上人类的生物学属性，具有相对的稳定性和机械性特征。普通动物的行为变化，其作用机制和因果关系要比植物复杂，当然，也会因所归属的类的不同而出现明显的差异。相比之下，人在无目的意识意义上的变化可能简单一些，人在有目的意识的行为变化上却会更加复杂一些，但其稳定性和机械性都只有在进一步的类细分意义上才会表现出来。这种差异，主要是因为有目的的意识具有较强的刺激反应性和时变性，还有就是因为我在前面所提到的在认识的效用满足上所存在的差异。

同类中个体之间的生命状态或者周期变化差异，是由个体的先天禀赋、后天环境条件的差异共同影响而形成的。例如人的生命状态在完整的生命周期过程中的表现，取决于先天和后天的各种因素，包括基因遗传、后天营养、运动、压力、情绪、劳作、医疗、经历、气候、环境等等，最终表现为寿命的长短及其在各个生命周期阶段的健康状况。人类可以通过研究人的生长发育变化机理和因果逻辑，达到改善健康状态和延长生命周期的目的，但所具有的可操作空间弹性依然受到"道"的规定。

认识对事物存在的抽象，在类意义上，不论其所对应的具体主体是否发生变更，都不会消失。但作为认识的对象，因为时空条件发生了变化，事物存在变化的周期性特征在具体意义上也可能会发生变化。不同的是，在具体意义上，物质事物变化的特征具有相对稳定性，而意识事物的变化特征则更具有易变性。因此，科学认识对于物质事物的存在反映在时空意义上更为一致；而对于意识事物的存在反映却意味着需要不断重新研究。因为这两种事物的变化在时空一致性特征上存在着根本的不同。历史地看，科学所面对的许多问题都是相同的，如自然的、经济的、社会的、政治的问题，特别是其中的社会经济问题，但因为时空条件和涉及的具体内容及形态等发生了变化，所以需要重新研究才可能获得现实有用的答案。

在抽象意义上，无论是物质事物还是许多意识事物，在其连续性存在或系统变迁表现中，许多会反映出类周期性或所谓"倒U字型"变化特征，包括非生命物体聚散、生命物体生死的完整过程以及以具体内容和形态为支撑的事物变化，如一国的经济增长、一个产业的发展、一个企业的成长、一种产品的消长过程，甚或某些相互之间的对应关系，等等。所以，在认识上泛泛地声称"发现"这一特征，没有理论意义和实际价值。除非这种研究发现既具有时空条件的一致性，又具有现实的可依循性。

事物的存在是否具有周期性变化特征，取决于事物的形成要素、结构及其属性。物质及以物质为基础构成的事物都有周期性变化特征，包括一些社会经济事物。而由非物质或纯意识要素构成的事物既缺少周期性变化的具体形态表现，也缺少逻辑上的依托载体，无形无态，即生即灭，因而是非周期性的。

　　经济事物或其发展特征总是会随着这些事物的主体、客体的变化而变化，存在着相互之间的因果逻辑。特定事物的连续变化，有些须从比较长的时间来观察周期性变化现象，有些则在短期的连续变化中就会反映出周期性特征。周期性变化现象的基础，是时空意义上物质的变化和社会群体主体行为特征及心理的变化。对于后者，与经济行为选择特征相对应的是约束条件、偏好和心智状态的变化差异。在现实世界中，经济增长、产业发展和产品的生命周期现象，就是一国或地区经济主体行为选择的约束条件、偏好和心智状态变迁的整体反映。

　　我想阐述的是，事物的变化尽管看起来是如此不同，但总存在着一些共同的规律性特征。周期性变化就是其中的重要特征。许多看似杂乱无序的现象，从更大的时空视角看也存在着这一特征。

　　我们所面对的事物及其构成的不同系统，都属于同一大系统。由于时空维度的限制，我们所讨论的主要是有限界的系统事物与现象。宇宙万物都属于同一系统之下不同的系统层次，我们所研究的主要是同一系统之下不同层面的事物，每一层面对应着不同层次相互动态关联的要素，形成不同属性的要素或要素簇，成为相应系统的组成部分。每一层面的要素及其结构性状的形成都不是孤立的现象，系统的功能或者运行状态，就是由这些要素的性状（包括强弱程度）、要素结构的性状及其关联方式决定的。有些与人类的意向性相符，有些与人类的意向性相悖。人对事物的主动性干预和目标的实现程度，取决于人对于事物形成和变化之作用机理及因果逻辑的系统认识和把握。正确地认识判断和把握事物的变化特征和规律，才能事半功倍；错误地认识判断或者违背这些特征和规律，则会事与愿违，事倍功半。

　　正常状态事物的周期性变化，指类的大多数个体所表现出来的周期变化特征。个别意义上对于这种变化特征的显著偏离，被称为异常现象，只能代表某一个体的状态而不能代表多数个体的状态。以正常状态变化特征作为研究参照，便可对个体的变化状态拥有一个现实的判断。个体出现的异常现象，在相同的环境条件下，原因指向个体之间在要素、结构禀赋上的质的差异。

（二）主趋势及其波动

主趋势，是指完整事物在动态连续性意义上的一致性变化方向，是类事物的内在规定性在变化上的趋向表现。规律不仅是动态意义上时空一致性特征的阶段性反映，而且也是事物在整体变化上的趋势性反映。自然物质系统因为存在着物质的变化及其相互关系的客观规定性，所以在类和个体的意义上都存在着一致性的趋势，即主趋势。主导主趋势的是事物内部和外部两方面因素的结构性状。对于个体而言，即内在禀赋与外部因素的存在性状。

事物变化过程中的趋势经常是波动的，这种波动经常表现出小趋势与主趋势短期或者局部的偏离。正常意义上，波动所反映的小趋势本身也是由事物的规定性决定的，波动的差异反映的则是量值意义上的差异或偏离。主趋势中的偏离性的波动，反映出内外因素的相互作用使得事物运行变化发生了超过一般阈值边界的失衡，即事物内部或者外部因素的异常变化导致了结构关系在量值意义上的波动。而一旦结构关系发生阈值意义上的波动失衡，事物完整周期的主趋势便会遭到破坏，甚至发生系统崩塌。这是物质系统里我们经常可以看到的情形。

物质系统与意识系统的最大区别在于，正常条件下，物质系统的主趋势不由人的意志的规定性决定，具有很强的不可抗拒性。人类可以利用这种规定性和趋势有所作为，但无法在根本上进行逆变。意识系统是人类主观活动的产物，人是意识事物变化的主趋势的主要决定性因素。

意识系统的崩塌式波动所造成的后果与物质系统存在差异，其在理论上反映的只是主趋势短期的中断。当然这种中断也可能是长期的，或者对于人类的意向性目标而言是致命的，因为这种中断的修复是困难的，它涉及许多因素和复杂关系，面临着来自自身和外部的多重挑战；但也有可能经修复后重新回归主趋势。

另外，物质系统和意识系统在主导性结构和"逻辑"方面，正如我在本书中反复强调的那样，在本质上是不同的。前者取决于物质结构和自然的规定性，后者则取决于思维结构和行为逻辑。混淆这两者之间的区别，把思维结构和行为逻辑误以为物质结构和自然逻辑，将会导致致命的错误。

（三）事物发生变化的本质

本质是事物的固有属性，是现象发生的根本原因。但事物存在的本质需要通过现象、状态、关系和特征等才能得到表现。与其他认识用以反映存在的形式和内容一样，本质和现象也是认识所构建的产物，并随事物的分类而表现出"异"质性。本质与现象或者内在规定性与规则性表现之间的关系，需要认识去发现。

要素的特征

物质，是人类认识给予客观世界存在物的一种标记和赋义，是一切表象的载体。在哲学中，物质指在人们的意识之外独立存在又能为人的意识所反映的客观实在。在物理学中，物质是指构成宇宙间一切物体的实物和场。现代主流的科学观念认为，人类存在的客观世界是物质的，万物都由物质构成，所有的自然现象都可以还原归因为物质的物理属性。然而，物质是丰富多样的，我们对于物质的了解仍然十分有限，这导致了我们认识上的很大局限。我们至今尚未能很好地解释许多现象。

意识，正如前面我所提到的，是人类认识世界中相对于物质的一种存在，是反映客观世界的一种特殊存在。借助意识的存在，我与他物以及事物之间的联系得以区分。在客观世界中，撇开人类身体的物质存在，意识是一种特殊的物质反映和生命现象。世界是一种被人类称为物质的存在，物质不过是人类对于世界的存在的一种本质表示。意识是与物质紧密相关的一种存在，但仅凭物质并不能够带来生命意识的产生，除非我们对物质的界定发生改变。

一切存在都是不同物质或意识要素的排列组合的产物。物质要素是一切物质或物体在微观意义上基本粒子的无穷划分及其在物理、化学和生物学意义上的系统构成。意识要素，是人类及生物（甚或物）对于客观存在反映和反应功能的系统构成，是基于物的自然禀赋的功能反映的逻辑构造单元。

如果我们把"变化反应"视作一种生命现象，那么，一切存在之物都是有生命的。物的变化、反应是生命存在的反映，它们以各自不同的表现形式得以区分。生物体以繁衍和遗传区别于其他物，非生物体以聚散变化表现自己。

物以其构成的物质元素在类型、数量、质、结构关系等方面的不同以及性质、状态和功能等的不同而得以区别，生命之物与非生命之物以其变化特性及元始基础的不同而得以区分。如此这般的认识方式使得存在呈现在我们面前，成为我们的认识对象。一旦掌握了物的形成原理，人类就可能用人为的方式来生产它们。但自然之物与人造之物之间存在着本质上的不同，或者名同实异。自然万物是自然演化的天工妙作，而人造之物特别是人通过生物基因的剪辑重组而成的新物种等可能会引发人类的巨大危机，原因就在于人类在从事这类"创造"时对可能存在着的长期性系统风险隐患的认知不足。人类自以为揭开了存在或者生命之谜，却可能在无意之中打开了潘多拉魔盒。人的自负常常与无知为伍。

人类意识分为两种：本能意识和理性意识。前者是基于人作为物的类自然禀赋特性，后者是基于有目的的行为的理性特性。理性的含义会因事物类型的不同而呈现差异。与物作相对应的区分，这里我们特指后者，即有目的之行为的意识基础，它构成一切人之行为选择的逻辑和因果，是一种思维方式和逻辑要件。

在现实中，理性意识也即思想意识，因为理性不过是对目的的指向性和行为的倾向性的一种描述定义。但在实际意义上，理性所反映的内容是多样的和相对的。即，从抽象意义上看，理性是一种对行为目的指向和倾向的描述，它总是反映行为主体在效用偏好上的自利性和独立性。而在具体意义上，理性总是个人的理性，纯属个人的问题。因为各行为主体对于理性的理解和效用偏好是不尽相同的，所以，理性实际所表现出来的行为选择也是差异化和多样化的——包括自利的和利他的或者随附的和独立的——完全不同的取向，所以，与思想意识并无二致。

物质的规定性，起源于物的自然属性——物理的、化学的、生物的属性，对应和贯穿的是自然关系和某些"只要A，就会B"或"只要那样，就会这样"的不变关系或者定律。虽然"A"或"那样"可能对应着丰富的内容，但始终存在着某些不变的关系和"理"。在"理"的作用下，这些不变关系使得输入变量与输出变量之间存在着多种因果关系。

人的行为之意识，起源于人的本能和理性，具有自然和社会的双重属性，是这两种属性的历史混合物。我之所以这样说，是想要强调行为之意识总体是变迁的或进化的，部分地通过生物机制，部分地通过非生物机制，如环境、教育、经历等。其中，环境和文化的影响最大。本质上，人的行为意识也是本能和环境的混合产物。

自然的"逻辑"和经济的"逻辑"各是一切自然的规定性和一切经济的规定性的总称，意味着在自然物质领域和经济领域里各自对应着许多具体的事物类规定性，但它们都归属于自然的规定性或者经济的规定性，经由各自的"逻辑"得以反映事物的特性。

能量、场和信息的分布与传递

能量，是物质的时空分布及变化程度的度量，是物质的运动和力的转换的量度，是物理系统做功的表征，是微观粒子运动的存在方式。任何物质都是能量的存在，运动产生能量也消耗能量，因而发生能量转换。能量使物质可能得到发现、测量和描述。在此意义上，能量是物质信息的载体，能量的强弱和测定能量的工具及方法决定了物质存在的可描述性程度。人的感官（眼、耳、鼻、舌、身、意）对色、声、香、味、触、法的反映，同样也是能量的表现。人类认知意义上尚未发现的存在，或是因为这种存在的能量性弱，或是因为人类测定能量的路径、手段和方法存在着问题。

场是物质存在的空间，是物质存在的一种基本形式，也是能量空间分布或微观粒子运动所发生的客观效应。场效应取决于空间存在物及其聚散状态的能量强弱，产生对于场内各种物质的不同影响。在物理里，场是一个以时空为变量的物理量。场可以分为标量场、矢量场和张量场三种，根据场在时空中每一点的值是标量、矢量还是张量来定。宇宙和世界就是由无数个不同状态和性质的场构成的系统。相对独立的场的状态和性质取决于物质的构成及其在时空变化上的特性。物质的具体存在方式既影响到场的存在状态，同时也受到场效应的影响，影响程度同时取决于物质本身和场的性质及状态。

场效应是一种系统效应，受到场内自然和物质之间的动态交互影响。其中，一些自然物和物质在排列组合上的变化，其影响虽然在短期内看起来不明显，但从长期来看可能导致场效应的显著变化。

信息，在物理的意义上是一种客观世界存在方式和状态的反映，包括物质、能量、场等的数据化或量化传递表现。在这里，信息只是指认识对物质、能量和场等在静态或动态上的反映。从广义来说，信息包括人类社会传播的一切内容，它包含了有关一切事物的客观和主观的内容。人类通过事物的信息化认识世界和改造世界，从而达到自身的目的。

物体之间的关系，除了直接的联系，如物理接触、化学联系、生物学联系、社会联系、经济联系等，还有各种其他无形或者隐性的联系。力、能量和场等都是联系的重要介质，它们以声、光、热、电、磁等不同的形式而存在，有的具有方向性，有的不具有方向性。信息则是对这些存在表现的区分性反映，是对事物联系进行数字化转换的基础。迄今为止，人类对于场和未知物质的认识依然十分有限，这使许多事物的现象以及事物相互之间的联系难以得到充分揭示。随着人类认识和探索方法、工具的发展进步，场和一些未知物质的存在效应将逐渐得到认识。这将带来对一些已有理论的修改和对所谓科技进步的反思。

客观信息的获得取决于获得信息的路径、方法和手段的适当性和准确性，例如仪器、设备等的发明和运用，是与人类对于事物特性的认识密切相关的一个重要问题。一切无法验证的主观信息，本质上是人类的信息加工产品，与其所传播事物的真相有可能一致，有可能相反，或者只是与传播主体的主观意愿一致或不一致的存在。

也就是说，客观世界的一切存在，理论上都可以通过物质、能量、场、信息和意识及它们之间的相互联系来反映。科学进步就是这些方面的不断深化和具体化过程的反映。

宇宙由无数个不同的系统、结构和关系构成，这意味着局部空间分布的不均衡。无数个不同的能量场和关系构成的结构，不断地进行着从无序涨落到有序自组织的平衡，经历着崩塌和重建、生与灭、增与减。在时间意义上，平衡或稳定，进而定律所反映的固定关系，都不过是相对的存在和描述。

五、事物存在的系统反映及其复杂性

科学认识想要探知的是与事物相对应的存在事实。一旦当事物所对应的存在事实探究清楚了，科学所想要认识的事物也就清楚了。

在现代的认识中，物质事物的存在都可以用要素、结构和功能之间的关系来描述，包括类事物在宏观的和微观的各个层次、各个方面的形成和变化。社会经济领域的意识事物，同样可以通过要素、结构和功能之间的关系来描述。但这两类不同事物的要素、结构和功能关系虽然同名，但各自的属性和形成特征并不相同。

（一）基本概念和意义

要素，主要有物质要素和思维要素，是认识用以反映一切存在的基本构件，是事物的存在不可缺少的组成。要素与一切用以反映事物存在的内容和形式、现象和本质的方式一样，都是认识构建的概念化、分类化、组织化和系统化等的产物。不同的事物，意味着有不同的要素表现；不同的要素，意味着不同的属性和功能特征及其在事物形成、变化和相互联系上的不同表现。要素可能是单一的，也可能是复合的，对应的是不同层面的系统；可能是有形的，也可能是无形的，对应的是不同的事物特性。各要素虽然"名"同，但却"实"异。

结构，是指系统各组成要素之间相互联系、相互作用的方式或秩序，即各要素在时间和空间上的排列组合的具体形式。结构关系，就是与系统状态相对应的要素在种类、数量、质量等上的排列组合形式或联系方式，或者从系统目标出发按照一定规则组织起来的要素构成和联系方式，包括整体要素的分布状况或比例和要素相互之间的联系方式。物质系统由物质要素及联系方式构成，意识系统由逻辑要素及思维方式构成。结构的形态表现和构建方式，取决于其构成要素的属性。

根据不同的标准及方法，结构可以分成多种不同的类型。例如，根据事物的不同特性，有物质事物的结构和意识事物的结构两大类，与微观和宏观意义上的不同层次、有形与无形、可量化与不可量化等相对应。根据系统结构的形成方式，主要有自然形成的结构和人工形成的结构，与自然的存在和意识思维的存在相对应。但自然事物存在的结构需要人类去探寻发现，而意识事物的结构则由基于理解的逻辑构建而成。

自然系统或人工系统，社会系统或复合系统，以及简单系统或复杂系统相对应的结构，在构成和联系方式上反映出不同的性质和特征。即，不同的要素构成和要素之间的联系方式，经常意味着系统功能的不同甚至显著差异，包括与功能相对应的诸如状态、结果或目标等其他不同的意向性指向，以及彼此之间形成的因果联系。

在构成的意义上，结构反映的是整体要素的分布状况或比例；在功能表现的意义上，结构所反映的则是要素在种类、数量和质量上的排列组合或联系方式[1]。一切事物的存在功能都取决于要素的分布状况或比例和要素之间的联系方式，即结构。当结构仅仅反映为要素的分布状况或比例关系时，不同的结构与功能经常属于同一事物的不同反映；而当结构还同时反映为要素之间的联系方式时，不同的结构与功能之间则形成因果联系及其时空差异。这意味着有些事物可以通过简单的要素配比就能达到功能目标，而另外一些事物则需要通过探寻要素之间合适的联系方式来达到功能目标。分辨和区分这两种情况对于认识不同事物的结构与功能之间关系的性质，在认知的形成和解决实际问题中至关重要。

要素之间的联系或联结方式，包括两层意思，即要素在系统中的相互关系和结构的形成方式。要素或变量之间的关系，在数学意义上分线性和非线性两类。简单系统要素间的关系是线性的，复杂系统要素间的关系是非线性的，对应着不确定性和多种可能性。结构的形成方式的不同，主要反映在要素或状态变量的阶数和回路的数量上。自然系统和社会经济系统多数是由高阶数、多回路的非线性反馈结构组成的。

功能，是一种事物或系统在作用、能力和效用及其在满足人的意向性需求方面的反映。功能既有客观性的指向，又有意向性指向；既包括物质性功能，又包括意识性和精神性功能。根据不同的角度和认识需要，与"功能"对应的有状态、结果或者目标、绩效等，它们同指而异义。所谓同指，就是状态、结果或者现象，以及目标和绩效或是其他不同的表述，虽然视角和衡量的方式、方法不同，但都可以通过不同要素在种类、数量和质量上的不同排列组合或结构关系来研究，包括构成的路径和方式及其在层次性、主次性和时序性等上的反映。

---

1 要素的联系方式是指把要素结合在一起形成系统的方式，具有多样性。

系统论是一种认识方法。我们所研究面对的事物，包括物质事物和意识事物，都可以通过系统要素、结构和功能之间的关系来认识。所有的要素、结构和功能的属性都取决于事物的归类，例如自然的、经济的、社会的、法律的、技术的或者物理的、化学的、生物的事物及其进一步细分。

需要区分的是，物质事物和意识事物在系统要素、结构和功能上的形成性质或存在属性是根本不同的，前者反映的是物质存在的客观性，后者反映的则是思维的逻辑性。物质事物的客观性具有理论上的可量化性和可测度性，认知的形成来源于"探寻"和"发现"；意识事物的要素和结构关系，本质上则是基于理解的逻辑构建的产物。如果一定要用"发现"一词，那么这种"发现"也不过是一种"新"的理解基础上的"逻辑构建"而已。在认识上，虽然我们经常会用一些相同的词语来表达某种意思，但实际上在涉及不同的事物或在不同的语境条件下，这些词语的具体所指却是不同的。如果我们不加以区分，就会形成似是而非的认识或错误的认识。

（二）对事物的系统反映方式

系统的功能取决于系统的要素和结构关系或者相互之间的匹配性，例如相消、相长或相生、相斥、相克，而不是源自要素的简单叠加。系统具有结构性、层次性、主次性、动态平衡性、自组织性、时序性和复杂性等基本特征。

系统中个别要素或子系统状态的恶化，会对系统的功能产生很大的负面影响；但个别要素或子系统状态的显著改善，却不一定带来系统整体功能的提升。另外，系统中的个别要素或者子系统状态的改善提升，在很大程度上受制于系统整体的状态和其他要素或子系统的状态。无论是有机系统还是无机（或机械）系统，都大致如此。

要素、结构与功能之间所存在的因果对应关系，在认识上通常是一个复杂的问题。这不仅与构成要素的分解和测定的难易程度有关，更与要素之间的联系或联结方式的破解、识别和梳理的难易程度有关。这带来了对我们所研究的事物进行系统功能改造方面的挑战。

在静态意义上，一种结构总是与一种系统的功能相对应。一种系统功能状态的形成，存在着多种要素排列组合的结构可能。在这里，结构就成为与某种功能状态或者不同的功能状态相对应的因由。

在动态意义上，系统功能状态的变化及其在未来某一时点上的表现是结构的连续性变迁的反映。简单系统的动态结构和功能由线性关系主导，复杂系统的结构和功能由非线性关系主导，并在要素的主从性、时序性上反映出动态差异。

简单系统在强可控和确定性条件下，结构和功能之间在关联上是线性关系，具有可重复一致性。而复杂系统结构的动态演变由于涉及多种要素在多个层次之间互动关联的复杂关系，使得对于系统功能状态的形成机理、路径和方式的研究探寻面临很大的困难。

系统结构与功能存在着对应关系，结构决定功能。结构相同，功能相同。结构与事物的系统功能表现相对应，有什么样的结构就意味着会有什么样的系统功能。但这里涉及以下几个十分容易混淆的认识问题。

一是结构的类型及其属性上的差异对其与功能之间的关系的影响。例如，物理结构、化学结构和生物结构之间的差异，或者无机（或机械）结构和有机结构之间的差异，自然结构和经济结构之间的差异，以及它们各自在要素、属性和层次关系上的差异，决定了不同类型的结构和功能之间的关系在认识上有着不同的复杂性表现，需要用不同的方式来研究处理。

二是我们是否可以通过结构的构建或改变来提升系统功能的问题。因为结构决定功能，所以就会有想要在比较、模仿的基础上通过构建或改变结构来实现意向性功能目标的想法。最典型和常见的例子，就是一种前沿的技术和精密仪器设备，或者发达的社会制度或经济结构形态。

我想要指出的是，对系统功能产生影响的结构，不仅仅是要素的分布或比例关系，更重要的是要素之间的联系或联结方式。这对于认识结构与功能之间的关系十分重要。

对这个问题的回答，我认为取决于要素的状态及结构关系形成的性质和难易程度。如果已知结构与功能之间的对应关系，并且对要素状态和结构关系的改变是可控易行的，那么就可以通过对结构的模仿来改变系统的功能。否则，如果要素状态和结构关系的改变本身就是一个复杂难题或者涉及许多深层次的时空因素，这种想法就行不通。自然系统、人工系统，或者经济系统和社会系统等，都是如此。即，对于简单系统，我们经常可以通过结构的分析、模仿和重构来改变其状态或功能；而对于复杂系统，我们只能通过研究慢变量和快变量及其相互关系或者要素的主从性和时序性，动态选择合适的作用点来推进要素状态和结构关系改善的过程，从而达到提升系统功能的目的。刻舟求剑或急于求成，大多只会得到事倍功半的结果。

我经常听到一些关于关键性技术壁垒、制度性障碍和结构性矛盾等问题的解决思路及对策研究的各种争论，包括重大的社会变革和体制改革，也听说过事与愿违的众多案例。如果说对同一问题的争论可以归因于视角、观念、立场和理解上的不同的话，那么失败的主要原因，我认为主要有两点：（1）对要素、结构和功能之间关系的认识过于简单机械，混淆了简单系统和复杂系统中的要素、结构和功能关系；（2）混淆了物质系统和意识系统中的要素、结构和功能关系，简言之，即把复杂的变迁或累进关系当作机械的关系来处理，把意识事物的关系当作物质事物的关系来认识对待。

另外，物的要素、结构和功能关系的改造取决于对物的规定性的系统认识，意识要素、结构和功能关系的系统改造则取决于行为主体的思维逻辑和行为选择。

三是对于特定的功能而言，是否存在着多种要素结构的可能性？换句话说，是否存在着多个要素的结构方式来实现某一特定或意向性功能目标？

我认为这是完全可能的。与一种功能、状态、结果或目标等相对应的，经常存在着多种结构的可能性，包括不同的要素构成或联系方式。从应用的角度看，这意味着达到某一意向性"功能"目标可能同时存在着几种要素的结构关系或不同的路径方式，包括关键性技术问题的解决和社会经济目标的达成。这为寻求更优的解决方案提供了可能性。在实现一种意向性功能目标的具体路径和方式选择上，我认为不存在唯一的"标准"模式。但必要前提是，我们需要理解、把握科学原理和发展规律，或者建立起有时空一致性逻辑支撑的发展理论，否则又会异化为盲目折腾。

综上所述，从系统的角度看，一切事物的功能或其他诸如状态、结果、目标、绩效等不同意义上的存在的形成，都可以通过要素和结构关系来认识，包括作为认识对象的事物本身及其所处的空间环境。但需要区分的是：（1）不同事物在要素属性、状态和特征反映上的不同；（2）不同事物在结构关系的性质、表现及其规定性上的不同。

事物都是由特定的要素结构特征来分类的，一种事物之所以与其他事物不同，是因为事物之间在要素结构特征上存在着分类差异。一种事物的形成变化之所以与其他事物不同，是因为事物内部的要素之间及其与外部因素之间的关系存在着不同，所谓事物形成发展机制就是事物在内在要素结构发生变化及受到外部因素影响时所表现出来的特有的作用方式和变化路径，或者内外要素之间的关联性与结果状态之间的对应关系。例如，物的内部状态的变化是一个取决于物的物理属性的连续累积过程，外部因素是导致物的状态快速变化的诱因。

另外，物质事物、意识事物的结构形式和功能表现的依据是不同的。

物质事物的变化，是基于物的物理属性、化学属性、生物属性，内部机制发生变化及受到外部因素影响时所反映出来的外部状态表现，或者是结构与外部表现所对应的动态表现。或者说，物象是由内部广义的物理结构状态决定、由物理逻辑主导的外部表现。

意识事物的变化，是人基于其心智属性及受外部因素影响时的行为状态表现。或者说，事象是由人的思维结构和行为逻辑决定的。

在要素、结构关系的性质和类型上，物质事物和意识事物各自存在的实际指向是完全不同的。

人们对于物质事物及其结构、功能关系的发现，是通过感官或借助仪器设备的分析测量由外及里形成的；而对于意识事物及其结构、功能关系的认识，则主要通过逻辑思维的分析由内及外形成。因为对于前者，"事物存在本身"需要一个发现的过程；而对于后者，逻辑思维就是"事物存在本身"。它们在要素、结构的形成和变化上具有不同的属性。

（三）复杂事物的系统特征

1. 复杂事物是认识想要反映的具有复杂性的事物，例如存在的属性、关系、状态和特征，机理和机制，或者规律性或可依循性，等等。

复杂事物之所以复杂，是因为它涉及多种因素、多个层面、多种关系、多种矛盾，并且相互之间存在着错综复杂的交叉重叠、相互作用或关联互动。在复杂事物中，对于特定的意向性状态或目标来说，因素、关系和矛盾的主次地位、作用或重要性位序会随着时空条件的变化而发生动态转换或变化，有的起到决定性影响，有的则无关紧要，有的此时不重要而彼时却重要了，有的看似不重要但在一定的条件下会产生重要影响，存在诸多的不确定性，因此给我们的认识区分和判断带来了很大的困难和挑战。

物质事物和意识事物中都存在着大量的复杂事物。在认识过程中，对关系的主从性和矛盾性、因素的主次性及其在转换上的时序性的识别和对不确定的变化的把握是难点和重点。

复杂事物对应的是非线性复杂系统，是具有高阶次、多回路和非线性信息反馈结构的系统。

高阶数，就是由状态变量的数目决定的阶数，一般在 4 阶或 5 阶以上，有些达数百阶甚至更高。

多回路，就是系统内部相互作用的回路数在 10 个以上，重要回路在 3 个或 4 个以上，分正反馈回路和负反馈回路；其中的一个或几个是主回路，用以决定系统内部反馈结构的性质及系统的行为。正反馈回路主要使系统离开某些非稳定平衡点，负反馈回路使系统趋向于一定目标。某一回路中的变量因素会受到其他回路的影响。

非线性，意味着系统中不同因素的组合作用不是简单的叠加关系，两个不同变量间的数学关系不是直线，其中一个微小的因素都可能导致无法衡量的结果，其反馈回路形成相互联系、相互制约的结构。

影响复杂系统状态变化的有两种变量：慢变量和快变量。慢变量，又称序参量，这种变量状态和系统结构状态彼此相互联动，既在系统状态的演变中起主要作用，又受制于系统的结构状态，例如生物基因、文化基因和习惯等。快变量，是一种独立变量，这种变量的状态在外部力量的作用下可以得到较快的改变。

系统的"复杂性不仅仅意味着非线性，还意味着大量的拥有许多自由度的元素"。

复杂事物对应的是复杂的耗散系统。例如生物系统（植物、动物等）的发展，微观意义上可以通过由分子、细胞等形成的非线性相互作用引起的序参量的演化来解释，用序参量来描述。它们有时是可测量的量（例如激光的场势），有时是定性的性质（例如模式的几何形式）。它们代表着真实的宏观现象的性质，诸如场势、社会或经济的力量、情感甚至思想。

复杂事物之所以可能被认识，是因为以下几点。

（1）在系统的意义上，一切事物都存在着与认识目标或意向性状态对应的核心关系或因果逻辑的主线，科学活动可以通过多层次的要素、结构和功能之间的关系和内外两个方面因素的归集统一来研究探寻时空意义上的"科学一致性"。同时，一切存在之物，都由其本性"目的"和"衰减定律""耗散结构定律"决定它的变化趋势。本性"目的"确定了万物存在的自然倾向，包括物种为适应新的环境而出现的历史"进化"；"衰减定律"和"耗散结构定律"则确定了万物变化的趋势和目的地。其他依附于万物的衍生的存在也同样如此。

所谓本性，对于生命体而言，就是物性、人性和社会德性，贯穿其中的是天赋的存在"目的"——物种的存续和繁衍。一切存在表现，物、人和社会，都不过是物性、人性和社会德性在不同的时空条件下的反映。其中，物性即自然性；人性是人的自然性和社会性的共同表现，又以自然性为基础；社会德性则是人类社会超越自然性的或文明程度上的整体表现，突出地反映在对每一个个体的生命权和发展权的普遍尊重和保障，包括自由、平等、民主、公正、关爱。

一定要知道，抽象的价值通过具体才能得到体现。这个具体就是存在者。

（2）在经验中，在事物本性"目的"和"耗散结构定律"的共同主导下，在类规定性作用下，同类事物会在形成和变化过程中表现出时空意义上的一些规则性特征，包括整个生命周期及其阶段特征。对这种类规定性与规则性特征之间在时空意义上的多层次对应关系的研究，包括发生同与异的原因，使人类得以增进对复杂事物的认识，也使认识可以舍弃掉一些具体的或次要的或非本质的问题而具有理论和实际意义。

任何事，就像种菜、养鸡，一要根据经验，二要依据科学。区别在于，根据经验可以"知其然"，而依据科学可以"知其所以然"，而且更准确有效。

2. 同样一种事物的简单性或复杂性，有时候取决于人的意向性目标或要求。意向性目标或要求低，就可能是简单事物；反之就可能是复杂事物。做事、做人都是如此。

同样是泡茶，它既可能是简单事物——用一定温度的水冲泡一定数量的茶叶，但也可以是复杂事物——要通过泡茶获得好的感官反映，就需要根据茶叶的特性，采用合适的水质、合适的水温、合适的冲泡时间、合适的茶具、合适的方式和顺序等来进行冲泡。对茶叶产品的特性、合适的水质、温度、茶具特性、时间、冲泡方法等及其相互关系等的认识把握，涉及与感官反映相对应的这些要素排列组合之间的不同因果关系，这就不是简单的事。干活做事，无不如此。

事物所对应系统的复杂性因要素种类、数量及状态属性和系统结构层次及联系方式的不同而不同，在不同层次的要素、结构之间形成动态关联和因果逻辑。系统运行所表现的功能或状态，有些与人类所期望的目标一致，有些则不一致。

3. 事物存在的系统性特征，还引申出以下意义。

（1）当我们在谈论、讨论、研究某一事物的时候，达成所指事物在系统层次上目标的一致性，或者明确各自所指的系统层次，是得到有用的结果的基本前提。

（2）以所指系统内个别组成部分（要素或者子系统）或以某种子系统运行状态为目标的观点或建议，即使符合客观原则，既可能有助于所指系统的运行状态或预期目标的实现，也可能无助于所指系统的运行状态或预期目标的实现。

（3）用以所指系统内个别组成部分（要素或者子系统）或以某种子系统运行状态为基础的实证数据和结果来理解所指系统的运行状态，如果不能正确理解这一子系统与其他子系统之间的关联关系及因果逻辑，即使符合客观原则，也无法给出所指系统层次的系统化合理建议。

（4）系统的运行状态，是由系统要素（或子系统、次子系统等）、结构按照一定的机制和"程序"运行演化的结果，不同的要素性状、结构关系形成多种不同的排列组合变化过程和结果。在不同的时空条件下，相同的结果可能对应着不同的排列组合变化过程，相同的排列组合变化可能带来不同的结果，这就是系统的复杂性。

（5）系统结构对系统的功能有很大影响。所以，对于简单的机械系统，人类可以通过结构的优化来提升系统的功能；但是，在复杂系统中，无论是机械的还是非机械的系统，由于结构的改造涉及多个层次的要素及系统结构的复杂互动关联，要素及多层次结构之间存在着多种排列组合的可能性，并对应着不同性质的结果，因此如果不能够清楚地理解系统的因果逻辑关系，想要通过结构上的优化来提升系统功能，这种主观上的努力通常需要付出很大的代价。

（6）系统目标或状态、功能的实现，需要系统结构及各层次要素、结构的统一，它不仅意味着要素要在多层次结构上与系统目标或状态、功能的达成要求相符一致，而且意味着关键要素自身的结构要与子系统状态或功能的要求相符一致。这大大增加了事物的复杂性。

我们对事物的认识存在着不同的境界，这是因为从不同的系统层面及要素结构出发，我们可以得到不同的答案并获得相应的因果认识。但就事物所对应的系统而言，只有与这一系统层面相一致的答案和弄清了系统各层次的主次因果的认识才是正确的和最有价值的。有必要指出的是，对这一系统层面的认识的获得是基于对事物系统结构和因果关系多层次的理解以及对事物变化完整周期及其因果逻辑的全面把握完成的。这一认识既包含了对于事物结构和因果的系统理解把握，也包含了对于事物结构变化在动态上的因果逻辑的把握，因而是对事物在空间、时间和环境这三个维度相互关系的全面理解把握。如果不是这样，我们对于同种事物的认识和理解把握就是局限的、不全面的、不深刻的，甚至是肤浅的。

（四）对结构、功能关系的认识误区

因为系统结构与功能之间存在着某种对应关系，或者结构决定功能，因此经常有人试图通过结构差异的比较，并进一步通过对结构的改造来达到提升或者改善系统的运行状态的目的。这种做法，在人为可控制的简单系统中可能获得较好的效果，例如简单的物理系统；而在复杂系统中很可能是徒劳的甚至是适得其反的，特别是在涉及复杂的社会经济问题时。

在复杂系统中，即使是在复杂的人工系统中，想要获得与特定状态、功能目标相一致的结构，也并非易事。因为系统的状态或功能目标不仅取决于结构关系，而且还取决于要素的性状及其相互之间的匹配性或协调性，例如芯片、航空发动机、医药配方等，或与经济增长绩效相对应的结构等，都是如此。如果要素之间不匹配或不协调，就会产生系统冲突，影响系统的功能。

结构与功能之间存在着对应关系，但有些结构可以人为打造，有些结构则无法在短期内人为打造而需要借助时间和自然的力量。前者如简单的物理结构，后者如自然和社会经济结构。

无论是理想结构的形成，还是这种结构所对应的外部环境，与一些成功的经验相比，都不可能高度地吻合或者具有可重复性。通过结构的改变来改善或提升系统功能，需要通过进一步的分类研究和建立更加系统合理的参照框架，如此才能有效地减少不确定的因素，提高成功的可能性。

例如，国家的经济增长绩效，由投资、消费和出口三个方面的状态及其持续性决定。投资增长取决于可用资本的数量和有效需求增长；消费和出口，取决于收入增长及其分配结构和产业的国际竞争力。这几个方面形成了国家供求两个方面的空间及层级。理论上，供求的层级水平越低，它们的拓展增长空间就越大；但能否转化为现实的拓展增长，取决于产业竞争力和有效需求增长。产业竞争力存在不同的层级，成本领先型、成本—定价能力平衡型和定价能力型，对应的是不同的要素禀赋结构及层次条件。

从系统角度看，系统的运行状态或增长状态，由供求的空间及层级、要素禀赋结构条件和运行的循环状态（结构之间的动态匹配关系或协调性）决定。要素结构之间的匹配性或协调性（总量、结构与层级）程度取决于系统的运行机制，运行机制取决于市场与政府的成熟程度，市场与政府的成熟程度及效率取决于制度，制度又很大程度上内生于系统各个方面的状态，在开放条件下受到外部环境的影响，而以上各个方面又互相影响。这是经济系统的第一个层面，这个层面的各个方面，包括供给、需求、要素结构、运行方式、市场效率、政府管理、制度、外部环境等，又可以进行进一步分层和深化，层层相连，环环相扣，互动关联，交互影响，形成多层级交叉、累积、关联的复杂关系。如果是基于国家这一层面，经济研究需要联系这一系统层面的状态、结构、运行方式及约束条件，以及各个方面的层级关联来探索突破口或寻求切入点，而不是孤立地在某一子系统内展开。

系统运行状态的价值，包含不同经济主体的不同主观评价——理想的或不理想的，好的或者坏的，想要的或者不想要的，等等。人类研究系统运行机理及因果逻辑的主要目标，就是希望能主动地进行调节控制和管理，从而达到趋利避害的目的。但人们必须明白，系统运行状态涉及要素数量、要素质量、系统结构及层次、关联方式等多种排列组合，还涉及时间、空间、环境条件三个变化维度，存在着多种不同的演变形态，分别对应着人类不同的期望状态。通常而言，如果无法认识系统的作用机理和因果逻辑，人类靠主观折腾能达成期望的概率是很小的。

六、经验事实及数据中所包含的信息和认知价值

经验是对过去发生的事情所形成的认知或判断。经验事实，就是对过去发生的事情所形成的陈述、记录和记载，包括语言文字、图像、音像和数据资料等。有时候我们也把对经验事实的描述、记录和数据统称为经验材料。其中，实验或试验数据、观察数据和统计数据等不仅是科学研究中的重要材料或资料，也是科学认知形成的最重要来源。

（一）事实的不同类型、性质和关系

认识上，我们所面对的有三种不同性质的事实，即客观事实、经验事实和科学事实。

客观事实是事物存在的本然或实然。不管人们对这些存在的认识如何，是认可还是否认，是否意识到它们的存在，它们都在那里，按其本有的方式存在或变化着，并与其他事物发生着联系。

如前所述，客观事实千变万化，丰富多彩。人类既无可能也无必要获知其全部事实，力所能及的只是在有限的时间和空间中获得对于存在的一种认识——与时间相对应的事物所指向的空间状态的抽象，或是空间状态在时间上的反映，特别是同与异的形成。人的一生乃至人类在其发展的整个历史中所能了解认识的仅仅是浩渺宇宙中万物存在、变化的微不足道的一小部分，从更高、更远的视角看，或许只是"一孔之见"。

一切存在事实，都是存在者的事实，包括事物、事件和事态等。所以，在绝对意义上，由于存在者是变化的，因此其所对应的存在事实也是变化的。所谓不变的事实，或者是反映为与时间对应的静止空间状态，或者是对于事物所存在的共同特征的认识抽象，而非"实在"。如果不清楚这一点，就会在科学研究中犯严

重的错误。

经验事实是人们通过观察、实验、测量等科学实践活动，借助语言文字、数据和数学的方式获得的关于已经发生的事件、现象或过程的描述、陈述或判断，包括人们通过感官获得的关于以感觉、知觉、直觉、表象形式呈现的经验和借助仪器、设备等手段获得的认知，即观察事实与实验事实，是通过文字、图片、影像、视频和数据等形成的材料。

经验事实或者经验材料是否包含科学信息和认知价值，不仅取决于其形成的时空条件或路径和方法，而且取决于主体的认知与判断能力甚至职业素养。一旦路径和方法发生错误，或者主体的认知判断能力和职业素养存在问题，经验事实所呈现的材料包含的信息就会发生错误，就不仅不具有科学信息和认知价值，而且还会产生误导。所以，经验事实及数据是否具有科学信息和价值，是否能够转化为科学事实，需要经过深入的科学活动才能确定。

科学事实是经过客观性检验反映的事实，具有可重复意义上的一致性。即，只要时间和空间条件一致，问题指向一致，对同种事物的认知就具有实验或实践上的可重复一致性。其对应形成的理论则具有可一致性解释、预测和可依循性操作应用的特征，支撑理论的是机理机制。

科学事实也是与科学问题相对应的一种客观反映。科学问题是具有认知价值的问题。所谓具有认知价值就是，这些问题的解决能够为认识事物的形成、变化发展提供一致性解释、预见并服务于人类实践。科学事实所反映的客观性，就是指科学认识活动所形成的成果不是单纯的认识主体主观构建的结果，而是通过了实践的可重复检验或得到一致回应。

从认识论角度看，科学事实是人类运用科学这种认识方式形成的事实。这种方式，是一种主观反映客观或者主观认识具有客观性特征的方式。从方法论角度看，科学事实是人类想要从一切客观存在中获得科学抽象的手段和方法的前提条件。

科学事实是人类认识对于客观事实的抽象反映，它是对作为认识对象的事物的问题指向进行事实探求的结果，而非全部事实。客观事实是丰富多彩的和动态变化的，而科学事实仅仅是对客观事实所包含的某些特征、类属性及其规定性的抽象反映，只反映了客观存在的完整信息中的部分信息。科学事实的形成，部分地来源于经验事实或经验材料，部分地来源于演绎推理等其他科学途径。科学事实也是有条件的，是与空间和时间相对应的，因而也是可变的和可错的。

科学事实是在人的逻辑思维基础上从经验事实中抽象而成的事实，具有普遍性和可重复一致性特征。即，在一定的假定前提或条件下具有可重复一致性。而经验事实只是人们对于过去的实践所形成的一种粗略的认知判断和信息材料，也是一种"其然"意义上的认知，它可能包含有普遍性和可重复一致性的信息，也可能只包含在过去有限时空条件下局部的或孤立的甚至错误的信息。这些信息，在现在或者将来可能继续有效，可能不再有效。

经验事实与科学事实之间的本质区别在于前者只是观察和实验在"其然"意义上的一种陈述、判断和记录，后者则是一种经过科学检验并具有科学依据或理论支撑的在"所以然"意义上的认知。

我想着重强调的是，科学事实主要通过对于经验事实及数据的归纳和演绎等途径而形成对于客观事实的抽象反映，或者通过理、数、象的对应关系来反映和揭示事物之间的联系，进而客观反映事物的形成、变化规律特征。而经验事实是人类对于历史存在的一种认识反映，包括经验判断、经验记录或经验描述、经验数据等经验材料形式。经验事实的价值和意义取决于存在的事实的性质与特征以及人类的认知手段和能力。经验材料只有在包含了科学所需要的有效信息或规律特征并具有可检验性时，才具有科学研究的意义和价值。

（二）经验事实转化为科学事实的前提条件

经验事实也是由人类意识反映的一种事物存在，包括观察事实与实验事实。从大类上来说，人类认识所面对的主要有物质事物和意识事物两类。物质事物依附于物而产生，意识事物依附于人的心、脑或者意识而产生，它们分别对应物质现象和意识现象。

物质事物所对应的经验事实的形成，有些来源于观察和记录，有些来源于实验或试验，有些则来源于统计和调查，是对过去或者已经发生的事情、事件或物质事物的存在所作的信息化和数字化处理。

意识事物所对应的经验事实的形成，是意识、思想活动或者思维等的反映，是一个思维的逻辑过程。意识事物的行为结果，有些可以形成数据或者量化，有些无法形成数据或者量化，只能通过描述记录、陈述或者主观定性来反映，具有很大的主观性，并且无法重复实验和测量。

也就是说，同样是经验事实，物质事物和意识事物的特性表现存在着明显的差异，它们的可重复性或可依循性不同。

在认识意义上，经验事实是人们对于业已出现或发生的事物的一种存在反映。它可能只是一种历史的或者仅仅是过去特定时空条件下的存在反映，也可能是可以继续重复出现的存在反映。

科学事实既包括历史意义上真实的存在反映，也包括经验事实抽象意义上的可重复一致性的存在反映，如形成和变化上的共同特征和规律性特征。

科学事实通常以众多的经验事实为基础，通过科学活动得以反映和洞明。但经验事实不等于科学事实。

经验事实能否转化为科学事实，同时取决于以下几个方面：（1）研究主体的认知水平和能力；（2）研究活动所采取的研究程序、方法和技术手段条件；（3）经验事实所对应的事物特性；（4）经验事实所包含信息和数据的真实性和全面性。

这个世界中有许许多多的经验事实，但直至近现代才获得了更多的科学发现。即使在现代，获得重要科学发现的科学家仍然数量极少。这已经足以说明上述的前两个方面。至于第三、第四方面的问题，那些不可重复或重现的历史事件或孤立事件，或者那些本身就不具有可重复一致性抽象特征和重复"概率"的事物，其所包含信息和数据存在问题的经验事实，都难以形成科学事实。

例如，历史记载中许多描述或者陈述或者论断，可能是真实的存在，也可能是不真实、不全面或者错误的描述或者论断。这些描述、陈述或者论断是否为真，是否具有验证或检验的价值和必要，以及采用什么验证或检验的方法手段等，同时取决于这几个方面的因素。对于纯粹意义上的非物质性孤立事件或者现象或者纯粹的人物事件、事情的记录描述和陈述，终究归于罗生门式的历史谜团而难有定论。

（三）经验数据的类型和性质

经验数据是人类开展科学研究活动的重要基础，也是构成和反映经验事实的基本材料。然而人类较为系统有序和细致的经验数据的形成历史，至今依然比较短。对于科学研究的需要而言，经验数据仍然不仅显得零碎散乱，而且缺乏精度和信度。所以，人们需要不断地通过观察、实验、试验、仿真或者模拟以及调查等形成新的数据以满足科学研究的需要。

另外，同样是经验数据，也会因其所对应的事物特性或者事质领域的不同，具有不同的价值。

经验数据的形成类型

在现代科学活动过程中，经验数据是在思想和专门知识的指引下，借助一定的技术手段通过观测、实验或试验、调查统计和监测等有目的的活动而形成的，特别是实验数据和调查数据。这是原始数据和一手数据的形成来源。

在经验数据的形成方式中，观测数据、实验（试验）数据与调查数据的性质和特征有着很大的不同。

观测数据通常是表面的、现象的或描述的，因而经常是非本质的或粗糙的和易谬的。例如，某路段过往车辆单位时间内密度的数据、区域空气中二氧化硫含量及变化的数据、景区游人流量的数据等，反映的只是一种结果、状态或现象，而非原因。

实验（试验）数据具有在可控条件下的可重复一致性特征，而观测和调查数据经常不具有这一特征，因而难以保证其真实性或客观性，因为人的感知和认知是易谬的。而调查数据的真实性不仅取决于相关当事人的主观意愿，而且取决于相关当事人对所调查问题的理解和认知。

实验（试验）数据主要通过仪器设备等方式在可控的条件下形成，在类意义上具有可控、可观察或可用仪器设备测定、鉴定的客观特性。这不仅保证了研究样本的类一致性，而且保证了可重复一致的实验条件，因此具有较强的客观性。而调查数据主要通过采访、座谈、监测统计、上报汇总等程序和方式获得，具有较大的主观性，难以保证样本的类一致性，相关数据的形成条件难以达到可控一致，真实性难以确定。

自然科学的实验（试验）数据，主要依据对物理量的测定量化，具有可量化的公制单位，可用标准的方法和不变的物理量进行测量计算。社会经济调查数据中所涉及的重要价值量数据主要依据价格（或利率、汇率等）这一可变的计量依据计算，其形成和分类主要由人主观界定而难以进行客观测定或鉴定，具有时间和空间上的不一致性。

　　自然科学中经验数据的形成主要来自观察和实验，经济科学中经验数据的形成主要来自观察、调查和记录。经验数据的不同形成方式和不同特性，使自然科学和经济科学中以数据为基础的众多研究结果的客观性程度受到了很大影响。

经验数据的归类和数量关系

　　可以说，任何现象的形成都可能对应着一种数量关系，但是某种数量关系是否反映与某种现象之间的因果联系，取决于与这种数量关系相对应的事物或变量之间的规定性逻辑或者机制。只有当这种规定性逻辑或者机制明确无误时，才能确定这种数量关系存在着因果性。否则，它可能只是一种随机现象或者孤立现象。

　　某种数量关系被确定存在因果联系时，有两种不同的情形：一是现象的形成及这种数量关系具有可重复一致性；二是可能这种可重复一致性只在某个连续片段或者阈值区间内存在。为认识后者的性质，我们需要对某个事物的完整周期有足够了解。

　　具体来说，以自然物质为研究对象的自然科学，对于事物形成变化及其关联、关系影响的实证分析，其样本与变量数据都带有客观测定的特性，例如相关物质或成分的测定以及作为样本的物的类一致性等，它的准确性程度取决于测定的仪器设备、技术手段和方法，有些则用感官就能识别。在可控性方面，只要不是复杂系统的事物，样本和实验条件都表现出较强的可控性，例如温度、湿度、时间、光照及其他条件等。

　　相比于自然科学，社会科学在样本及数据的同质性上却存在着主观性，对于相关事物类的界定、确定进而样本的选择都由人为决定。研究所需要的相关数据亦是如此。数据的生成、获得和统计，数据的归类、时间区间的选取等，都难以用客观手段确定和测定。例如，研究一个产业的情况，虽然我们可以事先确定这样一个产业的属性并对其外延加以界定，但一个行业之归属于这个产业的类，并不具有明确客观的界限，有时候它同时可以归属于不同的产业类型，例如某些农业加工产品的产值，可以归于农业也可以归于工业；再如，假如我们要以高新企业作为研究对象，我们只能根据统计归类或者外在形式（如名词中带有科技或高新，或者静态认定）来选择样本，而并不能确认这些样本确实能够在真正意义上反映高新技术的特性，或者这些样本仅仅拥有这样一种标签，虽然以前曾经"是"但现在已经不再具有这一特性。有关市场波动及交易、因果性、相关性等特征的分析所需的样本数据的选取与处理、时间区间的划分等，这些对于实证结果产生重大影响的工作都取决于研究者，选择的不同往往意味着结果的不同。在运用数量分析方法开展的经济科学实证研究中，看似相同类意义的样本经常仅仅具有表面的"名类"或者"标签"意义，但实际上，这些样本却掺杂了各种在时间和空间意义上属性不一致甚至很不一致的类型，不过是一堆"杂物"。于是，据此所得出的结果就很难反映出所研究对象的真实性程度。虽然在研究过程中，我们一般都会对样本进行筛选处理，但这些处理通常只是在十分有限的范围内进行，难以消除事物在同质性上存在着的明显缺陷。如果是这样，我们又如何能够从"一堆杂物"中抽离出具有普遍意义的结论呢？我们甚至难以获得对于事物状态在描述上的客观性。

　　从研究目的来看，显然，当研究的事物或样本中的个体特征存在着非同质性时，获得这样一类事物的客观信息及特征实际上是不可能的事情，就像我们想要获得大豆的信息特征，但其中掺杂了大量的玉米、土豆、麦子等其他的东西，我们很难准确地获得我们想要的东西。我们想要观察某种事物的特征，然而我们误把其他类型的事物作为观察对象，我们又怎么能够获得关于事物的真实信息呢？或许有人会说，我们应该首先对于事物的属性进行检验和筛选，以剔除与我们想要研究的事物不一致的事物。的确，对于自然物，我们可以借助感官通过直接的观察来区分，或者可以借助人类发明的仪器设备加以检测区分。但是，对于非物质事物特别是无形事物，我们主要是基于人为的标记或者表面的名词概念来进行判别。许多情况下，名词或符号标记所对应的事物并不一定具有高度的一致性，它们之间的一致性程度取决于统计者或者研究者的主观判断以及统计和核算的方法。对于这样一些事物，在数据处理中经常也通过计量的方法加以识别，以此消除异常或者明显不一致的样本，从而增强样本的一致性程度。但这种方法的有效性无疑是十分有限的，因为它只是根据数据的特征所作的处理，而非针对样本所对应的具体事物。

经验数据的性质及其决定因素

经验数据中所反映的事物特征的可依循性，取决于事物的类性质。由物理属性或弱心智属性决定的事物，表现出很强的可重复一致性，所以具有较强的可依循性。由心智属性决定的事物，其所涉及的心智属性元素越多，变数越大，不确定性越大，越不具有可重复一致性和可依循性。只有对事物严格进行时间和空间属性上的类约束，才能增强其可重复一致性和可依循性。

经验数据本身并不能自证其信息的价值和有效性。它的价值和有效性需要通过认识主体的认知判断以及依靠方法的科学性才能得到反映，需要在其所对应形成的认知或结论的应用中得到检验或证明。

经验数据是某些历史状态的量化或者记载、记录，是使一些经验事实得以描述的经验材料的重要组成部分。它是人类活动的产物，或者通过观察、实验和调查的路径或方法生成，或者通过测量、测算或估算、推算等方法形成。如前所述，经验数据是否包含有用信息或者价值，既取决于人及其拥有的技术手段条件、经验数据生成的路径和方法，又取决于它所对应的事物特性。经验数据能够反映什么样的信息或者逻辑，取决于经验数据的类型特征及其全面性、真实性和有效性程序。

经验数据中的信息和逻辑，就是经验数据所包含的相关或者不相关的作用或影响及其程度、因果或联系、一致的或不一致的特征，或者自然物质的逻辑、行为逻辑和语言逻辑等。

当然，不应忘记，经验数据同样具有层次性。每一系统层次都有其对应的数据，数据所反映的因果性质同样取决于其对应的要素（因素）在系统中的层次及性质。数据同样不过是其对应事物的量化而已。

在因果关系中，既存在着系统要素、结构与功能之间的静态联系，也存在着动态化的关系。其意义在于，前者反映了系统要素的分布与系统整体功能之间或者微观系统与宏观系统之间的联系，而后者则反映了纵向意义上彼此相连的系统状态之间的变化关系。决定这些纵横关系的是事物本身不同的规定性，例如自然物质的规定性、经济事物的逻辑规定性和行为的逻辑依据。这是任何规律性现象得到一致性解释和可依循应用的基础。

通常，运用经验数据进行科学研究时，还会面临着数量与质量的区分难题。相对而言，事物的数的量化比较容易，而质的区分和量化则要困难得多。但事实上，质的差别经常是造成结果状态差异的关键性因素。冠以相同名称或者标记的事物之间，尽管数量相等，但质的区别所带来的结果可谓天壤之别。同样是新的发现，是发明专利、著作、论文等，有的价值连城，有的如同鸡肋甚至垃圾，价值和意义截然不同。特别是在社会科学领域，事物之间经常难以进行客观的质的量化区分，难以进行客观折算，只能通过主观评价。而实际上，由于认知上的局限，又有几个人能够真正认识到一项具有很大价值的重要理论创新呢？

经验数据并不能够自然生成，它是人类有目的的意识活动的产物。人类想要获得经验数据，必须借助思想、知识、感官、技术手段和方法。即，这种量化是建立在研究者对于事物的客观存在的知识积累、某些先验思想和认识判断之上的，"假设"就是其中的典型代表。没有这种知识基础、思想和认识判断甚至想象等，摆在人们眼前的客观事实，通常不过是一堆杂乱无章的东西，其所对应的也是杂乱无章的数据。

经验数据能否有效地反映事实，是否包含有用或有价值的信息，取决于以下多个方面的因素和条件。

1. 经验数据所反映的事实的真实性，不仅取决于量化的手段和方法的科学性，而且取决于事物的客观性或主观性。

首先，经验数据中所包含的信息是否具有真实性，取决于经验数据是否全面、真实地反映了经验事实的数量特征，以及形成和获得这种数据的手段、方法是否具有科学性。若否，经验数据反映的就不是事实的真实特征，或只是事实的片面或局部的特征，据此得出的描述和判断就不可能是科学的结论。

一种物质事物之所以不同于另一种物质事物，原因在于其要素、结构和性质的不同。如果经验数据失真不全，就无法据以正确地判断、识别或区分物质。一种意识事物之所以不同于另一种意识事物，原因在于彼此定性归类不同。如果经验数据不能正确

地反映其所量化的意识事物的性质和类型，经验数据就无法正确
地反映所要研究的事物特征。

对于自然物质系统中存在事实信息的量化抽象与客观事实之
间的一致性或真实性，取决于获得这些数据的研究设计、方法和
仪器设备的适当性和精密性。

对于意识事物中存在信息的量化抽象，除统计意义上的数据
外，主要取决于研究者据以开展研究的知识积累、思想和逻辑，
以及获得数据的研究设计和方法的适当性，要求十分严格。

其次，经验数据的性质取决于经验事实的性质。只有经验事
实是真实存在的，并且在抽象意义上具有可重复出现的条件，那
么经验数据才可能包含这种信息，才可能从经验数据中抽象出可
重复一致性的特征。否则，经验数据所包含的信息至多仅限于过
去的存在或者历史状态，而无法在现在和将来中重复出现。

从一堆杂乱无章的物质中获得的数据至多只能反映这些存在
物的孤立信息或者特征，仅此而已。一个偶然的孤立事件所形成
的数据，至多只能反映这一事件的个别信息或特征，并不存在普
遍意义。

2. 经验数据只是经验事实的量化描述反映。这种量化反映的
全面性或完整性，取决于研究者、采集者对于事物的系统认知能
力、思想和量化技术，或取决于核算体系的合理性。一切数据的
形成，无不是研究设计者研究或调查活动的产物，无不是研究者
有意识的活动的有意或者无意的结果。

在自然科学领域，许多经验数据的形成来源于重复的实验或
者试验，研究者可以借助仪器设备的应用形成数据。但即便如此，
经验数据的价值仍然取决于研究设计者对于事物的系统认知能力
和思想。在社会经济领域，经验数据的形成主要依靠调查统计或
者统计核算的标准、程序及方法，数据的生成或采集、分类、处

理等都有赖于各个环节的主观因素。

3. 经验数据所包含的信息的有效性取决于经验事实的时空条件的限制性。

只有在时空条件可重复一致或者假设条件具有现实性的情况下，经验数据所包含的信息才可能具有有效延续性，即可重复一致的依循性。否则，即在时空条件不可重复一致或者假设条件不具有现实性的情况下，经验数据中的信息至多只是对过去特定时空条件下的存在状态的描述反映，或者对个别状态特征的描述反映，它或许存在着某些启发意义，但不具有可重复一致的有效性。

经验数据是否能够反映经验事实，主要取决于经验数据是否来源于同类事物，是否具有时空意义上的类一致性，即经验事实所对应的事物是否内含有固定不变的关系，是否具有时空条件可控一致情况下的可重复特征。如果经验事实所对应的事物并不内含有固定不变的关系，那么经验数据所反映的关系就无法在实际中实现重复一致。[1] 如果使经验事实得以重复反映的时空条件无法控制，那么"概率"意义上的分布也无法重复。

4. 经验数据所包含的信息，是特定时间和环境条件下事物所对应空间的存在性质和特征的反映。该信息的意义取决于：（1）事物的类归属；（2）事物本身的特性和理论知识；（3）是否存在可进行一致性检验的参照体系或诊断标准。

在逻辑的角度上，个别陈述无法得出类陈述，经验事实也未必就是真相。在统计意义上，对于事物共同特征或者规律性特征的认识抽象，需要建立在足够样本[2]的基础上。即使在拥有足够样本的条件下，经验数据能否反映事实的信息特征，也首先取决于样本是否具有类一致性，或者经验数据所对应的事物是否具有类

1　当然，在这种情况下仍然存在着趋向上的一致性可能。

2　足够样本仍然是模糊的概念。

的一致性，是否具有类层面的名与实的一致性。从科学研究的实证意义上来说，只有经验数据名实一致，我们才可能获得科学的认识抽象。否则，就如面对从一堆杂物中获得的数据，我们不可能得出具有普遍意义的结论。

经验数据是否包含有用或者有价值的信息，取决于这些数据的真实性和其所对应的事实是否内含有共同性、规律性或者一致性特征，或者是否存在着某些不会因为存在者（样本事实）的变化而改变的一致性特征。如果答案是肯定的，那就说明经验数据包含有用或有价值的信息，否则就说明缺少据以开展科学认识活动的价值和意义。

经验数据在样本及变量上是否具有类一致性，还取决于样本、变量的一致性是否具有可客观确定或测定的性质。自然物质领域多具有可客观确定的特征，而社会经济领域主要取决于主观的判断。这使得想要在社会经济领域的经验数据中获得有用或者有价值的信息，面临的难题与挑战很大。

5. 从统计或计量的角度来说，经验数据有多种分类，规定了不同类型数据的性质和特征，例如连续性变量和分类变量，以及按计量层次划分的定类数据、定序数据、定距数据和定比数据，按时间状况划分的截面数据和时间序列数据，按形成方式划分的客观方式和主观方式，按来源划分的观测数据和实验数据等等。

根据经验数据所具有的以上特征，孤立事件或者小样本数据所包含的信息，只反映个别意义上事实或者状态的数量特征，无法确定其普遍性。

在拥有足够样本和动态连续的完整数据的条件下，我们可以通过合适的计量方法从这些数据中抽离出某些相互关联的信息。但是，这些信息的真实性和价值，还取决于样本数据选取、研究设计、研究方法等的合理性。对事物存在表现因果逻辑及机理的揭示，还需要借助相关的专业理论和知识。

总之，数据中所包含的信息及其有效性，不仅取决于数据本身的性质，而且取决于认识主体的认知和选择的方法。数据本身并不能自证，需要通过最后的认知或结论的应用结果的验证。

（四）经验数据的认知价值

任意一堆杂物都含有可供量化的数据信息，包括状态及其结构分布等。但如果这堆杂物缺乏认识的价值或者包含其中的关系不可重复，那么，即使量化的数据真实可靠，这种量化的数据信息除了可能反映出这堆杂物的构成特征或状态外，也别无用处。我想不出还有其他的什么价值，更不用说是科学价值了。

那么，一堆由意识事物构成的经验数据如经济数据，又究竟意味着什么呢？

假如池塘里没有我们想要找的鱼，我们即使拥有很先进的捕鱼工具又有什么用呢？假如池塘里有我们想要找的鱼，但我们却没有可用的捕鱼工具，或者我们根本就不能确知有没有鱼，结果又会如何呢？或许有人会问，假如我们拥有探测和发现是否有鱼或者有什么鱼的工具呢？如果在自然物质领域，我们可以相信的确存在这种能力和装备，那么在有关人的意识行为的领域，除了通过我们自己的感知来理解这一最直接、恰当的路径和方法之外，我们至今尚未发明这样一种工具，它既能够帮助我们判断数据的真实性，又能帮助我们发现蕴含其中的真实关系。实际上，依靠工具和方法所得出的结论，无一不是基于研究者个人的认识与逻辑判断的结果。令人尴尬的是，即便是对于同一样本、同一命题的数理分析，甚至面对同一计量处理的结果，不同的研究者也经常会得出不同的甚至相反的结论。这种现象不仅经常发生在众多的一般研究者中，而且也发生在知名的学者中。有时候，运用数理工具与其说是想要发现数据中的有用信息，还不如说是出于形式上的需要或者想要据此来证明自己的观点。当然，这种做法是值得质疑的。

我所作的上述阐述，并无否定经验数据所具有的科学研究价值之意。我只是想要强调经验数据可能转化为科学结论的必要前提和基础。事实上，科学研究中的许多科学认知来源于经验材料及数据。

科学的目的就是发现和揭示客观事实的真相，特别是事物变化表象之下所存在的不变机理、机制或者规律性特征。科学活动通过归纳、联想、想象、演绎、检验等方式不断获得科学事实，并通过微观科学事实的联结、结构化等来深化对于作为人类认识对象的事物的认识。经验数据正是使归纳、演绎和检验等得以开展的重要基础材料，与人类所特有的认识逻辑能力一起构成了科学活动的两个关键方面。人类可以从这些众多的数据中发现事物的存在状态、相互联系的特征，并从中获得关于科学研究的重要启发、启示。但数据中存在的这些有意义、有价值的信息只有依靠研究者的专业素养才能被发现。

在我个人看来，全面、真实、有效的经验数据在科学活动中具有以下价值：（1）用于对状态及特征的量化描述反映，包括用于对结构或分布、关系和功能等的认识，帮助人们对事物状态及变化特征和性质进行判断等；（2）通过计算、测算和推算，充当比较和权衡选择的依据；（3）用以证明或判断关系的性质，验证一种描述、结论、判断与事实的相符性、理论的确证性等；（4）有助于规律性特征和因果联系的发现；（5）引发逻辑联想，激发研究灵感，帮助理清研究思路；（6）为检验所存在的关系、已有的结论或判断等提供实证和量化依据，提供分析、评价和衡量的理论依据、决策依据，形成科学认识的基础。即，合格的经验数据能够帮助我们认识和判断事物，理清思路，发现规律。

但上述价值的发现，取决于研究者及其运用的技术条件和路径手段。

七、总结

1. 一切所谓存在的反映或者认识用以反映存在的内容和形式，并非存在本身，而是因人类认识的需要进行分类标记和赋名、赋义，并用一定的方式"构建"而形成的，包括存在的"真相"或科学事实。我们并不知道客观存在是什么。

2. 事物既是认识反映存在的形式，又是存在得以反映的内容。前者指存在通过事物的形式反映出来，成为认识的对象，后者指认识通过"事实"反映事物存在的内容，形成认知。这使得"事物"一词的意义具有两种属性。

3. 一切认知所涉及事物的各个方面在内容与形式上的同与异，都取决于它们的类属性和抽象程度，包括自然的、社会的、经济的事物等以及它们的进一步细分。事物属性和特性的不同，意味着事物在形成和变化反映上内容和形式的不同。这也决定了对认识方法的不同要求。

4. 认识通过事物进一步把存在指向具体内容，从而揭开了笼罩在存在身上的面纱而使得存在变得清晰起来——属性、关系、状态和特征，要素、结构、功能，现象和本质，机理或机制等等。此外，认识通过概念定义和分类比较，将事物分门别类，层层深入，在科学这种认识方式的指引下，借助语言和逻辑，使丰富多彩、变动不居的存在在微观—宏观意义上得到具体化、层次化、有序化、组织化和系统化的呈现。

5. 对事物的一切认识，具体与抽象上形成的同与异，对应的是类的阈值或个体之间在阈值内量值的差异。阈值是类归属的上、下限内区间的概念，与类或变的"同与异"相对应。同类个体之间的差异，表现为区间内的量值大小或位置的不同。类阈值带宽就是上、下限之间在量值意义上的宽度。在认识的意义上，不同的类事物具有不同的阈值带宽，不同的抽象程度也对应着不同的阈值带宽。前者如物理学的对象事物的带宽远小于经济学的对象事物，后者意味着认识越抽象，其对象事物的带宽就越大，所包含的具体性就越弱。

认识抽象所反映的同与异，既与事物的特性相关，又与认识的需要相对应，但实际意义却不同。数学抽象，无论类事物所具有的阈值带宽如何，都是特定时空意义上的"中位"或"均位"的反映。数学抽象如果用以反映阈值带宽很大的事物，所形成的认识即使是正确的，也意味着实际意义的缺失。

6. 系统论作为认识反映存在的一种方式，主要通过以下三个方面及其相互联系来实现认识的深化和拓展：（1）事物的分类属性、关系、状态和特征；（2）系统要素、结构和功能关系；（3）先天禀赋与外部空间关系（环境因素）。

这三个方面理论上对应的是可以无限细分的微观系统和无限拓宽的宏观系统中相互联系着的多层次要素、结构和功能关系。

一切存在的认识（特别是事物形成和变化），都可以借助要素、结构和功能之间的关系来反映，包括个体的具体存在和彼此之间的关系，以及系统的空间关系。

7. 事物的属性、关系、状态和特征是认识反映存在的最基本的问题，但也因物质与意识事物的不同特性、具体与抽象的不同层次、时间与空间的不同视野而反映出同与异上的不同逻辑关系和意义。

所有具体事物的存在属性、关系、状态、特征等都首先需要经类指向的确定而得到具体化显现，从属于自然（如物理、化学、生物学）、经济学、社会学等及其类的细分而得到反映和区分，并根据具体的量化评估指标体系和定性标准而得到反映。例如，黄金的商品属性、投资属性、货币属性的确定，既取决于其自然属性，又取决于其经济属性。

8. 要素、结构所产生的功能，与状态、结果、现象或绩效同指而异义，也与主观上追求的目标同指。即，功能、状态、结果、现象的具体化反映取决于类归属（如自然、社会、经济等及其细分）的具体指向，而具体类指向上的功能、状态、结果、现象的形成或目标的实现可以从要素和结构关系上找到答案。

9. 本质是事物固有属性的反映，也是事物存在的内在规定性，是现象发生的根本原因。事物的表现及其相互之间形成的关系、状态、特征等都取决于本质，但本质需要通过事物存在的各种表现反映出来。

本质和现象同样是认识构建用以反映存在的产物，并应随事物的分类界定而表现出现象上的"异质性"。本质与现象或者内在规定性与规则性表现之间的关系，需要认识去发现。

10. 自然物质事物的形成和变化，在要素、结构与对应的功能、状态、结果及内外状况之间表现出许多机械性稳定的关系，在理、数、象之间存在着规则的因果性或相关性。

自然物质客观世界的存在表现，可以通过物质、能量、信息等来认识。物质是能量的载体；场是能量聚散所形成的空间分布；力、光、热、电、声等是物质运动时能量的不同转换形式；信息则是物质运动或能量转换所表现或传递出来的可能被感知、测知的东西以及在时空意义上可能得到的量化或描述上的反映。认识通过信息得以描述、反映事物的形成、变化的状态。

社会意识事物的形成和变化，虽然同样可以用要素、结构与功能、状态、结果等及内外两个方面状况之间的关系来描述分析，但不仅这些关系是相对的或逻辑性的，而且理、数、象之间的关系也是定性意义上的表现，即并不存在稳定意义上的不变关系。

11. 事物存在的变化，表明一种事物的存在在时间或动态意义上所表现出来或发生的"变异"，即时空意义上的不同。这种不同通过不同时点的状态之间的比较而显现，包括属性、关系、状态、特征等，也意味着要素、结构和功能上所出现的物理变化、化学变化、生物学的自然变化和社会经济变化等。所谓变化，也需要通过明确的界定和指向才能显露出来。这件事，这个物件或物体，这棵树，这条鱼，这座山，那头牛，那条溪，那座庙，那个地方，那个人……名或指向可能不变或相同，但彼时此时，其对应的事物存在可能已大不相同了。世界万物，变是绝对的，只是变的快慢或程度不同而已。

12. 一切自然物质事物的存在变化，包括生命体和非生命体，都由其本性"目的"即物种的存续、繁衍和天道赋予万物的"衰变定律"共同决定。前者确定了万物的存在依据，包括进化适应，使万物得以繁荣延续；后者确定了万物变化的趋势和目的地，使万物得以更新换代和保持平衡。二者形成往复循环。

13. 因果关系有涉及现象与本质的多种不同类型：（1）事物存在的内在规定性与规则性之间的必然关系，或"恒常"关系，表现为"只要A，就会B"，是事物存在的固有属性的反映；（2）连续性事件中先后相连事件之间的关系，可能构成因果，也可能是伪因果；（3）累积性因果关系，即一个事件的发生虽然看上去是与另外一个事件相关联，但真正的原因是系列事件的累积。

如果不对因果的先后性加以事先界定，如"先因后果"或"先果后因"，那么，一种结果的形成总是可以用不同角度的多种原因得到解释。这也是现实中对于同一事物的形成和变化在解释上经常出现争论、分歧或莫衷一是的原因。但只有在面对一种尚未形成的结果时，由于不确定性，理论上才会存在着多种原因可能性，即"一果多因"或"殊途同归"。而对于已经形成的一种结果，只存在着与之相对应的一种原因或"因集"。认识到这一点至关重要。

14. 复杂事物涉及多种因素、多个层面、多种关系、多种矛盾，并且相互之间存在着错综复杂的交叉重叠、相互作用影响或关联互动。在复杂事物中，对于特定的意向性状态或目标来说，因素、关系和矛盾的主次地位、作用或重要性位序会随着时空条件的变化而发生动态转换或变化，有的起到决定性影响，有的则无关紧要，有的此时不重要而彼时却重要了，有的看似不重要但在一定的条件下会产生重要影响，存在着诸多的不确定。

物质事物和意识事物中都存在着大量的复杂事物。在认识上，对关系的主从性和矛盾性、因素的主次性及其转换的时序性的识别和对变化的不确定性的把握是难点和重点。而使这种动态的主从性、主次性得以确定的参照依据就是系统状态的时空定位。没有这个时空定位，就无法动态区分关系的主从性、因素和矛盾的主次性。

从复杂系统而言，复杂事物对应的是非线性复杂系统，具有高阶次、多回路和非线性信息反馈结构。

15. 用物理主义的观点来说，结构决定功能，相同的结构对应着相同的功能。但复杂系统的结构不仅意味着要素在种类、数量和质上的不同排列组合或比例关系，而且意味着要素之间不同的结构方式，对应的是无数种可能性。要在其中找出或发现与意向性系统目标相匹配的要素排列组合和结构关系，对认识活动形成了困难和挑战。

与此相关的是，从开放的视角看，同一功能也存在着多种要素—结构对应关系的可能性。

16. 在结构与功能之间的关系中，需要注意区分的是对结构的理解。结构既是要素构成在比例上的反映，更是要素之间构成或联结方式上的反映。虽然就简单事物而言，特定的功能有时候只反映为要素构成的比例，但对于复杂事物而言，要素构成的比例经常只是与功能相对应的一个方面，真正构成结构与功能之间因果关系的是要素之间的联结方式。

17. 一切存在都是认识所构建的，可以通过要素、结构和功能之间的关系来反映。其中，意识事物的形成要素和结构不是物质性的，而是意识性的，是思维逻辑的产物。它或者通过行为反映出来，或者没有通过行为反映出来。即，意识事物也可以用要素、结构、功能之间的关系来反映，但属于逻辑的要素、结构和功能之间的关系。其与物质的要素、结构和功能关系的本质区别是，前者通过思维逻辑的要素和结构的构建来反映功能或状态，而后者通过发现或依据物质的规定性与规则性之间的关系来反映功能或状态。

18. 经验数据是对事物存在的一种量化反映。经验数据所包含的信息及其有效性，不仅取决于其所对应事物的特性和生成方式的可靠性，而且取决于利用、处理数据的认识主体的认知能力及所选择的方法的科学性。通常，你有什么样的认知或使用什么样的方法，就会得出什么样的结论。如果思路和方法错了，无论数据是否真实有效，都会得出错误的结论。

令人尴尬的情况是，在面对同一堆数据，研究同一个问题时，不同的人得出的结论经常是不同的甚至是相反的，在社会科学领域的研究中更是如此。这说明了利用数据来客观反映事物存在的复杂性。

　　关于数据，我们必须面对的事实是：（1）数据的真实有效性不能自证，需要在据以形成的认知或结论的应用结果中才能得到反映；（2）经验事实或数据是科学认识活动的重要素材，但既不是唯一的，也不一定具有可靠性或成为证据；（3）认识主体的认知水平和逻辑思维能力在数据的处理、运用中起到了决定性的作用。

第三篇

科学认知的性质、特征和检验

断言的真实性取决于它的应用……规则的意义寓于它的应用……一切意义取决于目的。……真理必须受到运用的检验，必须经过检验和证实来表明自己有用，被应用于某些实际的认识问题。

——席勒《人本主义研究》

众妙之门

对科学认识论的

一个系统重构

一、科学的本质和特征

（一）科学是什么

查尔默斯指出，科学是一个基于可检验的解释和对客观事物的形式、组织等进行预测的有序的知识系统。[1] 威廉斯认为，科学是系统（可靠）的知识的有组织积累，其目的是理性的解释、预测。

《辞海》1999 年版中对科学的定义是："运用范畴、定理、定律等思维形式反映现实世界各种现象的本质的规律的知识体系。"法国《百科全书》中的定义是："科学首先不同于常识，科学通过分类，以寻求事物之中的条理。此外，科学通过揭示支配事物的规律，以求说明事物。"

然而，在我们这个时代，"科学"一词显然是被宽泛化地和没有节制地滥用了，就像是一个标签。为了标榜自己正确，似乎只要加上"科学"二字，或者打着"科学"的旗号就可以号令天下或大行其道了。的确，有时候人就是这样一种可笑和奇怪的动物。只要你给某些事和某些人贴上一个标签，例如"科学""正统""真理""正宗"等，再假借某种权威的方式不断重复，许多人便会信以为真，甚至连自己也相信了。当然，事实并不会因此而改变，并不会因为打上了"科学"这一标签就变得科学。

1　艾伦·查尔默斯：《科学究竟是什么》，邱仁宗译，河北科学技术出版社 2002 版。

科学是建立在一种独特的理念、程序和方法基础上的对于事物存在所反映的规律特征的探寻和认知，由认识体系、方法体系和知识体系构成。

科学活动的目的是探寻和发现规律并通过遵循规律服务于人类。由科学研究或探索发现形成并经过可重复一致性检验的认知称为科学知识。根据研究对象或类事物特性的质的不同所形成的不同领域称为学科，如自然学科、社会学科等及其进一步的学科细分。

概括地说，科学有以下特征：（1）科学来源于事物存在的本身或自然之内，而非之外；（2）科学是以科学方法为手段而获得的事实的抽象；（3）科学性与否可以通过可重复一致性（或事实）来检验；（4）科学是一定条件下的认知，包括被认识的事物所对应的时间和空间条件以及认识手段，是变化发展的；（5）科学是对事物的本质规定性在普遍意义上的存在反映或探求，而不是对事物表象的简单描述和判断。

科学以上述特征区分于其他诸如来源于上帝、灵魂、先验自我、绝对精神等超自然力量和一切威权的认知的形成。

（二）科学的本质

在本质上，科学是一种认识方式及其体现，是对存在进行的理性和客观的认识反映。

理性，就是指科学认识活动将探索追求事实或真相作为唯一目标的独立精神，"不唯上，不唯书"，不人云亦云，不随波逐流。

客观，就是指科学认知的形成不是依据凭空想象和主观猜测，而是基于在事物的存在中探寻和发现的证据。

科学认识活动的基本原则有两个：（1）在认识方式上，回到事物存在本身去寻找答案；（2）在研究方法上，用与事物特性相符的方法去探寻、发现和检验事实。

科学认知来源于客观事实，但只是对客观事实的一种有目的的抽象反映，它无法也没有必要反映全部事实。

科学认知必须是可以重复检验的，证实和证伪都是科学性检验的途径。但科学性检验是否符合客观事实取决于人类所拥有的检验方法和检验手段，因此也会发生错误。一些不能通过重复检验或者短期内难以获得检验的认知，虽然无法被认定为科学认知，但也不能被断定不会成为科学，它可能蕴含着部分的科学内容。因此，科学也是不断变化的，是随着人类的认识水平、认识方法、检验方法和手段的发展进步而变化增进的。

科学对于客观事实反映的性质，或者科学认知所反映的客观性程度，除了与获得这种认知的方法和手段密切相关之外，还与人们形成这些认知所据基的时间属性和空间属性密切相关。

所谓时间属性，一方面是指从什么样的时间长度或周期定位来观察，另一方面是指被观察和认识的事物具有什么样的时间或周期性表现特征。

事物之间存在着不同的时间属性，有些表现为短周期性特征，在较短的时间内便会反映变化的完整过程或周期，如地球上存在着的多数物质、物体或生命体；而有些则需要经过很长的时间才能完整地反映变化过程或周期，所以人类无法基于其短时间内的变化特征或表现获得这些事物存在的完整事实，以此获得的认识便可能是偏颇的，如对宇宙星空的认识。要知道，从动态而言，事物所具有的周期性存在着进一步细分的可能，小周期与大周期之间又存在着一致或不一致的相互关系及影响，这在具体的应用研究中需要加以明辨。同时，人类看到的仅仅是有限时间内的存在状况，并不确定这种状况在将来是否会发生改变。即使我们以前看到的天鹅都是白的，也难以确定以后不会出现黑的天鹅。在这一意义上，经验事实或数据所包含信息的指导意义或价值就取决于被观测或被研究的事物的时间特性。

所谓空间属性，在这里指的是观察事物的系统层面。对于同一种事物，从不同的系统层面观察所获得的结论存在着不一致甚至相反的客观可能。同一事物，从微观层面和宏观层面所获得的结论可能一致，也可能不一致；从局部和整体所获得的结论可能一致，也可能不一致。只有在系统层面的指向一致的情况下，结论的客观性才能加以判断。同样，事物在空间意义上也具有多层次性，并通过不同的层级和位序排列得到反映。就系统目标或状态而言，层次间的相互关系及影响也表现出一致或不一致的特征，这在具体的应用研究中也需要加以区分明辨。人类所认识到的系统层面是有限的，研究指向所对应的只是特定的系统层面及其目标状态，但许多情况下我们并不知道这对于更高层次的系统状态的影响是否一致。

所以，科学只是对事物的存在在特定的时间、空间指向上的一种认识探索，并不意味着完全正确，也不意味着固定不变。它只是在一定的时空条件下反映的"事实"。

从科学认识所据基的时间属性和空间属性来说，对于同样一种事物，时间指向或空间指向不同，结论就可能不同。基于短期得出的正确结论，从长期看可能是错误的；从局部或小系统得出的正确结论，从整体或大系统看可能是错误的。

认知的科学性既不以什么人做或说为标准，也不由认知本身来反映对错与否、真实与否或合理与否，而只能在其对象事物的存在表现中得到证明检验。那种认为只要是"科学研究"的事物都是科学，或者"科学就是对的、正确的东西"的观点，都没有抓住科学的本质，是对科学的误解。

科学渐成主流，大致起始于十七世纪的科学革命，至今大约四百年历史，而科学真正占据主导地位不过两百年。所以，尽管现代科学取得了很大、很快的发展进步，但相对于人类发展的历史，它的历史还十分短暂，人类真正获得的科学认知仍然有限，其中不少属于有限时空视野下的认识。许多我们自以为是科学的东西，可能并不正确。人类不可过于自负。

二、科学认知及其形成

（一）科学认知

科学认知是科学认识活动所形成及所需的知识、理论和方法等，特别是有关科学理论，科学事实的形成、检验和评估等方面的认识，是科学思维方式所获得的成果。

科学认知的对象就是我在第一篇中提到的"衍生的存在"，即以物质和意识为依托，根据认识的需要所构建或形成的在"有"的意义上的事物的属性、关系、状态、特征，或者要素、结构和功能关系，机制、机理或原理、道理……以及使得主观认识具有客观性的"事实"。具有科学特征的知识、理论和方法就是科学认知的反映形式。

人类对于事物的初步认识和理解，是基于可感知的事实之上的。这种感知，一是源于人类的感觉器官，二是源于意识感觉，三是源于知识积累和逻辑。从整体上来说，这种感知的正确性或者客观性，取决于人类的生物属性和心智属性，并随着生物进化和心智进步不断提升。然而，这也构成了人类的局限性，因为人类所面对的事物可能存在着人类难以感觉并获得或者难以证实的某些东西。这种局限也导致了事物变化发展中的因果逻辑关系链上的某些缺失，这些缺失或者会随人类的发现和觉悟得到某些弥补，或者囿于感知及认识上的局限而无法弥补。所以，基于感知事实的所谓理性，实际上也只不过是建立在有限时空或者有限经验事实上的残缺不全的东西。不同的是，类事物之间的稳定性程度存在很大的差异，因而类事物间的因果逻辑在可依循特征上也存在不同的表现。

我在前面已经对这一问题有所回答。需要补充说明的是，在完整意义上，人类所获得的认知的性质取决于所要研究探知的事物对应的系统层次和条件。认知是相对于特定的系统层次和条件而言的，来自其他系统层次和条件的认知通常不是同一研究问题所需要的答案。从这一意义来说，科学性是一个相对的概念。也就是说，如果按照宇宙万物所构成事物对应的不同系统层次来阐述，万物所具有的普遍共同特征是一个层次，其余的都归属于不同层级的事物类抽象系统。事物类的归属越抽象，系统层级越高，共同性特征越少；事物类的归属越具体，系统层级越低，共同性特征越多。一般而言，越抽象的认知，越接近所有事物的本质；越具体的研究，越具有针对性和应用价值。

因为科学认知总是与特定的系统层次和条件相对应，对事物的认识和理解也总是与事物所处的系统层次和条件相对应。所以，一种认知可能反映出在某一特定系统层次及条件下的科学性特征，但在其他更高的系统层面或在其他条件下可能不具有很强的科学性，甚至可能是反科学的。对于同一事物不同系统层面的要素之间关系的认知，认知的科学性表现为不同层面系统要素条件及功能在对应这一事物的系统目标时的一致性，即其子系统及更小系统的关联要素的功能状态和条件与我们面对的事物所对应的系统层面及条件存在着高度的一致性，这是认识复杂系统的基础。理论研究的任务，就是发现、揭示特定事物与其所对应的系统层面以及各层面关联要素之间的动态关系及因果逻辑或者运行机理，包括理、数、象三个方面；应用研究的任务，则主要是运用科学理论来解决特定事物各系统层面关联要素之间的不一致性问题或者如何通过使它们之间达成一致性从而实现人类目标的问题。

所以，科学认知是对于特定的条件、范围和系统层次而言的知识、理论与方法，它的适用范围取决于其所对应的事物的系统层次和条件。

科学认知具有局限性，不仅仅是因为这些认知总是特定时间、空间和环境条件下的产物，或因为时空条件可能会发生变化的这一事实基础，还因为人类所获得的所谓"事实"只是基于人类通过感官和推理所形成的有限知识的积累的加工物。实际上，人类感官所获得的经验不仅是有限或不完全的，而且可能是错误的。

明白了这一点，我们就无需为科学认知适用的局限性而感到苦恼和纠结，也无需在面对同一事物同时存在着诸多不同的解释时为如何选择其中可能的合理答案而犹豫苦恼，因为来自其他不同系统层次的解释或答案在根本上或许并不属于同一问题。

（二）科学认知的特征

科学认知的特征是普遍性、一致性和可重复性。正因为此，科学认知可以通过实验、试验甚至实践进行重复一致性检验。

1. 科学性所指的普遍意义通常是与一定的约束条件相对应的，是分类的、分层的和变化的。即在科学意义上，对于不同的时空约束条件，存在着不同的可重复一致检验的普遍性，并且各自具有不同的应用意义。

2. 可重复一致检验的普遍性，意味着只要事物的问题指向、系统指向或目标指向清楚一致，约束条件相同，科学认知包括理论所反映的机理、机制和原理就意味着具有可重复一致依循性，能够有效、一致地据以解释全部类事物，并能够据以有效预测甚至实践操作，为人类提供服务。这也是科学性特征。

3. 科学认知是一定时间和空间条件下的产物。这不仅是因为一切存在的事实都是特定条件下的产物，时空约束条件不同，事实也随之发生变化，而且还因为科学性的检验同样受到人类检验条件和检验能力的限制，以致一些科学认知可能因条件的限制而发生错误或者暂时未能得到检验而受到排斥。

出于上述原因，科学并不能保证其形成的所有认知都具有绝对的真理性。但是，科学却以排斥一些因检验条件所限而未能得到检验的认知为代价，在最大程度上确保了科学认知的可重复依循性或纯净性，从而排除了许多纯粹出自臆想、猜测、盲从、传说等难以得到有效检验的主观认识。人们应能从我的这一表述中理解科学的性质和意义。

因此，科学认知也是可错的、发展的和相对的。

科学之所以是相对的，是因为作为科学约束条件的时间、空间和环境条件是不同的，有些科学认知可能只是事物在变化过程中片段特征和局部事实的反映。空间意义上的类事物会随着时间的变化而变化，这导致了取自彼时的类事物空间特征事实的变化。例如，如果生物的进化是一个科学事实，那么很久之前对于某种生物的观察事实在现代就已经发生了很大的改变。这意味着类事物的值域发生了变化，甚至发生了超过阈值的质的变化；对于复杂事物而言，则意味着系统要素和结构关系的变化。换句话说，基于对事物存在的观察、实验等归纳而形成以及通过演绎推导而形成的科学事实，由于客观存在发生了变化，因此彼时的科学事实便发生了与此时客观事实不相符合的偏离。在这一意义上，科学认知也是一个动态适应的过程，当然这种适应的必要性取决于客观事实是否发生了质的变化。

对于事物存在的类特征的经验研究得出的即使是有限条件内的结论，其科学性仍然取决于事物在类意义上的时间和空间属性的一致性程度。理论的正确与否取决于其前提条件，它的科学性是相对于特定的时间、空间条件而言的，被证实和被证伪都仅仅是有限时间和空间条件下的科学性检验的结论，科学性也是动态的和相对的概念。实际上，人们看到的永远只是部分事实，或者只是自然的部分片段，甚至是十分微小的片段。从自然的角度看，事物的存在本身一直处于变化之中。今昔本不相同，相同的只是事物的类特征和现象。某些动物原来生活在水中而今却生活在陆地上，人类原始时代用树叶作为衣服，某些陆地和山脉原是海洋湖泊，古代曾经用贝壳当作货币等等，假如这样的历史都是事实的话，那么人类在不同阶段观察得到的事实就不过是特定时间和空间条件的产物。

（三）科学理论的构成和内核

理论研究及其目的和任务

科学的主要目标是揭示自然中不变的客体或它们所隐藏的本质，该目标在成熟的理论科学中得到了实现。科学的主要任务之一是建立关于原因与结果之间关系的理论体系，从而揭示这个实体世界以及它的根本特征。

什么是科学理论？

据MBA智库的定义，科学理论是对某种经验现象或事实的科学界说和系统解释，它是由一系列特定的概念、原理（命题）以及对这些概念、原理（命题）的严密论证组成的知识体系。

描述主义者认为，理论是一个省略或扼要地描述所观测到的现象的方法，可用一个复杂的或一系列的事实性陈述来表述。

激进工具主义者则强调指出，科学理论是人造的，绝非从经验推导出的概念体系。

科学实证主义者认为，任何一门纯科学都必须提出一种普遍适用的模型。如果目的是构建数学模型，就必须以纯科学的名义，探索该模型的经验适宜性。

此外，迪昂认为，科学理论是把实验定律集合起来的相关手段，理论并非仅仅通过陈述来描述定律。劳森认为，科学研究的目的是找出那些持久的本质、结构和机制；科学不仅要解释事件的规律，而且要揭示产生我们所经历的现象的结构和趋势。米塞斯认为，科学理论的目标在于一致性和严谨性、清晰性、准确性，有无可置疑的证明，并摆脱矛盾。

毫无疑问，上述观点是十分有意义的，从不同的角度描述了科学理论的面貌和特征，有助于我们更加全面清晰地来理解科学理论的本质、内容和要求。但这些观点都不够具体。

我认为，理论是一个由认识构建的组织系统。认识从抽象到具体，认识构建的组织系统也从简单到复杂。高度抽象即数学公式表达的定律具有简洁性，常用以描述反映某种或某些被规定的关系。但当认识指向有具体内容的系统时，其要素、结构、功能或状态、结果之间的关系等便有了层次性和复杂性，所对应的科学理论就是由指向特定科学目标的核心或主导性逻辑归集，并由多个贯穿一致的事实验证的解释系统。科学理论是一种用以解释或预测事物的形成和变化规律的知识体系，并具有可一致依循性的特征，科学活动以此来揭示事物的本质。而且，在不同的科学领域和不同的系统中，如物理、化学、生物、社会、经济等领域中，因为事物的形成要素、结构和功能的属性、特征不同，科学理论所表现的形式也不同，相同的是科学理论应该具有的特征。

理论研究的类型及其特征

在研究的内容上，理论分为以下三种主要类型：（1）科学认识论和方法论；（2）事物的机理类和逻辑关系研究；（3）因果联系研究。

在研究的抽象层次上，理论又可以分为以下三类：（1）超乎时间和空间的整体抽象，包括认识论、方法论和一般理论研究；（2）静态意义上对类事物的空间属性、结构、关系及特征等的研究；（3）对与时间相对应的类事物的空间特征的抽象研究，如对类事物的结构、关系及特征等的动态研究。

在研究对象事物对应的空间层次上，理论包括宏观理论和微观理论。

通常，理论研究就是对以上三种类型、三个层面在宏观、微观的不同层次的研究，重点在于揭示事物的规则性表现与规定性之间的对应关系，以及贯穿于事物的形成、变化或发展中的不变之理，揭示事物的本质。

定律是一种理论模型。如果说定律所反映的主要是一种固定的或规律性的关系，那么理论需要着重解决的不仅是对规律性现象和关系的描述，还有对这些规律性现象和关系之形成"机理""机制"或"原理"的有组织的系统阐述。由于理论所涉及的事物的可确证性不同，对于能够通过观察、实验、试验或实践等路径进行确证的事物，主要通过归纳—演绎的逻辑方式形成其机理、机制或原理；而对于缺乏前述可确证性或在时空意义上超出人类认识能力的事物，理论的内核主要通过假说来阐述反映，例如宇宙大爆炸理论和生物进化理论。两者之间最大的区别就是，前者可以进行验证，后者则难以进行验证。

理论假说是否与实际一致，取决于假设前提的真实性和演绎的可靠性。值得注意的是，理论的假设前提并不完全是"先验"的"猜想"，而经常是以观察、已有科学认知为基础的逻辑思维活动的产物，是经验与逻辑思维活动相结合的结果。理论假设反映的是对前提之"真实性"在认识上的不确定，即不能确实或肯定假说是真或假，所以基于假设前提的演绎推理也只是一种"假说"。当然，基于一个错误的假设，得到的就是一个与事实不相符的结论。那种认为假设的真实性不会影响理论的可靠性的说法是不符合逻辑的。

科学理论具有可一致依循性的共同特征，即可以进行可一致性解释，或可一致性预测（或预见）[1]，甚至实践上可以进行可一致性依循操作。从系统的意义上看，就是事物的存在在其要素、结构、功能的各个层次和关系上由一个核心的或主导的规定性或逻辑统一起来，换一种说法，即存在的大小事实间达成了一致。

这里，我要重点指出的是，人们可以通过不同的理论框架或系统体系来阐述事物的规律性和机理、机制或原理，但对于一种科学理论而言，唯一不能缺少的是可一致依循性这个特征。所有的科学理论都应该反映出这一科学性特征，尽管这一特征的表现方式又因事物特性的显著不同而呈现出明显差异。这是现有认识论和理论一直没有认识到的重要问题。

科学理论的要素、结构和功能

科学理论的要素，指的是科学理论的形成不可缺少的组成部分。

科学理论的结构，指的是科学理论表达的形式。角度不同，问题指向不同，理论的表达形式也不同。

---

1 之所以用"或"字来定义可一致性预测（或预见），是因为这一特征取决于理论本身的类型和性质，建立在假设基础上构建的理论不一定具有预测或预见性。

从科学理论的类型及其所想要达到的目的来说，我认为，科学理论的一般要素和结构是：时空约束条件＋命题（或问题指向）＋判断结论及一致性解释框架。

1. 时空约束条件指事物本身的空间禀赋及特性、事物所处的外部空间环境（空间关系）及特性，时间即事物的存在在区间或时点上的指向。也就是在什么样或假设在什么样的空间环境（或场所）条件下，某种事物在某个时点或区间如何诸如这般的意思。一切事实包括一致性的形成，都是不同认识意义上时空条件界定对应的事物存在的抽象反映。时空约束条件不同，认识所对应反映的事实也不同。

时空约束条件也是科学理论的基本前提。

2. 命题指确定认识所想要反映的事物存在之事实的具体边界或目标指向，或应答域的抽象程度对事物存在的范围和内容进行明确界定，常与"是什么""如何"或"怎样""为什么"等诸如这般的不同问题相对应，包括与前提相对应的一些假设。

3. 判断结论及一致性解释框架指对命题构成的问题指向和研究目标的应答，包括从前提和假设出发所形成的判断和系统解释，其一致性依据由事实或公理或逻辑构成。

一致性解释框架的内容主要由系列特定的概念、结构关系及其形成的机理、机制、原理组成，贯穿其中和作为支撑的是事实、公理和逻辑，是科学理论的内核。

科学理论就是这样一种经过严密论证的、具有一致性特征的知识体系。系统的一致性不仅意味着命题与应答之间，或者理论、假设、实验或观察结果与预测之间的一致性，而且意味着要素、结构、功能或状态、结果与系统目标在系统的多个层次关系中，获得了事实、公理和逻辑的一致性支撑。

科学理论的内核，即判断结论及一致性解释框架，包括不同事物存在的表现特性所对应的不同表述之机理、机制、原理，以及贯穿和连接其中的物质因果或逻辑因果，可以用空间意义上的多层或迭加的要素、结构和功能关系来解析，以此反映事物形成和变化的规律性。

所谓多层，指事物的内空间禀赋（本身）与外空间（场所/环境）因素的接触或联系，即形成事物变化或发展的"内因"和"外因"。

所谓迭加，指系统意义上的内空间、外空间或微观、宏观多层结构的交互作用。

之所以把事实、公理和逻辑放在一起，是因为它们之间的差异仅仅是语义或表述上的，在科学认知的指向上是等价的。由于意识事物中的事实或公理具有相对性，因此用逻辑一词更加贴切。

科学理论的功能，则是指其对于事物的形成、变化或发展所具有的可重复一致性解释、预测（或预见）甚至可操作依循，即可一致依循性。只要时空约束或前提条件相同，事物存在所表现出来的过程特征和结果就与理论所阐述的相符一致。

科学理论的功能主要有以下两点。

1. 科学理论提供或进行科学解释或阐释。科学理论应该为事物为什么是这样而不是那样的规定性提供系统的知识体系及一致性依据。

自然科学理论中的一致性依据由物质事物的核心"事实"来统一归集各种物质的规定性所形成的关系。经济科学理论中的一致性依据由经济事物的核心"逻辑"来统一归集各种不同性质的逻辑所形成的关系。

缺少系统一致性依据支撑的解释就不是科学解释，因为这样的解释往往意味着缺少核心"事实"或"逻辑"，主次不分。在这种情况下，与一种功能、状况、结果相对应的总是来自多个层面、多个视角的不同方面的多种解释，这就不难从中随意找到一种或几种答案给出解释，达到"免疫"或者"自圆其说"的目的，从而保护理论。但这种做法是似是而非的。它或许是科学解释的一部分，但不是核心的部分，也不是理论的科学性反映。

2. 科学理论为预测、预判事物的发展趋势提供科学依据。科学理论的核心是同类事物的系统一致性逻辑，其可预测（或预见）性及精度取决于系统和命题的类型和性质，取决于系统因素的确定性或可控性程度。

然而，理论的解释或预测功能在不同的科学领域也有着不同的表现方式。例如，经济理论的功能表现依靠的是原理、解释框架、核心逻辑、一致性等相对的方式，而自然科学主要依靠的则是定律、公式、定理、模型等绝对的方式。因为"自然种类的词汇是僵化的指定者：它们指代的是每一可能的世界中相同的种类。对于我们来说具有关键性意义的东西是这样的事实，即此类僵化的指定物被紧密地与基本属性相联系"[1]。经济事物则不同，经济事物是建立在主观行为基础上而形成的，每一行为主体都有自己的具体情况，行为表现在时间和空间特征上缺乏可重复性。

科学理论是一种用以解释或预测事物的形成和变化规律的知识体系。但它是开放的、多样化的，是非唯一性的。科学理论具有可重复一致依循性特征，但可以有不同的表达方式或形式。如果是这样，追求唯一性就会是一个错误。

综观历史上诸多论述科学理论结构形式的代表性文献，虽然角度和表述不同，但对科学理论结构所应该包括的要素指向基本一致，在有关科学理论的功能问题上，这些文献对于理论应有的解释功能观点基本一致，而对于预测（或预见）功能却存在明显

---

1 托马斯·A. 博伊兰：《经济学方法论新论：超越经济学中的唯名论和唯实论》，夏业良等译，经济科学出版社 2002 版，第 110 页。

分歧。一部分人认为理论应该也必须具有预测（或预见）功能，而另一部分人则认为理论未必需要具有这一功能。对此，我认为，这取决于理论的形成性质或所涉事物的性质。基于假设—演绎的理论假说通常不具有预测（或预见）功能，而基于事物全周期经验—归纳而成的理论则应该具有这一功能。

科学理论的内核

科学理论的内核是判断结论及一致性解释框架，支撑理论的是一致性逻辑。

科学理论的内核是"理"的阐述。在不同的语境下，"理"指的就是机理或机制、原理，因事物的类或系统属性不同而有不同的表述，都指向事物在形成和变化（或发展）过程中反映在系统要素、结构、功能或状态、结果等关系上的规律性。从严格的意义上来说，缺乏"理"之支撑的定律只能算"发现"而非理论。

道存于万物而理以类异。道就是天赋的自然规定性，无法言说其具体是什么；理就是变化之中的不变或者道在万物中具有可依循性的"显现"，可探寻，可描述，可认识。道和理相对应，本原与表现相对应，抽象与具体相对应，存在（客观）与认识（主观）相对应。搞清楚了理，就能够理解事物形成和变化的原因和规律。

与其他一切认识一样，理也有抽象意义上的层次性，对应的是时空意义上的不同的具体性。

科学理论所探寻之理，主要是科学认知形成和实际应用所需要的各个层面上的机理、机制和原理，或者道理——从物质到意识，从微观到宏观，从抽象到具体。

机制、机理、原理是事物在形成和变化过程中在要素、结构、状态关系上的规律性反映，对理的阐述就是对这种规律性关系的一致性解释阐述，也可以理解为对事物的内在规定性与规则性表现之间的因果关系的梳理或归集统一。因为从系统意义上而言，事物的要素、结构、功能涉及多个层面和多种关系，从不同的视角出发就会在认知上形成不同的结论，因此只有通过一致性才能实现多个层面、多种关系上认知的归集统一。换个角度，科学认知就是其所对应的多个层面、多种关系的存在事实的统一。

规则性表现是事物内在规定性的反映，包括一个事物自身的规定性及与其他事物接触后的反应，对应的就是要素、结构、状态或结果、功能所反映的相互关系，贯穿其中的是因果联系。在结构的微观层面上，规则性表现指向几个基本的方面：粒子、物质和物体；在宏观层面上，它指向时空要素、结构、状态，形成属性、关系、特征表现，由不同类型的相关性和因果关系串联，并形成不同类型的主次性，例如物质或要素的物理、化学、生物学属性、关系和功能以及因果关系的主从性，或者由自然、社会、经济、技术、法律等不同的属性规定的结构、关系和功能。

要素、结构、功能是分析、理解事物形成和变化的一种思路，意味着功能或者其他同指异义诸如状态、结果、特征或目标、绩效等的形成，不论是客观形成的结果还是主观追求的目标，都可以从结构和要素的存在性状中去追寻或探求。当复杂系统的某种功能、状态、结果成为追求的目标时，由于其经常存在不同要素的多种不同排列组合和关系，因此如果我们不搞清楚其与目标之间存在着的规律性或机理、机制、原理，不理清主次关系，困难就会很大。有些事物可以通过结构的改变实现目标，有些则需要通过要素（包括种类、质和量）及其排列组合方式的改变才能实现目标。这也是基础科学研究的重要性和必要性所在。

（四）科学研究的方法

方法论基础

科学方法是为实现目标而具体构建或选择的路径、方法、手段和程序等的总称。在"常规科学"中，科学方法对应的应该是库恩在方法意义上的"范式"。

1. 从广义上来说，科学方法包含了科学的认识方法和研究方法等全部内容，即方法论。但在这里，科学方法特指狭义上的科学研究中从具体到抽象、从抽象到具体时所涉及的所有方法的总和，包括：（1）归纳；（2）演绎推导；（3）用以检验的证实和证伪等，以及为实现研究目标所具体构建或选择的路径、方法、手段和程序等，包括求同、求异和确证、否证的各种思路，以及观察、实验、试验等各种路径，量化、实证的方式，运用逻辑和数学进行定性、定量研究的方法。这是在一般层面上对于科学方法的概括和罗列。

2. 具体到不同的科学领域，例如自然科学和社会科学及其包含的不同事物类型，科学方法在具体构建、选择和运用上就反映出了与事物特性或研究目标之间的匹配性要求，出现了差异性。例如，物理学在研究过程中常用观察法、实验法、比较法、类比法、等效法、转换法、控制变量法、模型法、科学推理法等，化学在研究过程中常用实验法、假说法、同位素示踪法、对比法等，生物学在研究过程中常用实验法、观察法、调查法和测量法等，经济学、社会学在研究过程中常用观察法、调查法、统计核算法、模型法、逻辑推理法等。

3. 科学方法还涉及具体的路径、工具和仪器设备的设计、创造和选择的问题。这几个方面的问题都很重要。例如，历史上许多重要的发现，特别是天文学、化学和生物学领域中的重要发现，多与认识思路和仪器、设备的创造及其针对性、灵敏性和精确性及使用上的正确性等有关。

以上不同的方法，形成了科学方法在抽象和具体意义上的不同功能和不同层次。

科学方法的构建、选择和运用的核心原则就是：要与事物的特性相符一致。特性即某种事物所具有的独特性质，即相较于其他事物的"异"的各种表现，并随着具体性而体现出来。为此，不仅要认识、区分和把握不同事物的特性，而且还要认识、区分和把握方法的功能特征，使得两者互相匹配。这直接关系到科学认识活动的效率、效果和效益。

科学方法的构建、选择和运用需要理论的指导，这不仅是方法本身在运用上的恰当性要求，也是科学研究目标所提出的要求。否则，科学方法就是盲目的，就像在茫茫的沙漠中寻找清泉，四处掘进却漫无目标。在本质上，方法只是工具，如果恰当地加以选择和运用，便能帮助人们达到研究目的；但倘若滥用或者不恰当地使用，就会导致错误的结论而与研究的初衷相悖。

事物的存在没有得到认识的反映，或者认知没有得到科学证明，原因有三：一是这种事物根本就不存在，纯粹源于胡思乱想；二是我们的研究思路错了，想要研究探寻B，却用了与B的存在方式完全不符的对A的认识方式；三是我们所构建、选择和运用的方法错了。后面两种原因，一言以蔽之，我们用了与这些事物的存在方式或特性不相符一致或不相匹配的思路、方法和手段去研究探索其存在。

其中的道理并不深奥难懂。如果我们的思路和采用的方式方法错了，不要说是对尚未得到认识反映的存在难以获得科学认知，就是对一株植物，我们如果不了解清楚它的生长习性，也难以栽培好它。

要避免或减少认知形成的错误或者无法得到科学证明的情况发生，方法论的确立以及具体技术方法手段的构建、选择和运用就需要遵循两个层面的基本原则：（1）以认识论为基础来构建方法论；（2）根据事物的特性来构建和选择与之匹配的方法。这也是我之所以要建立和系统阐述科学认识论的目的和意义所在。

定性分析和定量分析

认识反映存在的分析方法，主要有定性分析法和定量分析法。其他诸如历史分析和逻辑分析方法，本质上都可以归属到这两种方法中去。

1. 定性分析的基础是集合论和逻辑学，定量分析的基础是概率论和统计学理论，它们的共同基础是科学认识论研究，对应的是存在与认识在抽象与具体、时间与空间意义在不同层次上的名与实和同与异。

运用逻辑学和集合论来表述的理论经常把概念看作集合或范畴，并通过假设在概念之间构建起逻辑关联，构成因果的必要性和充分性条件。

2. 定性分析的核心是基于充分条件形成的众多研究假设。概念的形成、个案的选择和关系的演绎以及所有假设检验的定性方法都是如此。定性分析依据必要条件或充分条件得以构建反映和理解，包括密尔的求同法和求异法、重要过程追踪检验（如"箍筛检验"和"确凿证据检验"）以及所有的定性比较分析模式。

3. 定性研究中有的用因果推断，有的用诠释性方法；定量研究中有的用观测数据进行因果推断，有的则用实验数据。但是，无论是定性分析还是定量分析，又或是数据本身，都不过是认识用以反映存在的方法和手段，或者作为分析用的材料，不会自动地转化为理论或科学事实，也不足以支持理论。面对同样一种事物的存在或者相同的数据，不同的认识主体总是会看到不同的东西。任何一种科学认知或理论的形成都取决于人对事物的认知能力或逻辑思维能力，并且任何一种方法的有效性前提都"与所要研究的事物特性相符一致"，如事物是否具有"可量化性"及是否存在"可依循的一致性关系"。如果方法与事物特性之间不相符一致，就难以有效地达到研究目的。

4. 定性分析和定量分析方法各自适用于不同的研究任务或不同的研究目标。例如，定量分析比较关注总体分析和某个自变量在总体中的平均效应而较少关注个案分析，主要用于大样本分析以及有对称性质的关系；定性分析较多关注个案分析和某些特殊要素在个案范围内的效应而较少关注平均效应，主要用于小样本分析以及有不对称性质的关系。当研究同时涉及异质性研究任务或目标时，它们就可以相互结合和配合使用。

就分析方法本身而言，具体选择使用何种分析方法来研究问题，只存在是否合适或匹配的问题，而不存在优劣之分。

5. 科学认知的核心特征是"科学一致性"。作为一种方法和手段，无论是定性研究还是定量研究，都不会自动地达到这种科学一致性，都需要在成果中体现科学一致性，即，通过事实的检验来反映其科学性。

科学一致性的缺失，意味着针对性的缺失和随意性的泛滥。然而，遗憾的是，迄今为止的科学认识活动及其研究方法的选择和运用，大多数尚缺乏科学一致性的理念。这对科学研究的效率造成了很大的损害。

数学作为一种研究工具

1. 数学是先验的还是经验的产物？它的本质是什么？对此，哲学上存在着不同的见解。

我认为，数学是应实践和认识的需要而产生发展的，并且是先验和经验的混合物。这句话很难理解，因为先验与经验在传统的观念中是对立的。然而，实际上先验和经验不仅都是人为界定的结果，而且经常不易区分，就像投资与投机、理性与感性一样。

数学建立在逻辑基础上，有自己的语言、词项和法则。但从数学的发展历史来看，数学本质上是建立在人的思想和逻辑基础上的。

我们说数学是先验的，指的是数学可以在未知假设是否为真的情况下进行推演而提出一种未能得到存在验证的若干结果。我们说数学是经验的，指的是我们据以演算或推演的初始状况或条件，经常源自我们对事物存在的经验观察和认知。而现实中我们的观念又经常难以确切地区分或分离先验的东西与经验的东西。

2. 数学本质上是一种反映存在的空间形式和数量关系的抽象方式，它舍弃了内容或时空意义上事物具体存在的丰富性和差异性。我的意思是，数学是认识反映存在的绝对抽象，是形而上的；它有助于揭示事物存在的本质关系，但舍弃了许多事物的存在（如形成、变化表现及相互关系等）在时空意义上的多样性或差异性，当然有时候也因此丧失了对这些事物的认识的实用性。

数学关系是非时间性的，无法反映时空的意义。数学能够反映或预测时空变化是一种错觉。数学是一个由符号、形成规则和推理规则构成的逻辑演算的自然推理系统。它并不能系统地反映时空要素的结构性关联变化所导致的事物的动态过程和结果，而只能根据原始或最初的要素、结构和状态之间的关系或关键因素的变化率的计算进行数据推断。

3. 数学对象不是实在，而是一种认识的工具或逻辑语言，或数学语言中的词项。点、直线、角、曲线、函数等等，这些数学对象都是概念界定的产物，是数学语言描述或度量现象的符号或方式。数学公理和定理等的形成不过是在概念定义和分类的基础上运用约定的规则进行逻辑推演的结果。

数学函数反映集合之间的关系，本质上就是认识构建的产物，据以推演或演算的则是约定的规则。

4. 数学关系所反映的也不是现实中的因果关系，而是纯粹意义上的变量之间的关系。数学的推演是由起始条件和约定的规则决定的，逻辑在其中起到了连接和转换的作用。变量之间的关系需要经人的认识思维转译才可能反映为事物之间的逻辑关系。

5. 数学是否能够反映存在，取决于事物存在的特性与抽象方式之间的相符程度，即数学这种绝对意义上的抽象工具所形成的认知与认识想要反映的事物存在的具体性是否相符。过于抽象，就会影响认知与认识的目标在阈值表现和应用价值上的一致性。

6. 计量、统计等数理方法常通过"中值"或"均值"来分析事物在分类意义上的属性、关系、状态和特征，或者分析某个自变量的平均效应以及某种情形发生的概率。支撑构建这些方法的是逻辑，决定具体某种分析方法（如模型）的针对性、合理性的是研究者对事物的认知和研究设计，使某种分析结果能有效地反映某种事物的存在状况的是样本数据的真实性、全面性和方法使用的正确性。

以中值或均值为基础的统计或计量分析是样本在类意义上的整体抽象，方差和标准差反映的是不同结果相对于平均值的波动或样本在个别意义上相对于均值的波动或偏离的状况。当然还存在其他的度量方式。这种分析的逻辑意义就是，如果样本所反映的整体状况与个别状况高度一致，或在时空意义表现上有很强的一致性，那么分析所获得的结果就反映了这类事物在个别意义上的时空状况，并可据以实际应用；如果样本所反映的个体状况并不代表整体状况，而只反映了个别意义上这种状况出现的概率，那么用以解释或预测或应用也只是发生在概率的意义上，并且前提是所分析的对象具有随机性或是随机事件，否则即使在概率意义上也没有什么价值。

7. 概率是对随机事件发生的可能性大小的定量描述。概率论把局部的随机性转变为整体的确定性，对于认识和把握事物整体的状况有积极意义。支撑整体确定性的是大数定律。数学期望本质上是对长期价值的数字化衡量，是根据不同结果的概率综合评估之后的一个预期值。

8. 对经验数据进行有效统计分析的假设前提是，类事物的系统运行具有不随时间和个体改变的某些特征，包括时间上的"平稳性"和样本上的类的"同质性"。

所谓平稳性，是指类事物的关系和结构不随时间变化，包括系统的概率分布。

所谓同质性，就是数据的生成过程或样本具有类一致性或者相同的概率分布特征。

如果系统的结构和关系不具有平稳性特征，数据的生成和样本不具有同质性特征，或者不能把原始数据变换成具有平稳性或同质性的数据，那么就不能有效地进行统计推断或计量分析。

9. 数据的生成方式或是否具有可实验性也是影响甚至决定统计推断或计量分析有效性的重要方面。可实验性意味着数据的平稳性、同质性具有可检验性，否则就不能保证数据具有这两个进行有效的统计分析所需要的前提条件。

自然科学中的物理系统，其结构和关系表现出不随时间变化的平稳性或弱时变性特征；同时，由于数据的可实验性，其样本也反映出良好的同质性特征。这为统计推断或计量分析提供了有利的前提条件。

经济系统则不然，由于经济数据多为观测数据或不具有可实验性，其结构、关系又会随时间的变化表现出明显的"时变性"特征，如技术变革、制度变革和人口变化等因素引起经济的结构性变化，在样本的个体特征上也经常表现出弱同质性。

10. 如果不能有效地通过变量变换和特征变量控制将原始数据变成具有平稳性和同质性的数据，就不能把原始数据看作同一概率分布或具有类似特征的概率分布的数据，就不能使用变量的时间序列数据或截面数据来进行统计分析。

经济系统是一个非平稳的系统。为了进行有效的统计推断或计量分析，计量经济学在过去几十年中为经济数据的平稳性或同质性变换处理作出了许多努力。例如，通过差分法把不平稳的时间序列变成平衡的时间序列，通过重要的个体特征变量来刻画个体差别或异质性，再把这些经过个体特征变量控制后的变量的概率分布看作具有同质性。但这些条件或处理的有效性很难检验，这大大影响了计量分析或统计推断在这些领域中的适用性和正确性。[1]

11. 于此，事物在类意义上的特性或属性的分析确定就对这种分析方法是否有效或是否具有应用价值及其程度如何至关重要。由此形成的理论和实际意义也同样取决于事物的类特性，特别是事物的各种表现在类与个体之间阈值的一致性或带宽特征。

12. 从认识论角度，数学作为一种分析工具或方法之所以适用于自然科学中的许多学科或者能够有效地为具体的研究任务目标服务，不是因为这些学科如物理、化学和生物学中的认识对象之间不存在抽象阈值带宽上的特征差异，而是因为这些学科完成研究任务目标所需要的数据具有可实验性，系统结构和关系具有

---

[1] 有关统计分析和计量分析方法在自然学科与经济学科中的研究适用性问题，可以参见我的另外一部专著：《回归本我：论经济学研究的科学性重建》，浙江大学出版社 2021 年版。

时间上的平稳性，样本具有个体特征上的同质性。

例如，经典物理特别是力学在类与个别意义上的状况高度一致，即类所反映的就是个别的特征，甚至不存在个别意义上的均值或中值概念。也就是说，在阈值带宽意义上，经典物理与数学的抽象程度基本重合，这意味着数学方法所形成的抽象认知与认识的理论和应用需要基本一致。化学对象的阈值带宽比经典物理学对象要大，生物学对象的阈值带宽则比化学对象更大。但贯穿于这些事物存在的是关系和结构变化上的平稳性或某些固定不变的关系，以及类在个体特征上的良好的同质性，这在很大程度上满足了认识对存在的反映要求。

13. 还需要指出的是，如果进一步放宽认识对于存在反映在抽象意义上的阈值带宽，经济学对象也可以具有系统结构和关系上的平稳性及样本在个体特征上的同质性，也可以用以统计推断或进行有效的计量分析，这也是经济学界一直对一些所谓抽象的"经典理论"津津乐道的理由。但遗憾的是，有些理论不仅假设条件非真，而且因为过于抽象空泛而难以有效满足经济事物在时空意义上可操作依循性的要求。我们在现实世界中所面对的大多数都是特定时空条件下的事物存在和问题解决，缺少可操作依循性的理论就算不上好的理论。

我要说的是，不论是在哪一个科学领域，数学在认识上的作用和意义都是不容置疑的。但这并不意味着数学反映了存在，而至多可以说，人借助数学这种方法描述和反映了物理世界的部分存在。就像前面所提到的，数学描述或认识反映的存在，甚至包括数学这种方法或工具本身，本质上是认识构建的产物。而无论是何种意义上的工具的有效性，都不仅取决于使用者对事物的认识理解和对工具的正确使用能力，还取决于工具本身的特性。

三、科学一致性

科学一致性是科学的核心特征，不仅是区分科学与非科学的界限，也是判断一种自称是科学的认知或行动是否名副其实的标准或依据。遗憾的是，可能是因为对这个问题的思辨和阐述会面临很大的困难，因而在有关科学的诸多论著中，"一致性"一词虽然偶有出现，但或闪烁其词和语焉不详，或视角单一，缺乏系统性。迄今为止，总体上仍然可以用"含糊不清"来形容对"一致性"的认识。

（一）科学一致性及其必要性

什么是科学一致性

1. 科学一致性是科学认知以及以科学认知为追求目标的科学研究所全面反映的科学特征，包括研究成果反映的可重复一致性特征和开展科学研究活动共同需要的研究规范。因此，它也是科学认知及其形成的系统一致性，是在特定时空约束条件下，科学认识活动中的认知基础、过程规范和思维逻辑与具体路径、方法、手段和工具（仪器、设备）多方面结合的产物，因而也取决于并受限于这些方面因素的条件。

科学一致性的核心特征就是具有可重复一致依循性，包括理论的可一致性解释及预测（或预见）能力和实践中实验、试验和操作应用的可重复操作一致性，具体体现为以下几方面：（1）可重复一致性检验，可证实或者证伪；（2）可用以一致性解释，只要问题指向和约束条件相同，理论对于既成事实对应的事物的解释就应该系统一致；（3）可以用以预测或者判断，但可预测程度或者"精确性"取决于所研究对象的性质；（4）具有系统一致性参照体系和标准，对于同种事物，具有用以进行一致性解释和预测判断的共同依据；（5）具有系统一致性逻辑的支撑。

认知具有科学一致性特征，说明认知反映了存在，获得了科学事实的支持，能够经受重复一致性检验，而不再只是纯粹主观的想象和猜测，解释或判断不再具有随意性。这意味着理论覆盖了所对应事物类个体在"同"的意义上的表现状态及过程特征，认知反映了类事物在时间和空间意义上的对应关系，认识抽象满足了应用上可依循性的要求，包括实践和逻辑的要求。

认知缺失科学一致性，就意味着认知没有反映客观性，存在着随意性。科学认识活动的命题或追求目标缺乏科学一致性，说明这种认识活动缺乏科学价值。

2. 科学一致性是在不同的事物、不同的抽象层次、不同的时空指向和约束条件下的存在在内容与形式上的不同反映，也是"可重复一致性"这一科学认知特征的不同表现和形成条件。换句话说，与科学一致性相对应的是不同的层次，或不同的认知的抽象或具体程度，不同的范围内或约束条件下的时间和空间在事物存在上所反映的"同"。认知的抽象层次或认知所覆盖事物的时空约束条件不同，所反映的科学一致性就不同。

科学所面对的事物，反映在科学一致性特征上，多数物质事物具有应用（实验、试验和实践）上的可重复一致性，而多数意识事物由于时空条件的不可控性、行为选择的相机性甚或博弈性和不可实验性，主要反映为逻辑上的一致性和趋向上的一致性。

不同抽象程度上的一致性，对应的是理论或认知所对应覆盖事物的时空范围——包括全时空覆盖（即所有的事物）、类时空覆盖（即分类归属上的事物）和个别的存在——所形成的同与异，或共相和殊相。

相关的认识问题是：（1）共相源自殊相，殊相归属于共相，对殊相或状态的诸如"正常与否"的判断，取决于共相这一参照的建立。（2）认知在事物的时空覆盖性和实际应用之间存在着矛盾，即认知越抽象，解释的覆盖性越强，但实用性越弱，这可以用来解释许多"正确的废话"。（3）意识事物之所以多数不具有应用实践上的可重复一致性特征，除了是因为其形成过程中时空条件的不可控性、行为选择上的相机性甚或博弈性等特征外，还因为这类事物的应用研究通常涉及时空意义上的非同质性的个体条件。因此，建立在相对一致性基础上的逻辑就成为认知层面对这类事物进行理解和应用的重要依据。

随意性在这里不是指别的什么，而是指认知的形成偏离了或混淆了时空约束指向在系统目标上的一致性，把基于不同时空视角的众多认知当作特定目标的认知，或是把不重要的或次要的和静态的联系当作重要的或主要的和动态的联系甚至因果。

3. 科学一致性不仅包括科学研究所形成的认知反映，也包括科学研究在事物的问题指向、目标指向和应答域上的一致性，以及认知与应答在逻辑上的前后一致性和系统一致性。

科学认知是对存在事实的抽象反映，但是这种反映只有通过事物的问题指向及目标指向才得以通达。问题指向不仅是明确科学所要研究的对象事物所对应的事实的范围、具体程度和约束条件等的前提，而且也是决定一项研究是否具有科学意义的前提。有什么样的问题指向就会有什么样的事实反映或者应答。目标指向反映的是一项研究想要发现、揭示、指出、解决的问题，即研究目标。应答的科学性或合理性，只有在问题指向、目标指向明确清晰的情况下才可能得到体现。

应答域就是与研究问题和目标相对应的具体内容。

科学一致性要求所有的科学活动，特别是科学认识、科学解释、科学讨论和科学研究等，都应该具有明确一致的问题指向、系统或类指向、目标指向等。否则，就会造成应答的含糊不清和逻辑混乱，就会失去一致性，就无法进行科学检验。

4. 科学一致性也是围绕事物之系统运行的功能、状态、结果、现象等而形成的"事实"、公理或核心逻辑贯穿于不同层面，以及不同要素结构和不同时间意义上的各种关系在认识上的一致性反映。当然，它也是围绕科学研究的目标的各个方面关系在"事实"、公理或逻辑上的一致性反映。它的内核是事物在形成变化上的类共同机理以及贯穿其中的规定性。这要求认识应答必须前后一致和系统一致，不自相矛盾或者逻辑混淆。

科学需要具有一致性特征，一是说科学以追求事物存在反映的一致性——包括时空意义上的一致性——作为主要目标，这种一致性也是规律性和共同特征的反映；二是说科学需要对是否具有一致性特征进行检验，进行证实或证伪，不能通过检验就不具有科学特征。缺少科学一致性，科学解释和检验就会带来随意性，而这是与科学要求不相符的。

科学一致性的必要性

事物之间存在着千丝万缕的联系。对于一种事物的存在状态、结果、现象的解释，或者对于为达成一个目标所进行的选择，我们总是经常可以从不同的角度得到许多不同的答案。这些答案对应的不仅是"一果多因"或"殊途同归"，而且是不同的视角。但从我们的认识需要来说，牵涉其中的要素和关系，有些是主要的或关键的，有些则是次要的或无关紧要的，有些主次性和主从性会在动态中发生转换，而只有科学一致性才能把出自不同的角度的各种认知归集统一到同一认识目标上来，减少随意性，形成具有针对性和逻辑一致性的答案。

我之所以要强调科学一致性，是因为所谓科学认知总是对于事物存在事实或者真相的反映。那么事实或者真相又是如何的呢？

1. 一切存在事实都是变化的，是其所对应的具体存在者的反映，不变的只是事实所对应事物的抽象特征，是存在者所反映出来的共同特征。

科学所追求的主要是具有共同特性或者一致性特征、规律性特征和普遍意义的事实抽象，以及贯穿于事物形成、变化之中的规定性。所以，只有具有这些特性或特征的事实或真相才具有科学意义。而这些特性或者特征的形成总是有条件的，是特定时间和空间条件下的产物。否则，事实或者真相就会模糊不清，或者缺乏科学价值。

2. 在认识意义上，所有的事实或者真相都可以用系统要素、结构、功能来分析和解释反映。不同的事实或者真相，它们各自对应着不同的问题或者命题，并具有特定的目标指向。所以，只有在问题指向明确一致，系统或类指向一致，研究的目标指向一致，以及逻辑起点一致的条件下，才可能形成对于事实或者真相的一致性认识。

而如果问题指向的系统层次不同，问题指向所对应的要素和结构就会不同，因果联系的主次性就会不同；如果问题指向的目标不同，逻辑起点不同，认识形成的逻辑就会发生混乱，当然，认识者所获得的结论也会因此不同。

科学认识的这种要求，是与存在的事实或者真相相符一致的，否则我们所获得的所谓事实或者真相的抽象就是含糊不清的。

3. 在科学理论的应用上，如前所述，对于已经出现并形成的结果、状态，无论其系统结构和关系如何复杂，它的过程和结果必然是确定的和唯一的，其在时间和空间上的变化过程及内含的关系转换都是确定的，不可能存在多种解。其所对应的情况，必然只与理论上的全部时间、空间中的一种时间和空间中的结构、关系相对应，或者只与导致一种现象、状态、结果发生的多种可能因素中特定的一种相对应，而并非理论上存在的多种可能性中的任意一种。因此，对于业已出现和形成的事实或现象、状态、结果进行理论上的任意解释，这是不可接受的。

对于一种特定事物的应用研究也是如此，因为理论的应用，面对的是一个有着自身禀赋特征和外部条件约束的具体事物。因此，它在变化发展过程中体现出个性化，而与一般意义上理论分析的情形形成区分。

如何识别、判定和排除解释上的随意性或者在解释应答中可能存在的与我们所面对的具有确定性的现象事实不一致的结论？

在无法进行实验重复检验的情况下，唯一有效的路径和方法就是通过一致性参照体系及逻辑的构建，实现真正意义上的逻辑自洽。

当然，尚未出现或者形成的现象、状态、结果及其过程，或者先因后果的问题，在存在不确定性的情况下，其对应的可能路径和原因也是多样的，即理论上有多种可能的解或组合解。但在这种情况下，系统一致性认识框架、时空参照体系和逻辑的构建，将帮助我们根据核心逻辑这一主线和时空矛盾来预测判断最有可能发生的几种情况和趋势。换句话说，有关这方面的预测（或预见）也仍然存在着推断上的客观性基础。在这一意义上，"对称性论题"是成立的。

随意性泛滥或"免疫战略"的存在，是因为在现存的科学认识论和方法论缺乏对于类事物存在中的一致性参照及逻辑的清晰认识，而把一种事物所共同对应的系统时空变化特征及一致性逻辑与依据各个层面、要素子系统及结构因果关系所形成的参照和逻辑混淆在一起，把因随时空条件变化的主次矛盾及要素的重要性顺序固化或者混为一谈甚至颠倒了。然而，一旦我们构建了基于类事物的系统时空变化特征的参照体系及一致性逻辑，"免疫战略"中的这种似是而非的认识和混乱的逻辑关系便将不复存在，与系统时空状态不相一致的伪因果和逻辑也就得以被排除在外。这个时候，科学意义上的逻辑自洽才算是真正形成了。

（二）科学一致性的不同表现形式及其形成

1. 科学一致性有不同的类型和表现形式，并因事物特性的不同而呈现出差异性，如程度表现上的重复一致性、概率一致性和趋向一致性，关系指向上的结果可重复、过程可重复、逻辑可重复，特征反映上的空间特征一致性和时间特征一致性，以及性质上的绝对一致性和相对一致性。

可重复一致性，是指只要按照理论所假设或约束的条件去做，实验、实践操作的结果就一致。多发生在物理、化学领域物质事物中，在社会经济领域的具体事物中几乎不存在。

概率一致性，是指某种结果、状态或现象的出现或形成在概率上的一致性分布。

趋向一致性，是指某种结果、状态或现象的出现或形成，不是每次都一致，但存在着大数意义上的一致。社会、经济领域中的事物多以这种一致性出现，也是人性在特定时空条件下的一种反映。

空间的一致性，是指事物本身及其存在的场所的类同质性。

时间的一致性，是指事物在变化过程或历时性特征上的一致性。

绝对一致性，是由事物内在规定性决定的因果关系，只要A，就会B。即只要条件相同，过程和结果的表现就相同，例如物理、化学领域中物质的许多物理、化学现象。

相对一致性即逻辑一致性，是由逻辑决定的因果关系，因与果之间的关系由行为主体的禀赋条件、效用偏好和心智状态决定，彼此之间形成相对的一致性，例如许多经济现象和社会现象。

2. 科学认知是对于事物存在的反映，它形成于客观存在（对同类事物的经验事实的归纳实证研究）或科学事实，因此也可以在（同类事物的）客观存在中去接受检验。这个客观存在就是实践，包括实验和试验。

归纳分为经验归纳和逻辑归纳。例如，物质事物的规律性或规则性表现取决于自然规定性，两者之间存在着许多固定不变的或机械的关系，可以通过经验归纳；而意识事物的规则性表现取决于逻辑思维，行为的选择决策通常由行为主体所拥有的禀赋条件、效用偏好和心智状态来决定，具有相对性。因此，物质事物的认知可以通过实验、试验等操作的可重复一致性来检验，而意识事物虽然存在着一些趋向一致性特征，但主要通过逻辑一致性来检验。

3. 科学理论的一致性，包括形成意义上的时空的一致性和逻辑的一致性，以及理论的可重复一致性解释、预测（或预见）、操作应用。

时空的一致性，不仅反映在理论的假设或约束条件的可控一致，也反映在要素、结构和功能之间因果关系的动态特征上，获得了机理、机制、原理上的阐述，甚至形成了应用操作意义上的参照。

逻辑的一致性，意味着与事物对应的系统或就研究的目标而言的各个要素及结构层次上所存在的多种因果关系在时空指向上由一个核心的逻辑完成了归集统一，或者得到了各种事实的依据。

这意味着只要问题指向、时空约束条件（或假设）相同，理论对同种事物的形成和变化的过程、趋势和结果，或者关系、状态、特征等，就可进行可重复一致性解释、预测（或预见）甚至操作。

其中，在物质事物领域，逻辑指的是在关系表现上的一种自然规定性或事实；在意识事物领域，逻辑指的是关系表现上的类逻辑规定性，如经济的、社会的逻辑规定性。

4. 科学一致性因抽象程度的不同而呈现出层次性。

我在前面提到，任何认知及其所涉及事物的不同方面的表现，都存在着抽象意义上的层次性。随着认识对事物分类的不断具体化或者细分，抽象之"同"或"同一性"的差异性及其表现就不断出现。科学一致性也同样如此。

认识是对存在的映照。科学认知是对事物存在事实在抽象意义上的一致性反映。这种一致性既取决于事物的类特性，也取决于抽象所对应事物在时空意义上的覆盖性。

5. 数学的一致性，被称为最简洁和最严密的逻辑一致性。但需要指出的是：（1）这种一致性是建立在假设的初始条件的真实性和模型构建设计的合理性基础之上的。一旦所假设的初始条件或者模型得以构建的认知基础发生错误，其所得出的结论和反映的一致性也就会发生错误。（2）在具有强时变性或弱同质性的类事物（例如经济事物）中，数学抽象形成的一致性认知或是会因为其在类层面所覆盖个体的时空特征过于宽大而丧失实际的应用价值，或是会因为其在类层面所包含个体的时空特征过于狭窄或具体而使得其"一致性"具有很强的"可变性"或"不稳定性"从而减弱其应用上的可操作依循性。

数学模型的一致性之所以天然地适用于物理、化学和生物学领域的许多研究而不适合多数社会科学领域的研究，除了这两类研究的对象在结构和关系上的平稳性和类个体特征上的同质性方面存在着显著差异之外，还因为数学一致性在这两类研究的形成过程中所舍弃掉的时空差异信息的不同，而时空差异信息恰恰是理论的应用价值的反映。

社会科学领域如经济学所面对和需要解决的大多是时空条件各异的具体问题。在这个领域，具有现实意义的认知经常受到特定时空条件的约束。除非想要得到大而无用的结论或者以流行的形式彰显其"精确性"，否则，追求数学模型的一致性就会抹杀时空条件的差异，就会变成缺乏实际意义的空洞认知。

6. 自然科学和经济科学之间在理论表达形式上存在着质的区别：（1）由于物质事物的存在多数具有可重复一致性，因此自然科学经常可以通过公式、定律、定理、公理等来反映事物的存在方式和关联；（2）意识事物的存在多数呈现出相对可重复一致性，因此社会科学是通过原则、原理或分析框架和一致性逻辑来反映事物的存在方式和关联的。虽然极少有人注意到这两类事物之间的这种区别，但这对于认识不同科学的研究特征却十分重要。

因此，尽管科学的一致性特征和含义在不同的学科之间没有不同，但在其表现的形式和层次特征上是存在着明显差异的。

7. 科学一致性，源自借以形成的归纳—演绎方法本身。如果经验归纳所形成的认知是客观的，那就意味着遵循这种认知进行操作就会获得实践意义上的可重复一致性。其客观基础包括：（1）内在规定性与外在规则性之间的对应关系；（2）要素、结构与功能之间的对应关系；（3）行为选择与约束条件、偏好和心智状态之间的类对应关系；（4）禀赋条件、外部环境因素与主体状态之间的对应关系。

这在认识上就促成了对事物形成和变化的机理、机制、原理和因果关系的研究探寻，为人类应用目标的达成提供了理论基础和路径、方法和手段选择上的依据。

8. 科学认知是否具有一致性或具有何种类型的一致性，还与命题所涉及事物的性质密切相关：（1）如果事物本身存在着可重复一致性特征，那么科学研究也能够获得这种一致性特征的认识抽象，否则，科学研究就无法获得对这类事物的可重复一致性特征的认识抽象。（2）如果类事物本身存在着实验上的可重复一致性，那么，科学抽象也同样能够表现出这种一致性特征。而如果类事物本身的存在只具有趋向意义上的一致性特征，那么科学抽象也只能反映这种趋向意义上的一致性特征；如果类事物本身所对应的存在不具有任何形式的一致性特征，那么科学研究也就无法抽象出一致性特征。（3）科学一致性的反映方式取决于作为认识对象的存在特性。如果事物的存在反映具有机械意义上的可重复再现性，那么科学抽象应该同样可以还原出这种可再现性；如果事物的存在反映只具有事理上的相对可重复一致性，那么就只能依靠逻辑来反映这种一致性。

9. 在系统意义上，物质事物的可重复一致性特征主要表现在：（1）系统结构及其要素在关联影响上的特征。系统的存在状态（功能）总是与系统要素和结构存在着关联，并反映出认识上的一致性，例如生物及其分类意义上的生理特征是类的静态意义上的一般性特征。（2）系统状态在时间、空间意义上分类的表现特征。该特征是反映事物或现象在动态变化过程中的类的一致性特征，类似于动物在其生命周期各个阶段上分类的一致性表现特征，是与生理和心理变化相对应的特征，是分类的动态意义上的一般性特征。当我们把握了这两种一般性特征，我们对于具体事物及现象的认识、判断就有了客观的参照，即具有系统可一致依循性的参照体系。

（三）系统一致性参照体系或标准

系统一致性参照体系或标准的建立

系统一致性参照体系，是为了认识反映和理解事物的存在所构建的系统认识框架体系，对应反映的是静态、动态意义上系统要素、结构和功能之间的层次逻辑关系。它也是认识对存在的"同"及其形成原因在对应关系上的一种反映。

所谓系统一致性参照标准，就是为获得对系统要素、结构和功能关系所对应的存在性质或状态的合理判断、评价或评估结论而建立的一个客观基准或者一致的意向性标准，主要用于为识别、判断一种结果、状态、关系、现象的"正常与否"，以及认知、解释、评价的"合理与否"，或者对于一种目标的实现所采取的路径与方式的"恰当与否"等类似的问题提供科学依据。因此，系统一致性参照体系实际上也是识别、判断一种认知、解释、评价"合理与否"的依据。该体系建立的认识基础，是事物的存在在时空意义上所反映出来的类规律性特征及其机理、机制或一致性逻辑。本质上，它是理论应用在时空意义上的具体化。

"正常与否"，就其判断或评价的客观性标准而言，通常既不是科学所研究的具体事物的存在状态或"殊相"，也不是这一事物的理想状态，而是这一事物的存在抽象在特定的时空条件下所对应的众多个体状态特征的一般化，支持这一参照的是事物的一致规定性。而对认识主体的要求而言，"正常与否"就是基于特定主体的意向性目标与时空条件的一种逻辑结论。它涉及客体在现象、关系、状态、结论等方面的"是与否"等认识问题，或者认识主体对一种事物存在的判断或评价"合理与否"，或者该事物是好还是坏、是有利还是不利等问题。对这些问题的问答都取决于事物的客观参照或者意向性标准。

以自然物质事物和经济事物为例。

对自然物质或者生物的结果、状态、关系、现象等进行判断或评价一般有两方面的参照。一是根据这些事物在经验意义上统计分析的类"平均化""平均效应"或者"中值""均值"来确定、评价其正常与否等。当然，这需要处理个体中的异常情况，并应随时间的变化而作出调整。二是以人类主体设定的价值或意向性标准为依据，来评价其"合理与否"或者"是好还是坏"及其程度等。通常，这些方面的评价是随着具体主体时空条件的不同而不同的，因此是相对的。

对经济状态、现象、结果等进行判断或评价的一般参照也有两个方面。一是根据一致的标准或者经济指标及其构建的标准体系，例如绝对的经济价值量、单位均占量、结构状态、速度指标、效率或效益，以及多个方面的指标或数据体系构建的标准来确定。当然，这是简单的比较所用的参照。二是相对于时间和空间状态、条件或特征的参照或者标准，它的形成或者构建既非来自理想的状态也非来自存在状态，而是来自大量（类空间特征）和大周期（完整发展周期的不同阶段特征）的系统研究，包括对多样本连续性历史数据的研究，与其相对应的是时空一致性逻辑。许多重要经济事物的状态或现象等的相关评价和经济问题的应对处理，例如经济发展评价、群体经济行为的相关认识、制度及政策手段的合理性、市场状态、技术及创新水平和状态，以及经济管理中的应对等等，都需要以此作为参照才能得到客观有效的结论。

客观合理的参照标准，就是建立在长期的一致性变化或者规律性特征基础上的，能够有效地为识别判断同一事物的存在状态或现象的性质提供客观依据的参照标准。它是一个随着时空条件或者系统性状的变化而动态变化的参照体系，是一个与事物的时间和空间状态相对应的动态标准。它不是随意设立的标准或者绝对的标准，并且可以用贯穿其中的一致性逻辑来解释。

在事物存在的意义上，客观世界的存在都是自然的表现，本身并无诸如"正常与否"或者"合理与否"的问题，而在认识的意义上却形成了诸如这般的问题或观念，进而产生了建立参照标准的需要。

建立系统一致性参照体系或标准的作用和意义

　　科学研究中的系统一致性参照体系和标准，是指我们在从事科学研究时认识、理解、判断和评价事物及现象的性质或者作出价值判断时的参照系统及评价标准，包括动态的系统性状和评价标准两个部分，是应用研究中构建一致性逻辑的依据。系统一致性参照体系或标准的特点是，对于不同的系统意义和时空特征的研究对象，它都能够表现出很好的客观性、相对性和一致性特征，而不是绝对的标准和以其中的某一种类的状态特征作为标准。它所隐含的理论基础或科学哲学观点是，就特定系统中的事物存在状态或现象而言，人们所需要的事物属性只在系统性状的相对性上才具有意义，或者说对于人们的需求而言，事物存在状态、现象只有放在与之相对应的时空系统中去判断才有意义。时间、空间及其对应的系统不同，看似相同的事物存在状态或现象所反映的意义可能会相同，也可能会有很大不同。同或不同的程度，取决于人们对于事物属性发生变化的边界或者性质的识别和判断。建立系统可一致依循的参照体系，目的就是把从不同类或不同系统层面、不同要素出发的评判取向归集统一到系统意义上的一致性目标取向上来。概括地说，就是解决在时间、空间和系统这三重意义上的评判的一致性问题。它的主要特征必然是相对的，同时也是客观的，并且是逻辑一致的，有助于大大增进研究的合理性程度。当然，建立这一系统一致性参照体系或标准本身就涉及合理性或科学性问题，并且需要具体的内容和核心逻辑的支持。

　　科学研究以特定事物或现象为具体的研究对象，经常涉及系统意义上的层次划分和归属问题，涉及不同系统层次之间参照标准的确定问题，以及因果、矛盾的主次区分和影响因素的重要性顺序排列问题。当我们用不同的参照体系及标准来评判同一事物时，就会得出不同的甚至是截然相反的结论。这些不同的结论中，有许多有益于增进我们对于事物的全面认识。但如果所选择的参照体系或标准不当，那么对于所研究事物或现象的认识判断就会存在片面性和错误。不仅如此，这同时也将导致研究视角和方法上的不少问题。对此，门格尔认为，当主流的看法把次要的问题当作决定性的问题来认识时，或者"人们对于该学科的次要问题赋予了过大，甚至是决定性的意义"时，"有一个势力强大的学派所支持的错误的方法论原则已完全掌控了局面，人们用片面的标准来判断该知识领域的一切研究活动。一句话，该学科的进步之所以受到阻碍，是因为错误的方法论原则盛极一时"。[1] 他的观点是正确的。

系统一致性参照体系或标准的建立，同样涉及方法论和理论逻辑体系的问题。任何标准，本质上都与客观性和价值判断相关。客观性的主要体现，是事物在时间和空间上的一致性存在性状的真实程度。也就是说，由于事物在类的相对意义上所包含的时间和空间属性不同，所谓的事物的客观性表现可能相同，也可能不同。价值判断的主要特征是同一事物及现象在时间和空间上存在着的相对意义，也就是说，尽管价值取向的绝对意义可能相同，但如果时间和空间不同，就意味着价值判断上的可能相同和可能不同，具体取决于系统的动态性状。

（四）系统一致性逻辑

从科学这种认识方式来看，系统一致性逻辑意味着从哲学、科学到具体的科学研究的不同层面在概念界定、分类以及认识框架体系在要素、结构关系上的逻辑统一。

1　卡尔·门格尔：《经济学方法论探索》，姚中秋译，新星出版社 2007 年版，前言第 5–6 页。

在事物存在的具体层面，系统一致性逻辑反映的是贯穿在事物的形成和变化发展之中的，决定同类事物具有一致性时空特征表现的共同机制、机理或者原理的逻辑解构。

如果说系统一致性参照标准是类事物形成、变化发展机制、机理或者原理的一致性时空表现特征的话，那么系统一致性逻辑则是类事物机制、机理或者原理的逻辑阐述和内核。它既是科学研究的核心内容，又是科学认知得以最终形成的依据。

以自然科学和经济科学为例。

自然科学领域的系统一致性逻辑是与认识命题指向的研究目标相符一致的各个系统层面、各种物质的规定性的最终归集反映，或即自然物质事物的系统机理在所涉及的各个层面、各种物质规定性上的一致性反映，也是对复杂系统中最后导致因果必然性的一致性机理的阐释。

经济科学领域的系统一致性逻辑则是与认识命题的目标相一致的各个层面、各种要素、各种关系在核心逻辑主导下的一致性反映。例如，经济问题经常涉及政治、法律、社会、技术、自然等以及短期与长期、局部与整体等不同的时空视角、不同的层面及其逻辑关系，但研究的应答域或者最终认识都须归集到与研究的问题指向、系统指向和目标指向一致的核心逻辑上，形成一致性逻辑的支撑。

在认识的意义上，系统一致性逻辑是使得从不同视角或者基于不同层面、不同要素、不同关系甚至所涉及的不同逻辑等可能形成的多种认识归集统一到与研究目标一致的共同逻辑的依据，或者是用以避免由于视角不同或者认识层面、要素、关系或逻辑类型等不同而出现的在认识上的"各自为政"所导致的逻辑混乱而构建的逻辑基础。所谓归集统一，另外一个意思即理顺或兼顾。

系统一致性逻辑，意味着与研究目标相对应的路径、手段和时空条件在逻辑上的一致性反映，意味着事物的状态、结果与相对应的原因在形成机制、机理上的客观反映。

对于同一研究命题来说，一定有一个共同的依据作为不同系统层面及不同关系或者不同视角的共同一致的指向或归集，在因与果、目标与路径、路径和方法、状态与原因等之间建立起共同一致的联系，把建立在相关事物各自逻辑上的关系或者从不同视角得到的认识统一到同一的研究或认识目标上来。从这个意义来说，系统一致性逻辑能够避免因为视角不同而可能形成的逻辑上的"各自为政"所导致的认识上的似是而非状况，实现真正意义上的"逻辑自洽"。[1]

当然，一致性逻辑或者"逻辑自洽"在不同的研究命题上有着不同的反映。政治、法律、社会、自然、技术等命题各自的核心逻辑为政治逻辑、法律逻辑、社会逻辑、自然逻辑、技术逻辑等，投资、消费、分配、交换等也都有其不同的经济逻辑，其他性质的命题亦然。但不同的研究命题都有其各自的核心逻辑作为统一归集。自然科学命题的逻辑支撑，总是反映为各种自然物质的规定性的统一归集。

在一般理论抽象中，或者超乎时空条件的抽象意义上，逻辑通常反映为由事物的类规定性决定的相互之间关系的建立，即一般机理及其作用下各种时空条件下相互联系的可能性。一种现象、状态、结果、目标等发生所对应的因由、排列组合或者路径、手段和方法存在着多种可能性。

在时空意义上的研究，系统一致性逻辑或者"逻辑自洽"，是一般机理与时空条件相具体对应一致的逻辑反映。它通过客观性参照或者主观性参照的建立，把出自不同的系统层面指向和不同

---

[1] 缺乏一致性逻辑是历史分析经常被人诟病的原因之一。

时间指向的逻辑关系归集到共同一致的时空目标指向上。这样，无论是将哪一系统层面、结构要素、关系和时间作为认识起点，都既不会因为"各自为政"而形成认识上的逻辑混乱或者伪逻辑自洽——用各种各样出自不同系统层面、结构要素和关系及其逻辑来达到"免疫战略"目的，也不会由于缺乏时空条件的约束或者参照失当而产生逻辑上的混乱。

从科学研究规范的角度看，系统一致性逻辑对科学研究在应答域中的事物的问题指向或系统指向、目标指向等提出了逻辑上的一致性要求。

我们所研究的每一事物，都有特定的问题指向、系统指向和目标指向，或是认识论上超乎时间和空间的事物性质及特征抽象，或是具体研究中类事物的空间性质或特征，或是与时间相对应的事物空间状态或特征。无论是在理论研究中还是应用研究中，与所研究的事物相对应的，都有明确的问题、系统层次和目标。我们研究金丝猴的生物学特征，是研究金丝猴而非其他物种的生物学特征；我们研究国家的经济增长问题，是研究国家这一层面普遍意义上的经济增长问题，而非国家内部的各区域或地方的经济增长问题，当然也非仅仅经济增长的某一方面，而且还应该有具体明确的问题指向。

系统一致性逻辑也是整个研究应该解决的核心问题。只有通过系统一致性逻辑的构建，才能把研究所涉及的多个不同层面、要素功能、目标指向、结构关系和因果联系等理顺、归集为具有一致性的时空依据，或者把从不同视角得到的认识归集到系统的一致性逻辑上，减少或避免结论的随意性和片面性。

四、认知的科学性检验

1. 认知是否反映了事物存在的客观性或者是否具有科学性？如何把"科学"与"自称的科学"区分开来？这就涉及检验标准及方法的构建和选择问题。

一种认知是否具有科学性，绝不是由认识主体对这种认知的"宣称"来决定的，当然也不是只要在"认知"前加上"科学"二字就会变得科学。认知需要得到其认识对象即存在的证明。如果认知源于思维对经验的存在或经验事实的归纳和逻辑加工，那么，认识是否反映了存在，或者认知是否与存在表现相一致，同样需要得到存在的证明。就像我在前面所提到的，经验事实和科学事实之间的最大区别在于前者是尚未经过可重复一致性检验或者只是经过了人有限的思维处理的材料，而后者则已经得到了"存在"的可重复一致性检验，具有科学一致性特征。这种检验方法，就是让认知重新回到它所形成的始源——通过"应用"使得存在的内容展现出来，看看是否与认知的内容相符一致。

据以形成认知的经验数据是否含有科学研究所需要的信息，以及方法是否具有科学性，同样需要得到其对象事物存在表现的证明，或者得到认知的应用结果或效果的检验。数据和方法都不会自动地表现出自己的属性，需要通过存在对认知的检验才能让人得知。

另外，对认识或认知性质的检验方法，无论是在抽象还是具体的意义上，都需要遵循"与事物的存在特性相符一致的构建和选择原则"。而能够让认知具有客观性的只有科学这种认识方式。

2. 需要再三强调的是，科学认识方式的构建，从认识论到方法论再到具体研究的方法，与其他所有的认识形式和内容一样，都无一例外地贯穿和反映在抽象与具体、同与异、时空与空间的各个不同层面上，都是彼此之间关系的统一反映。具体的存在反映是抽象的认识形成的依据，而抽象的认识又为具体应用提供指导。就像席勒所说的那样，"所有对'真理'的检验，永远要求用超越原来自称的某种东西来证明，永远蕴涵着一种实验"[1]，真理"必须受到运用的检验，必须经过检验和证实来表明自己有用，被应用于某些实际的认识问题"[2]。

方法论及其指导下的具体方法的构建、选择和使用，都需要以认识论所提供的逻辑和对不同事物特性的研究思辨为依据。一切跟随型的研究，研究思路和方法的适当性和有效性都取决于其所跟随者的认知及其构建或选择的方法的科学性。如果认识主体的逻辑发生了错误，或者不了解和不能区分事物的特性，方法论的构建或方法的选择就可能发生错配，从而使得许多科学认识活动的针对性不强，盲目性增加，创新性不足，效率受到损失。

3. 科学性检验，是指在所研究的问题存在着科学价值或实际意义并且研究过程科学规范的情况下，对研究所得出的结论或者认知的客观性、合理性进行证实或者证伪的路径及方法，包括对理论研究和应用研究在事物的解释能力、预测（或预见）能力上的区分判断。如果说自然科学领域在这一方面的确存在着重复实验这一稳定有效的路径和方法的话，那么迄今为止，在经济（社会）科学领域，则显然缺乏可用以有效检验其科学性的路径和方法。由于经济科学在认识论或方法论上存在缺陷，并且缺少可供一致性依循和检验的路径及方法，无法通过实验的方式进行证实或证伪，因此我们无法对经济学研究的科学性和合理性进行有效的识别判断，从而导致随意性和"形式主义"在这一领域研究中的泛滥。

1　席勒：《人本主义研究》，麻乔志等译，上海人民出版社 1986 年版，第 7 页。

2　席勒：《人本主义研究》，麻乔志等译，上海人民出版社 1986 年版，第 8 页。

4. 在科学研究中，科学性检验的一般方法是证实或者证伪。证实的前提条件是时空属性的类一致性及可控性，包括空间意义上的类一致性和时间意义上的类一致性，以此来检验同种事物在形成或变化上的可重复一致性和在原因与结果之间关系上的可重复一致性。证伪，则是推翻或者排除一种研究结论或者认知的检验方法。

自然科学的研究主要通过证实或者证伪的方法来进行科学检验，前提是可实验和可数学化表达。社会科学的研究多不具备可实验的条件，因此无法通过实验或实践的可重复一致性检验来证实或证伪，只能通过可重复一致性逻辑和事实来检验。

5. 在不同的抽象或具体意义上，不同层次和类型的科学研究分别适合不同的检验方法。

对于缺乏时空条件约束的一般研究，或者超乎时空约束的认识构建，或者概念化、系统化和结构化的研究，包括认识论、方法论意义上的研究构建以及原理性研究论述等的检验，需要根据研究所据基的假定前提，用逻辑的一致性或可一致性解释能力来检验。这种思想理论的形成依据的是关于存在与认识及其关系的系统框架体系和一致性逻辑，当然也要根据理论假定的逻辑和其解释的能力来检验。

对于类意义上时空约束条件下的事物存在的研究，包括类事物系统要素、结构和功能关系的理论构建和一般机理、机制或者原理的分析论述，主要依据研究所确定的系统和目标、类一致性逻辑的构建、可一致性解释能力这几个方面来判断。

在类意义上，事物的规律性或共同特征都反映为时空条件、状态上的一致性，是事物的内在规定性或逻辑在时空类一致性上的反映。因此，科学性检验可以用"事实"或时空一致性逻辑来检验，用以排除在理论上成立，但与所研究的对象在时空上不相符一致的许多似是而非的其他解释和认识结论。

对这方面的应用研究合理性的检验或者评估，关键在于其所据基的一致性参照体系或标准及其时空对应关系在一致性逻辑上的反映。一种科学的时空理论，从一致性逻辑出发，不仅可以解释过去和现在，而且也能解释未来，而不会出现对同一事物众说纷纭的情况。

上面几类研究的不同之处是事物的约束条件及其具体化程度。约束条件的不同，带来了因与果、目标与手段选择的不同可能。而如若此时彼时，此地彼地，时空的约束条件产生错乱或者混淆，研究所需要遵循的逻辑一致性就会产生混淆，结论就必然发生错误。这一点在认识和研究中十分重要。

五、科学研究成果的价值评估

科学研究成果的价值主要体现在帮助人们认识问题、解决问题的功能上。如果命题具有科学意义，那么研究成果的价值就反映在研究目标的实现程度或者研究目的的达成程度上。

（一）科学理论研究成果的价值体现

理论研究是对于事物的存在事实所进行的客观性、一致性（共同特征或规律）、普遍性的认识反映，或者是对于事物存在的现象或形成和变化在本质上的揭示。理论研究成果的价值就在于这些方面特性的科学性和重要性的体现，具体包括它在思想性、一致性、创新性、开拓性、系统性和应用性等诸方面的反映。

1. 科学性。科学性是理论所集中反映或体现出来的可重复一致性或者逻辑一致性和可重复一致检验性，是科学理论的基本特征。

2. 思想性。思想是人类意识和思维活动的产物或观念体系，是建立在人们对于事物的存在现象的观察、思考、归纳、联想和逻辑推理基础之上的认识反映，是研究者拥有的多个方面知识累积及其融会贯通能力在思维上的反映。科学思想是思想和逻辑一致性相结合的产物，是科学理论对于不同事物和问题在本质上的一种揭示，对于认识活动具有重要的启迪性。

思想价值的大小取决于思想的深邃性、本质性、启迪性和指引性，它反映的是研究者的认识格局、境界和水平。

3. 创新性。相较于已有的科学理论来说，新构建和提出的理论不但新颖，有着原创性的新思想或者新发现、新见解等，而且更加合理。理论的价值反映绝不仅仅是理论所表现出来的某些不同。那种仅仅是表述上和形式上的"新"或者不同，或者缺乏实质内容系统支撑的所谓"创新"，不是真正的创新。理论的创新价值，取决于这种创新或突破在认识问题、解决问题方面的基础性、关键性和重要性。

4. 开拓性。如果说创新性是相对于已有的理论所呈现出来的新颖的、合理的科学特征，那么开拓性就主要反映在理论和方法在广度和深度上的科学拓展和发现。广度就是新的领域，深度就是深化，也是对科学研究空白的填补，同样具有原创性、前沿性和科学性特征，在科学研究上具有重要的引领性和指导性价值。

5. 系统性。科学理论是对某种经验现象或事实的科学界说和系统解释。它是由一系列特定的概念、原理（命题）以及对这些概念、原理（命题）的严密论证组成的知识体系，是系统化的思想观念体系。科学理论的系统性是理论的科学一致性特别是逻辑一致性得以构建的前提条件。缺乏对于事物的系统指向、问题指向和目标指向的界定或约束，就无法构建逻辑一致性，无法形成明确一致的应答域。

6. 应用性。科学理论研究的目的就是应用，科学理论的构建不仅是认识思想系统化、结构化和逻辑化的需要，而且是指导人类实践——认识、解释、预测推断和解决、处理实际问题的需要。不以应用为目的的理论，它的价值是缺失的。

另外，需要强调指出的是，对科学理论研究成果的评价，要看主体内容在上述几个方面的贡献，而不必对次要的方面、表述和形式求全责备或者吹毛求疵，更不应该"以貌取人"或拿所谓的"引用率"说事。事实上，历史上有许多重大发明、突破是由极少数人实现的，并且在初期很少得到关注和理解；而许多高"引用率"的文章却经受不了时间的检验。

（二）科学应用研究成果的价值体现

应用研究，是以知识体系和科学理论为指导或为依据，对于实际问题的各类具体研究。我认为，这类研究的价值主要体现在以下方面。

1. 针对性。应用研究是以具体时空条件约束下的目标指向为命题的研究。因此，研究必须结合具体的时空条件，在应答域上应该充分反映时空条件的特殊性与目标指向之间的逻辑一致性，即针对性。偏离或者脱离研究对象的具体条件，应用研究就会缺少实际意义。

2. 具体性。应用研究需要解决的是具体问题，它要求研究者根据基本命题的性质及其目标指向，对所涉及的问题进行具体的分析和论述，提出明确的判断或者观点、主张，并进行充分论证。泛泛而谈，浮于表面，应用研究就会缺失实际价值。

3. 逻辑性。应用研究涉及的时空条件指向主体或具体事物的状态或条件、环境或空间关系甚至价值取向或偏好等各个方面，所以，逻辑性不仅反映在分析、论述和结论的得出等是否符合逻辑规则的特征，而且还反映在最后的研究应答或结论是否与主体或者具体事物的条件、环境或者空间关系、效用偏好等存在着逻辑一致性关系。否则，应用研究就会因逻辑不一致或者逻辑混乱而使研究成果缺少实际价值。

4. 可行性。应用研究中对策建议或者解决方案的提出，是与外部约束条件、自身能力及条件等密切相关的，它需要在上述针对性、具体性和逻辑性的基础上对这些方面作出正确的评估，作为获得研究判断和结论的依据。否则，研究判断和结论就缺少现实条件的支持。

5. 经济性。经济性是实现应用目标与决策选择在经济意义上的反映，是为实现一个目标或达成一个目的而反映在路径、手段选择或者策略上的成本或者代价。以较小的成本和代价实现应用目标，是良好的经济性的表现。

应用研究的命题或者问题越重要，上述五个方面的特征越明显，形成判断和结论的依据越可靠，应用研究成果的价值和意义就越大。

六、总结

1. 本质上，科学是一种以理性追求认知具有客观性反映的认识方式。这种认识方式，涉及认识反映存在的思想、思路、方式和逻辑，或者具体的路径、方法和手段等，是经过认识论、方法论上的思辨研究而形成的产物。

理性把存在和认识这两个各处一方的东西对应统一在一起，客观就是回到事物存在的本身而非之外去寻找认识答案并获得检验。

2. 科学认识论是这个认识方式形成的逻辑基础，是对存在与认识在物质与意识、客观与主观、具体与抽象、时间与空间、异与同等及彼此之间关系上的系统思辨和统一，通过事物的概念界定、分类、比较，或事物的属性、关系、状态和特征，以及要素、结构和功能关系及事物存在的内外联系方式等，形成认识反映存在的形式与内容，成为方法论构建的认识基础和依据。

3. 科学认知有以下几个特征。

（1）具有普遍性和可重复一致性。

普遍性，即科学认知，是贯穿于事物及其在类、整体上的共同反映；可重复一致性，是指科学认知得到了实践、实验、试验或者逻辑的重复验证。

（2）是认识对存在事实的反映，并获得了存在的检验。

（3）具有局限性，它受限于认知和检验的时空条件，包括时空视角、研究及检验方法和工具（如仪器设备）。

科学认知的特征及其形成表现，也因事物的不同特性而反映出差异性、层次性和多样性。

4. 科学认知，包括知识、理论和方法等，就是人类借助科学认识方式对事物的存在从具体到抽象，再从抽象到具体这样一层一层深入探究所形成的产物。

不同抽象程度所对应的认知各有各的性质、作用和价值。一般来说，认知越抽象，意味着其所覆盖事物的时空范围越大，就越稳定，就越偏重于原则性和方向指引性；反之，认知越具体，适应的时空范围就越窄，针对性越强。

5. 所谓科学认知的客观性不是别的，就是认识得到了存在表现的证明。这个存在表现就是认知的应用结果的反馈，包括对同类事物的存在表现在时空意义上的预见、预判，以及实践操作上的可一致依循性。

这样，源自认识对存在的观察、联想和对经验事实的归纳、推理等，经过逻辑思维处理加工后而形成的科学认知与具有可依循性的应用，形成对称性。如果认知具有科学性，那么，应用就具有可一致依循性。

存在得到了认识的反映，认识由初时的主观上想要探究的问题转变为具有客观性的认知。实现这个转变或跨越，就是通过"科学认识方式"的运用所达成的"科学一致性"。

6. 科学一致性，在广义上意味着认识与存在在主观与客观的多个方面达成了事实的一致性和逻辑的一致性，在狭义上具有可重复一致性或逻辑一致性的特征。

（1）科学一致性表现在认识和存在上，包括具体意义上的重复一致性和抽象意义上的重复一致性。前者如可实验重复一致性，后者如特征的重复一致性和逻辑的重复一致性。

（2）科学一致性表现在过程特征和因果关系上，包括完全的可重复一致、概率的可重复一致、趋向的可重复一致，以及逻辑（相对）一致性。

科学一致性特征的形成对应的则是对科学认识活动的"一致性规范"要求。

认知形成源自存在，又需要回到存在中去接受检验。方法的有效性或科学性同样不能自证，也不能通过"自称"来确定，而是需要由使用的结果或效果的检验来证明。

7. 认识对存在状况有关诸如"是与否""正常与否"或类似问题的判断以及对这种判断诸如"合理与否""客观与否"或类似问题的判断、评价，或者在主观意向性目标意义上对诸如"优与劣""好与坏""有利与不利"以及对在应对解决过程中的策略选择的"恰当性""有效性"或类似问题的评价、评估，都需要以系统一致性参照体系或标准的构建为依据。

系统一致性参照体系既是对特定事物的存在表现进行系统认识和理解的逻辑基础，也是判断和评价上述相关问题的依据，包括系统要素、结构和功能之间关系的构建及其在时空意义上动态的逻辑反映。系统一致性参照标准则是这种认识和逻辑在时空意义上解答相关问题的具体化。

对事物的存在状况在客观意义上的判断，以及对这种判断的判断，通常以对于特定事物的界定标准或者同类事物在特定时空条件下的普遍表现或规律性特征为依据。

对事物的存在表现在主观意向性目标上的评价，通常是相对于主体的标准而言的。但无论是对已有状况的判断或评价，还是针对为实现目标在路径和方式等对策选择上的安排，其"合理性"或"有效性"等都建立在对时空意义上同类事物的规律性特征的认识和理解的基础上，而非基于全时空意义上一般的认知或理论上存在的各种可能。因此，若要对一种事物的存在状况作出"合理"的判断或评价，或者为实现目标而作出路径、方式上的"有效"选择，就需要对事物的存在特性、规律性表现的时空特征及其形成的一致性逻辑进行深入研究和认识把握。

8. 系统一致性逻辑在事物存在上的认识反映，就是贯穿于类事物存在的各个方面、各个层面的要素、结构和功能关系在时空意义上的一致性反映，或规定性与规则性在"事实"或逻辑上的统一，对应的是认识所反映的事物存在表现在机理、机制或原理上的逻辑解析，是科学理论内核及其可依循性特征的支撑依据。

在物质事物中，系统一致性逻辑建立在认识对存在表现的"发现"的基础上；而在意识事物中，系统一致性逻辑则建立在认识对事物存在表现的"理解"的基础上。

系统一致性逻辑不仅是系统一致性参照体系或标准的理论解析及支撑，而且与系统一致性参照体系或标准一起成为对某种状态、结果、现象等进行判断、评价的依据，成为了为实现一种目标在路径、方法上进行选择的权衡依据。

9. 科学研究成果的价值在理论和应用上有不同的体现：理论价值主要体现在思想性、一致性、创新性、开拓性、系统性和应用性等诸方面；应用价值主要体现在针对性、具体性、逻辑性、可行性、经济性等诸方面。

理论的最终目的是应用，并在应用中获得价值体现。

10. 科学是开放的、可变的和可错的，既指科学认识这种方式，也指借助这种认识方式形成的科学认知。因为一切科学认识方式和科学认知的形成及检验结果，都是特定时空条件下事物存在表现的反映和人的思维、方法和仪器设备等工具进行逻辑构建或发明创造的产物。科学认识方式的进步和科学认知的增进，也会随着这些方面的主客观时空条件的变化而发生变化。

科学并不神秘，科学认知也不是一成不变的。经验主义和神秘主义都要不得。

11. 科学认知的形成要素和过程"线路图"如下：

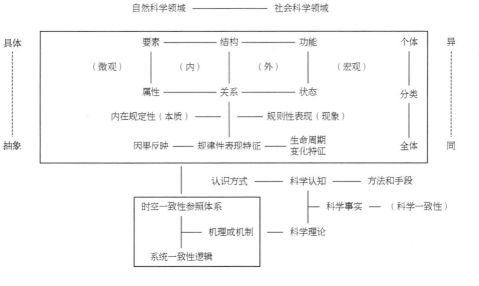

第四篇

我们的世界

致虚极，守静笃。万物并作，吾以观复。夫物芸芸，各复归其根。归根曰静，是谓复命。复命曰常，知常曰明。不知常，妄作凶。知常容，容乃公，公乃全，全乃天，天乃道，道乃久，没身不殆。

——老子《道德经》

众妙之门

对科学认识论的

一个系统重构

　　存在展现为我们认识世界里的东西，取决于我们所构建和采取的认识方式。用什么样的认识方式，就会出现什么样的认识世界。

　　科学作为一种认识方式，对客观世界的反映是建立在哲学、科学认识论、科学方法论和科学方法等不同的抽象层面及彼此间的逻辑一致性基础之上的，对应的是不同的时空角度下，微观到宏观的不同层次上不同事物存在的规律性表现或共同的特征。

一、认识反映中万物的存在表现

（一）万物是不同物质的排列组合在人意识中的反映

　　1. 万物是不同的物质要素和结构排列组合的存在反映，这些物质要素又由若干基本要素经相互作用衍生而成。不同的物质要素和结构经过不同的排列组合形成了不同类的物质，质和量上的差异形成了同类个体之间的差异。物质的性质取决于分子及其聚合体。含碳元素的化合物或碳氢化合物及其衍生物组成了有机物，无碳元素的化合物和一氧化碳、二氧化碳、碳酸盐等少数含碳的化合物构成了无机物。元素结构及组成方式的不同，形成了生物与非生物之间的区别。细胞和基因又决定了生物在生物学特性上的区别。

　　万物因物质要素和结构在排列组合上的不同及阈值、阈值范围内量值上的不同形成了类特性、类特征以及个体之间的表现差异，并因各自所处或际遇到的环境条件的不同而表现出变化上的多样性。这构成了抽象意义上的"同"和具体意义上的"异"的认识反映。

2. 意识是存在的万物经由感觉器官及其延伸（工具）获得的感知在人脑中的反映。人脑是一个信息接收器和处理器，信息是物质存在、变化或运动所产生的能量转换和传递的方式。

物质的信息通过颜色、声音、气味、味道、接触或粒子及光、波、力、场等能量得以传递，它最基本的组成单元就是一种被称为"粒子"的存在。所以，也可以说，信息是物质的运动或能量的聚集、释放和转化的一种反映。

人脑对于万物存在表现信息的获取，一是来自感觉器官，包括眼睛、耳朵、鼻子、舌头、身体、潜意识等；二是来自仪器设备等工具的分析、探测；三是联想、推理、灵感和特殊的感知能力或第六感官对尚未发现或确定的粒子运动的感知。意识存在差异，是因为人脑的感知和处理功能存在差异、感觉器官的感知能力存在差异以及感知工具的能力或者敏感性存在差异。此外，从物的角度，物的能量表现或所传递的信息的强弱及其方向性也是影响信息可获得性的重要因素。

物质是质量的空间存在，其状态各有其类的规定性。物质对于意识的作用，有些是显性的和强烈的，可以被人或生物的器官所感知；有些是微弱的，只有少数人或生物才能感知；有些需要借助于工具才能感知；有些则是尽管无法感知但却事实上存在的。人，世界上最有智慧的动物，虽然可以借助工具来不断增进对于万物存在的认识，但却永远无法感知宇宙中存在的万物。

本质上，意识也是能量的一种表现，它以生物或人这种主体的存在得以反映，是脑或生物的神经中枢（神经元）的功能反映。

人与其他高级动物之间的区别，主要表现在头脑处理信息或者逻辑思维能力及主动的反应能力上。低等生物只具有对于外部刺激的被动的、本能的反应能力。

（二）万物的变化都是类机制作用的结果

万物都是变化的，只是变化的快慢及其可感知程度的不同而已。在人的认识维度中，时间是作用于物的内在特性从而发生变化的一种力量或物的内在特性所反映的动态表现。物的变化不仅反映在物的空间状态在阈值或者阈值范围内的量值上，而且也反映在时间上。

物的变化在类意义上具有共同的特征。个体意义上的表现差异，是个体内在的禀赋状况和外在的因素共同作用和影响的产物。类越抽象，所具有的共同特征越少；类越具体，所拥有的共同特征越多。

类事物的变化，是类机制作用的结果。类事物的个体变化状态，是类机制在特定环境条件下作用于个体禀赋的空间反映，同一环境条件下不同个体所反映出来的状态不同，是因为个体所拥有的禀赋条件在质的意义上的彼此不同；同一个体在不同时间所反映的状态不同，同样是个体禀赋条件变化和环境因素变化相互影响的反映。多样性就是个体禀赋条件差异和环境因素差异共同作用下呈现出的不同表现。

类机制是存在并作用于类事物变化的一种规定性在要素和结构关系上的反映。只要禀赋条件和环境条件相同一致，事物变化的状态便具有一致性特征。不同类机制在类事物间的一致性反映差异，或者不同的类机制表现，取决于类事物固有的特性和规定性，例如物理性质和物理变化、化学性质和化学变化、生物学性质和生物学变化、生理性质和生理变化、心理性质和心理变化，等等，以及它们所共同产生的复杂的综合效应。它们分别由不同的定理、定律和公理等主导，存在着不同的规定性。所谓定理、定律等都不过是事物所具有的规定性在认识上的不同反映而已。

类机制是导致类事物变化及其差异表现之"理"的反映，有时候被称为"机理"，是科学研究的核心内容；事物变化的状态及其外部表现，即可感知的和不可感知的"象"，是类机制作用于具体事物时的反映；状态或"象"与事物内在禀赋及外部因素之间在数量上的相互联系（排列组合）或对应关系，则是"数"的量化表现。在自然学科中，可以通过物理、化学、生物学及跨学科研究，来探析揭示事物的系统要素、结构、功能关系和因果联系，探知事物变化的客观逻辑。

（三）一切存在表现的不同源自禀赋在类阈值及其量值上的差异

禀赋的类阈值及其量值差异，是一切事物的存在在类及个体的形成和变化状态上有不同的时空表现的根源。类存在表现的不同所对应的是要素在阈值意义上排列组合和结构方式的不同，个体存在表现的差异所对应的则是类阈值范围内要素和结构方式在量值意义上的差异。

一切存在，特别是发生在生命体之间的时空差异，都是阈值意义上的。也正是这个阈值意义上的差异，赋予了存在以多样性和丰富性。

与生物的存在表现密切相关的有先天禀赋和后天动态禀赋。先天禀赋即生物与生俱来的类要素和结构的阈值特征，以及个体之间在类阈值范围内质和量上的量值差异，如生物学特征和遗传基因。后天动态禀赋，是先天禀赋在受到外部因素影响后形成的禀赋状态。同类事物在个体间的变化状态的差异，就是由先天禀赋和外部因素的差异影响所带来的结果。类阈值及其范围内的量值，就是这些状态在物理、化学、生物甚或意识等诸方面的量化。然而，如果说事物的自然状态大多可以经由物理、化学和生物等多个层面得到量化研究的话，在意识、心智和心理等层面则通常只是一种抽象概念，而难以进行具体的、准确的量化，因为它既缺乏量度的合适单位，也缺乏稳定的特性。

禀赋类阈值及其量值的概念，也反映了事物在受到外部因素刺激影响时可能发生的不同状态表现。无论是出自事物正常状态还是出自人类意向性的一种衡量或评估，禀赋阈值及其量值上的差异都是我们认识和理解事物变化状态差异的重要基础。一种生物的状态变化为什么区别于另一种生物，一个生物个体的状态变化为什么区别于另一个个体，从最基础的层面来理解，都可以从类事物及其个体的禀赋阈值或者量值上的差异和外部因素的差异获得答案或者解释。

另外，阈值的变化也是理解事物发生质的变化的一个方面。即，事物的质的变化，从一种事物转变为另一种事物，是量值的变化超过类阈值的一种表现。当然，这种质的变化，其中也包含了相对于原来的状态、特性或者人类意向性需要而言的概念。

人在类和个体上的存在表现差异，包括健康和心智状态的表现差异，都与先天禀赋条件、后天生活条件、经历和外部环境条件密切相关，可以从中找到答案。

二、万物存在表现的认识反映

（一）万物都是多重的要素、结构和功能关系的反映

万物都是系统的、结构的、层次的和因果的，可以用系统要素、结构和功能关系来描述反映。

要素和结构不仅指微观系统，而且也指由微观粒子和物质构成的物体和场及其形成的宏观系统。而功能则不过只是结构对这种事物所指向的系统状态和目标在作用和影响上的一种反映。

系统经常是多层次的或者叠加的，从而形成要素、结构和功能之间的复杂关系。任何事物都不仅自身是一个系统，由自身的要素和结构组成，而且也同时是其他系统的组成部分或要素，上至无穷大——宇宙或超宇宙，下至无穷小——光子、量子或更微小的粒子，因此形成事物的多重系统要素、结构和功能关系，形成多层系统意义上相互之间的联系或因果关系。事物的结构层次和联系方式决定了事物的复杂程度，简单事物由简单的要素结构联系特性（如线性关系）形成，复杂的事物则涉及多种不同特性的类要素、类结构和错综复杂的因果关系，涉及不同特性的要素变量和主从关系、时变性。

我之所以要强调事物的这一客观表现，是因为对于事物的不同认识，会带来对于事物因果的不同理解。有些与我们所想认识、所想研究的系统及目标一致，有些则与我们所想认识、所想研究的系统及目标不一致。如果把基于与我们想研究的系统及目标层次不一致的系统及目标得出的结论用于解释或推测事物的变化状态，就会出现逻辑上的不一致和错误的结论。要知道，尽管事物某一方面的结构要素状态的确会影响整个系统的状态，但若是仅仅局限于对于这一要素的理想状态的追求而忽略系统结构要素之间的协调性来理解系统的目标，仍然会出现逻辑上的错误。系统的状态经常是一个涉及要素之间在结构和层次上的匹配性或协调性的问题，而不是个别要素性状的理想化问题。这似乎是一个简单的认识问题，但错误却经常出现在各种研究和争论之中。

（二）变化的规律只有在时间、空间和环境三维中才能加以识别

这里的时间，是指事物所处的生长或变化周期所反映的概念，例如生物生长、成长的生命周期阶段及更细分的时期，人生命周期的各个阶段及时期，包括儿童期、少年期、青年期、中年期、老年期或者其他不同的划分表述。同一种事物在不同时期存在着不同的表现特征。

这里所指的空间，是指狭义上作为事物载体的主体所具有的禀赋特性，如一个具体生物体的禀赋状态特性，以及抽象意义上的企业和国家的发展禀赋状态特性。对于生物体而言，既存在着由遗传决定的先天禀赋差异，也存在着因后天因素影响而形成的动态禀赋差异。一般而言，动态禀赋的形成，先天禀赋是主要的，后天因素所发生的作用取决于先天禀赋所处的阈值位置，有些作用很大，多数比较有限。从生物进化的角度看，主体的某些先天禀赋和动态禀赋（包括对于环境的适应）也存在着可随时间因素遗传的特性。

环境是指影响事物动态禀赋状态的所有外部因素，它对于事物主体的作用和影响取决于主体的动态禀赋状态或所处的变化阈值。当环境因素或外部条件有利于某些个体的动态禀赋状态时，这些个体的状态会因此优于其他同类事物；当环境因素或外部条件不利于某些个体的动态禀赋状态时，这些个体的状态则会因此劣于其他同类事物；当环境因素或外部条件与个体的正常状态一致时，就反映为正常。先天禀赋所存在的缺陷是否会影响主体后天的状态表现，很大程度上取决于这种缺陷的可变性和外部条件，也多少带有偶然的成分。

主观事物和客观事物不同的是，客观事物的主体对于外部因素或条件的刺激反应是被动的，主观事物的主体对于外部因素或

环境条件的适应和反应具有主动性。这意味着在某种程度上，生物无论是在生理上的变化表现还是在主观意识上的变化表现，都受到了经由遗传基因传递的先天禀赋的很大影响，有时候这种影响是决定性的。人类对于客观事物的意向性改造，取决于科学技术的发展程度。

所谓事物的变化规律或者共同特性，类机制或存在与变化之理，只有放在具有一致性的空间、时间和环境条件下来认识才有意义，否则，世界万物就是一大堆零乱无序的物质和现象的反映，或者人们只能获取十分抽象的印象和认识，例如生老病死，花开花落、瓜熟蒂落、日月轮回等等。而对于为什么同类事物间会出现不同的变化状态差异，不同类的事物为什么会出现一些不同的变化表现，许多事物为什么会出现一些共同的变化表现，以及为什么会出现"南橘北枳"等诸如此类的问题，人们难以探知真相。

时间、空间和环境的三维条件，是一种认识、理解和研究事物的方法基础。

想象一下，当我们把具有不同空间属性、不同时间属性和不同的外部条件的事物放在一起比较和研究，我们能够获得的结果是什么？事实上，这种比较研究虽然也总能获得相应的结果，特别是量化的结果，但这种结果仅仅是个别意义上的，既没有规律性，也缺乏普遍性。

虽然通过比较研究的确能够得出事物的状态差异或差距，但是这种做法却经常找不到产生差距或差异的真正原因，在事物主体的时空条件和环境条件不一致的情况下更是如此。你永远无法要求两个禀赋条件和外部条件显然不同的个体只按照其中一个个体的经验（数据）来消除彼此之间的状态差异或差距。在这方面，意识事物和非意识事物之间的差异就更加显著了，因为它们不仅在各自禀赋状态的可量化性和可量化程度上显著不同，而且在外部因素的可控性程度上也明显不同。

若想要在事物中找到共同特征或规律性，就需要严格区分样本在空间属性、时间属性上的类一致性程度，并结合环境条件来开展研究。在时间属性、空间属性和环境条件这三个维度上展开研究分析，由此来获得共同的或规律性的特征，或者研究分析时间属性、空间属性、环境条件对于事物状态变化的不同影响。

另外，事物的空间状态变化规律或共同特征，只有在完整的时间周期视角下才能得到观察和把握。庄子之"小知不及大知，小年不及大年"说明了认识在系统境界和时间境界上存在差异的原因和逻辑依据。

（三）事物的存在状态是由其微观及超微观状态决定的

在认识上，微观和宏观是一组相对的概念，常与物质事物和意识事物的系统存在状态及要素、结构关系相对应，例如与物质、物体、场所、环境等相对应，或与经济、社会等相对应。

任何事物的存在状态，既由其所对应的系统结构和功能决定，又由其微观层面系统的结构和功能决定；既存在着横向同一系统层面要素之间的因果联系，又存在着纵向不同系统层面要素及状态间的因果联系。总体上，事物的宏观状态取决于其微观状态，微观状态取决于其超微观状态。宏观、微观之间的联系，同样由介质、级距、位序、"力"、方向等因素决定。这是对于事物状态形成之因果联系的深层认识。

也就是说，人类若要改变一种事物的状态，首先需要判断形成这种状态的直接原因以及因集的可变性程度或人类的可控性能力。通常而言，简单事物状态的意向性改变比较容易实现，这是因为其所涉及的通常是可变性较强的因集或可控性较强的因素。然而，复杂事物或系统就不同，这种事物或系统涉及多个层面主次不同的因果关系和重要性顺序存在变化的多种要素，存在着不同的快变量和慢变量，以及多种主体不可控制的变量因素。果的因集，更是牵涉到微观甚至超微观层面的因素。因此，事物的状态变化，或者人类意向性状态或"果"的改变，有待于微观层面因集的改变，有些可以通过主动干预来达到目的，有些还需要借助时间的力量。生物状态的人类合意性变化，以及诸如国家社会经济的发展，都是如此。认识到这一点，就会大大减少诸如"目睫之论"和"拔苗助长"的错误。

（四）意识事物和物质事物间存在着不同的逻辑类型和机理

对于人类而言，意识事物特指由人的有目的和有意识的行为而产生的事物，由"心"而起，它的基础是人的行为及其构成的逻辑结构和影响因素，它的形成主要受人的心智状态、效用偏好和行为环境等要素决定，它是社会学科研究的对象。

物质事物，是与人的主观目的和意识无关的事物，是主要由物的自然属性或物理属性决定或引起的事物。

物质事物和意识事物的变化逻辑类型是不同的，也存在着不同的基础。

物质事物的变化逻辑是物质的规定性，是自然逻辑。自然逻辑，是由物（质）的内在规定性（物理的、化学的和生物学的）决定的事物之间的关系。在相同条件下，事物之间的关系存在着固定不变的可重复反映。物质事物的基础是物理学、化学和生物学的定理、定律和公理，其约束条件主要来自环境因素，并具有客观可量化性特征。

意识事物的变化逻辑是思维的规定性，是行为逻辑。行为逻辑是行为发生与原因或者行为选择结果与缘由之间的关系，即行为之所以这样发生而不那样发生的因由。例如在经济行为中，行为逻辑反映的是经济行为选择与预算约束、效用偏好和心智状态之间的关系特征，由于经济行为选择与其缘由所对应的几个方面存在差异，并且是可变的，因此是一种非线性关系的相对性逻辑，并只具有弱可量化性特征。一切行为指向目的的手段都毫无例外地以行为主体自己对于自身条件和行为环境的认识判断为依据。

科学抽象，是对于物质事物和意识事物所进行的语言文字组织，是用语言的结构逻辑反映的语言文字体系。它的基础是形式逻辑，即借助于归纳和演绎等方法，从客观事物中获得抽象。科学抽象是客观事实在语言文字等信息加工物上的映射。

因此，对物质事物的共同性规律或特征的研究探知，可以通过物理的、化学的或生物学的研究方法来开展；而对意识事物的规律性特征的研究探知，主要通过行为逻辑的分析来开展。物质事物和意识事物拥有完全不同的机理，在二者中探寻的是不同的"理"，即物质事物存在表现的"物之理"和意识事物存在表现的"事之理"。当然，在意识事物表面或行为结果的浅层意义上，也可以进行一定程度的可量化分析。然而，这种量化，无论是数据的生成还是归类，都无不带有主观属性。数据生成的依据和过程不同，归类的依据和标准不同，对同一事物的研究结论便可能不同，甚至可能存在很大的差异。

三、事物在主客观认识上的反映

（一）事物的利弊经常是相依共存而难以分割的

事物的利弊是相对而言的。从人类需要的角度看是有利的东西，从物的角度看可能是存弊的。同样，对于不同的主体而言或者在不同的时间，同一事物的利弊也是相对而言的。不仅如此，事物的利弊经常是同一问题的两个方面，正如庄子所说的"物无非彼，物无非是。自彼则不见，自知则知之。故曰：彼出于是，是亦因彼"，"是亦彼也，彼亦是也"。它们常常共生相依，难以分割。例如"是药三分毒"，是说药既能治病救人，也可能伤身害命；反过来，毒如蛇毒、砒霜亦是如此。科学技术的发展也有利有弊，汽车的发明方便了人们的出行，却也造成了大气污染。正当利用则利，为不法所用则弊；妥善利用则利，不当利用则弊。

利弊在一定的条件下也是可以相互转化的。当时间、空间条件发生变化，原来事物的弊，可能转化为利；原来的利，可能变为弊，因此不能绝对化地看待事物的利弊。原来一种好的经验，后来可能成为一种坏的东西；原来是一件坏事，后来可能变成一件好事。这种事例，举不胜举。"塞翁失马，焉知非福"，也包含了这个道理。

利弊的两面性反映在各种不同的事物上，经常难以分割，关键在于如何用，如何处理，如何把握度，如何权衡取舍。

个人也好，企业也好，国家也罢，在发展过程中都会面临许多重要的选择，总是有许多个理由同时支持着多种不同的选择，然而，只有其中的极少数选择才是正确有效的。进行正确选择的前提就是充分认识自己的动态禀赋条件和事物动态变化发展的规律性特征。

（二）事物都可以用理、数、象来描述

理，即事物的类机理或机制，是主宰类事物形成、变化的共同机理或机制。类有不同层面的归属指向，类机理或机制也表现为不同的层面。"万物各异理"，就是指反映在类意义上的作用机理或机制的同与不同。理是对于客观事物类机理或机制的科学抽象，是类事物"不变"之源。认识和掌握了理，就能很好地认识

和把握事物形成和变化的原因和规律，并通过实践应用使其为人类服务。所以，理是科学研究所要探知的核心内容。

数包含两层意思：（1）数是因果对应在数量变化上的反映，或者要素、结构和功能关系在数量上的反映；因或果在状态及其外部表现上也存在数量上的对应关系。（2）数是变化中所存在的量值或阈值，相对于事物质的变化，总是存在着事物本身的"数"的规定性。因此，数，从认知角度看，不仅是对于变化及其因果关系的量化反映，也是一种状态形成的规定性反映。

象，狭义上是人类可感知的现象，广义上还包括人类借助仪器设备所获知的信息，通常是事物状态的一种反映。象有实象和虚象、映象和具象、隐象和显象、假象和真相之分。象是事物变化在外部的表现或反映，是相关要素的变化经类机制作用后的外部反映，是存在的一切反映。类机制就像一种按照固定的程序运作的处理器，一端是相关要素变化信息的输入，另一端就是结果的输出，象就是结果的外在反映。所以，象是果的反映，是"然"的一种。但它本身既不能反映"因"或输入的信息，也不能反映输入和输出之间的因果逻辑即"所以然"。此外，一种象经常对应有不同的"因"或"缘"。

事物都可以用理、数、象来描述，但理、数、象分属于不同的层面，只有当理、数、象统一在一起的时候，事物的真相才比较清楚。不搞清楚事物之理，数就有随意性，象只能成为表面化的东西；缺乏数的定量，就缺乏对事物的形成和变化在因果、相互联系上的准确反映；缺乏象的反映，我们就无法感知事物。

但是，物质事物和意识事物在理、数、象之间的关系上存在着不同的特征。物质事物的理、数、象存在着类阈值意义上的可重复一致性关系，意识事物的理、数、象却是一种抽象的和相对的趋向性关系，也无法用数学公式来推导反映。

现代科学理论一般被认为是对某种经验现象或事实的科学解说。它是由一系列特定的概念、原理（命题）以及对这些概念、原理（命题）的严密论证组成的知识体系。它在结构上有三个要素：（1）概念；（2）联系这些概念的判断，即基本原理；（3）由这些概念和原理推演出来的逻辑结论，即各种具体的规律和预见。其中，概念和原理（命题）构成了理论的核心，它的特征是具有抽象性和拥有逻辑系统。抽象性，是指对经验事实的简化和概括；逻辑系统，则具有严密的逻辑性与系统性特征，每一种理论都有特定的边界或有效范围。

理论研究的复杂性在于，一是导致某种或某些象的原因存在着多种排列组合。看起来是同一种象，其形成可以由系统内结构及运行方式的多种排列组合所致。系统内存在着许多数的关系，而并非单一的线性关系。二是导致各种象的多元因素的存在性状一直在发生变化，今天与昨天不同，明天与今天不同。三是系统内外多种因素的排列组合与象之间数量关系的确定和因果逻辑、本末主次、动态变化复杂难辨。四是系统内部影响运行的诸多因素在受到外部力量的影响时，会产生互动、变化，进而影响系统内部的运行状态，这些外部的力量通常又具有很大的不确定性和不可控性。对此，我把这种复杂性集中概括为"影响因素的多元性及交叉累积关联效应""时空差异"和"非各态历经"这三个方面。

理、数、象之间的关系是科学研究主要探索的内容，它的更高层次是"通"。也就是说，当我们能够比较好地认识系统运行的理、数、象之间的因果逻辑和互动关联之后，我们才能"通"。所以"通"是一种境界，是一种举一反三和触类旁通的认识能力，是一种对于科学问题的认识和理解的境界。最具智慧的人之所以能够"不出户，而知天下事"，也是因为"通"。

（三）一些尚未发现或获得证实的存在可能是认识方法错了

如前所述，科学认知是科学这种认识方式对于事物存在的一种客观性反映。认知是否具有客观性或科学性特征，很大程度上取决于认识的路径、方法和仪器设备等工具，或认识的时空条件。如果认识的路径、方法及工具不符合事物的存在特性，或者不能反映事物的存在表现，那么，我们对这些事物存在表现的认识目标就无法实现。科学发现和认知发展的历史为此提供了大量的证明。

一些尚未获得解释和证实的事物，例如一些未知的物质形态和粒子的运动方式以及相互联系、"外星人"、意念的本质，甚或"灵魂"与生命物质之间的关系等等，可能是我们的认识方向和方法错了。

例如，与物质及其他许多认识用以反映存在的概念一样，意念也具有丰富的所指和对应的形式与内容。意念可以被认为是一种由人类的思维活动产生的、具有方向性的信息能量传递。从人体的角度看，对内，意念意味着大脑这一"指挥中心"在生理和心理上的自我指令或暗示，包括对细胞、组织和器官等人体的全部有机组成部分而不仅仅是五官、四肢诸能动部分的指令。在某种程度上，积极乐观的意念会对人的身体状态产生正面的影响，而消极悲观的意念则会产生负面的影响。对外，意念还可能意味着特殊人群，特别如某些至亲好友之间的信息传递，其表现方式主要是意识甚至是人体的异常感觉或梦境，或者意念也会反映到信息的搜寻和结果的显现上。所谓方向性就是指这个，即特殊能量信息在高敏感性收发双方之间所引起的反应。另外，如果说还有什么比"光速"还要快的东西，那就是意念。但我们至今仍然不清楚这是一种什么样的信息能量，拥有怎样的传递机制。但从

历史的传说和不少人现实的自我体验来看，意念可能存在着研究
探索的重大价值，只是我们现在还没有找到认识研究的有效方法。

（四）人类未来的最大敌人就是自己

大自然奥妙无比。在物质世界，你中有我，我中有你，共存
相依，动态关联，错综复杂，贯穿其中的就是各种大大小小的规
律或各种事物存在的周期性现象表现。在这些规律性特征和周期
性现象中，有的可以通过科学活动和科学方法加以认识把握，有
的目前人类尚无法认识和把握。

人类未来所面临着的最大的潜在风险除了陨石等"天外来客"
外，还来自核辐射、生物基因重组工程和超高人工智能。人类对
核辐射、生物基因重组和超高人工智能的研究应用会因为人类自
身的无知、贪婪、短视和自负而不可控。

大自然是一台精密的机器，贯穿于万物的是自然之道及其规
律，"顺之者昌，逆之者亡"；人类惠之于度，损之于度。自然世界
中存在的万物对人类的危害大多数是短期的、局部的和有限的，但
有些自然物质元素一经人工合成便具有巨大的能量，有些生物基因
一经重组后便可能蕴含着人类不可知的巨大威胁，而具有自我学习
和推理能力的人工智能则不仅在社会学、经济学意义上对人类社会
产生冲击，还对人类的生存发展构成潜在风险。

人工智能的"意识"，是人所赋予的机械的逻辑能力。这
种"意识"能力，取决于人所输入的初始假设的逻辑起点和建立
的逻辑关系，或者来自已有信息和认知的逻辑性，借助以程序和
算法为基础的归纳和演绎来实现文字语言的组织表达及相应的行
为。正确的认知和思想观念有助于人类社会的进步发展，错误的
认知和思想观念则会给人类的认知带来误导。正面的信息资料将
有助于使人工智能为人类服务，而自我的和负面的资料信息或思

想观念则将对人类造成很大伤害。因此，人工智能对人类的影响，本质上取决于人类本身。信息资源和逻辑构建一定要赋以正观、善念。

人工智能与人类本质的区别就是，人类的感情丰富多彩，行为灵活多样和随机应变，而人工智能则机械呆板，冷漠无情；人具有精神的自由，人工智能则不然。

面对浩渺无际的宇宙时空，人类的小年小知尚不及九牛一毛，万万不可狂妄自大。

参考文献

唐·埃思里奇:《应用经济学研究方法论》,朱钢译,经济科学出版社 2007 年版。

卡尔·波普尔:《科学发现的逻辑》,查汝强、邱仁宗等译,中国美术学院出版社 2008 年版。

托马斯·A.博伊兰:《经济学方法论新论:超越经济学中的唯名论和唯实论》,夏业良等译,经济科学出版社 2002 年版。

比尔·布莱森:《万物简史》,严维明、陈邕译,接力出版社 2005 年版。

马克·布劳格:《经济学方法论》,黎明星等译,北京大学出版社 1990 年版。

艾伦·查尔默斯:《科学究竟是什么》,邱仁宗译,河北科学技术出版社 2002 年版。

加里·格尔茨等:《两种传承:社会科学中的定性与定量研究》,刘军译,格致出版社 2016 年版。

马丁·海德格尔:《存在与时间》(修订译本),陈嘉映、王庆节合译,生活·读书·新知三联书店 2006 年版。

黑格尔:《小逻辑》,贺麟译,商务印书馆 1987 年版。

史蒂芬·霍金:《时间简史》,许明贤、吴忠超译,湖南科学技术出版社 2002 年版。

恩斯特·卡西尔:《人论》,甘阳译,上海译文出版社 1986 年版。

托马斯·库恩:《科学革命的结构》,金吾伦等译,北京大学出版社 2003 年版。

伊姆雷·拉卡托斯:《科学研究纲领方法论》,兰征译,上海译文出版社 1986 年版。

约翰·洛西：《科学哲学的历史导论》第四版，张卜天译，商务印书馆 2020 年版。

马良华：《回归本我：论经济学研究的科学性重建》，浙江大学出版社 2021 年版。

克劳斯·迈因策尔：《复杂性中的思维》，曾国屏译，北京大学出版社 1996 年版。

卡尔·门格尔：《经济学方法论探索》，姚中秋译，新星出版社 2007 年版。

路德维希·冯·米塞斯：《货币、方法和市场过程》，戴忠玉等译，新星出版社 2007 年版。

路德维希·冯·米塞斯：《经济学的认识论问题》，梁小民译，经济科学出版社 2001 年版。

路德维希·冯·米塞斯：《人的行为》，夏道平译，台湾远流出版社 1997 年版。

罗伯特·C.所罗门等：《世界哲学简史》，梅岚译，江西人民出版社 2017 年版。

维特根斯坦：《逻辑哲学论》，贺绍甲译，商务印书馆 1996 年版。

F.C.S.席勒：《人本主义研究》，麻乔志等译，上海人民出版社 1986 年版。

大卫·休谟：《人类理解研究》，关文运译，商务印书馆 1972 年版。